CB061843

sesc

SERVIÇO SOCIAL DO COMÉRCIO
Administração Regional no Estado de São Paulo

Presidente do Conselho Regional
Abram Szajman
Diretor Regional
Danilo Santos de Miranda

Conselho Editorial
Ivan Giannini
Joel Naimayer Padula
Luiz Deoclécio Massaro Galina
Sérgio José Battistelli

Edições Sesc São Paulo
Gerente Marcos Lepiscopo
Gerente adjunta Isabel M. M. Alexandre
Coordenação editorial Cristianne Lameirinha, Clívia Ramiro, Francis Manzoni
Produção editorial Antonio Carlos Vilela
Coordenação gráfica Katia Verissimo
Produção gráfica Fabio Pinotti
Coordenação de comunicação Bruna Zarnoviec Daniel

lazer   perspectivas internacionais

karla a. henderson
atara sivan
(orgs.)

tradução
leonardo abramowicz

edições sesc

Título original: *Leisure from International Voices*
© 2018 Sagamore–Venture Publishing LLC
© Edições Sesc São Paulo, 2018
Todos os direitos reservados

Tradução Leonardo Abramowicz
Preparação Silvana Cobucci
Revisão Karinna A. C. Taddeo
Projeto gráfico, diagramação e capa TUUT

DADOS INTERNACIONAIS DE CATALOGAÇÃO NA PUBLICAÇÃO (CIP)

L458
Lazer: perspectivas internacionais / Organização de Karla A. Henderson; Atara Sivan; Tradução de Leonardo Abramowicz. – São Paulo: Edições Sesc São Paulo, 2018. –
   324 p.

   ISBN 978-85-9493-114-6

   1. Lazer. 2. Perspectivas internacionais. 3. Práticas internacionais do lazer. I. Título. II. Hendersen, Karla A. III. Sivan, Atara. IV. Abramowicz, Leonardo.

CDD 793

Edições Sesc São Paulo
Rua Cantagalo, 74 – 13º/14º andar
03319-000 – São Paulo SP Brasil
Tel. 55 11 2227-6500
edicoes@edicoes.sescsp.org.br
sescsp.org.br/edicoes
/edicoessescsp

dedicado a
cor westland,
por seu compromisso inspirador
com o lazer e a recreação no mundo.

nota à edição brasileira

Este livro destaca a forma como as atividades de lazer são percebidas, praticadas e também estudadas em países cultural e socialmente distintos, e tem o mérito de trazer ao público brasileiro experiências pouco conhecidas de Ásia, África e leste da Europa.

    Organizado por Karla A. Henderson e Atara Sivan, o livro tem o cuidado de não estabelecer hierarquias capazes de distinguir essas reflexões a partir das condições históricas e de desenvolvimento de cada país. Procura, ainda, identificar semelhanças entre as experiências relatadas, assim como desafios a serem ainda ultrapassados em diferentes lugares.

    Em um ano tão importante para esse campo de investigações, quando o Sesc sedia pela segunda vez o Congresso Mundial de Lazer, realizado conjuntamente com a World Leisure Organization (WLO), o presente livro reúne o debate contemporâneo sobre o tema.

agradecimentos

Gostaríamos de agradecer à Sagamore-Venture Publishing, e especialmente a Peter Bannon, por nos dar a oportunidade de publicar este livro. Além disso, queremos agradecer aos colaboradores destes capítulos, que passaram horas aprimorando suas ideias para apresentar uma voz pessoal e profissional sobre o lazer com base em seu contexto específico. Por último, queremos reconhecer a amizade especial e o coleguismo cultivado pelas organizadoras ao longo dos anos, especialmente desde que, caminhando por uma praia em Durban, na África do Sul, tivemos a ideia de fazer este livro. Somos uma pequena parte de uma comunidade de profissionais que defende o lazer em todo o mundo.

12	**prefácio**
16	**lazer, perspectivas internacionais:** prólogo karla a. henderson / atara sivan
26	**lazer na áfrica do sul:** escolhas, desafios e consequências subaluxmi naidoo
40	**o paradoxo do lazer australiano** john r. tower
56	**lazer no brasil:** tendências e perspectivas em uma sociedade contemporânea ricardo r. uvinha / edmur a. stoppa
68	**nossa terra natal e dos nativos:** entendendo o lazer em um canadá diversificado e em evolução janet k. l. mckeown / zara e. rafferty / mark e. havitz
84	**lazer na china** lijun zhou
94	**lazer e turismo coreanos sob a modernidade e a globalização** sokho choe
110	**lazer na espanha** cristina ortega nuere / ana viñals blanco
122	**lazer, consumo e aceleração do tempo nos estados unidos** david scott
134	**lazer em gana:** de onde e para onde? aaron yankholmes
148	**o caso holandês** jan w. te kloeze
164	**lazer na cidade mundial da ásia:** vozes de hong kong atara sivan / gertrude siu

174	**desenvolvimento do lazer na hungria a partir de diferentes perspectivas**
miklos banhidi
186	**israel, o lazer e a reinvenção de uma antiga nação**
elie cohen-gewerc
200	**estilos de vida de lazer na multicultural malásia**
kwan meng lee / selina khoo
212	**foco no lazer:** uma perspectiva mexicana
adriana e. estrada-gonzález
226	**lazer no extremo sul:** uma voz da nova zelândia
neil carr
238	**uma perspectiva queniana**
jane wanjiku kamau / daniel gaita njenga / yasmin goodwin / nkatha muthomi / jonathan kimtai rotich
252	**serra leoa:** um estilo de vida de lazer
abubakarr jalloh
262	**trabalhar muito, divertir-se muito:** o lazer na suíça
aurelia kogler-bahl
272	**lazer em taiwan:** oportunidades e restrições com foco nas mulheres
chiung-tzu lucetta tsai
282	**a concepção e a percepção do lazer na turquia**
bülent gürbüz
296	**lazer em uganda:** vozes dos baganda
constance a. n. nsibambi
308	**lazer, perspectivas internacionais:** um epílogo
karla a. henderson / atara sivan
314	**sobre os autores**

prefácio

Este livro nasceu de uma conversa entre Atara Sivan e Karla Henderson numa longa caminhada pela praia em Durban, na África do Sul, em setembro de 2013. Ambas tínhamos sido convidadas como palestrantes na Conferência da Associação de Recreação e Lazer da África do Sul (Leisure and Recreation Association of South Africa – Larasa). Já nos conhecíamos havia quase duas décadas em decorrência de nossa participação nos compromissos da Organização Mundial de Lazer (World Leisure Organization – WLO). Pertencemos ao Conselho de Administração da WLO e trabalhamos juntas no *World Leisure Journal,* editado por Atara desde 2012.

    Karla sempre teve o desejo de publicar um livro sobre o lazer internacional, mas muitos outros compromissos profissionais assumiram a prioridade. Quando Peter Bannon pediu-lhe para pensar na publicação de um livro para a Sagamore, a única ideia que ela não concretizara antes de se aposentar em 2014 era um livro sobre pontos de vista internacionais a respeito do lazer. Ninguém estava mais qualificado do que Atara para coeditar o livro. Sua herança israelense, o interesse na educação para o lazer e suas décadas de vida em Hong Kong proporcionavam um ponto de vista complementar à experiência norte-americana de Karla relacionada a diversidade e gênero.

    Este livro é um trabalho de amor. É nossa maneira de enfatizar a importância que o lazer tem na vida das pessoas em todo o mundo e de mostrar como ele é universal em seu valor. No entanto, o lazer é imaginado e praticado de várias formas dependendo da posição geográfica e das respectivas culturas. Queríamos acrescentar uma abordagem pessoal na forma como os estudiosos entendem o lazer e seus significados.

Como os capítulos são apresentados a partir de seis continentes, fornecemos uma perspectiva ampla. Não foi nosso objetivo ter um capítulo definitivo com uma visão geral de cada país, e sim procurar destacar pontos de vista específicos de pessoas que têm dado considerável atenção ao lazer e às atividades de lazer em seus próprios contextos socioculturais. Também quisemos assegurar que cada voz tivesse uma participação igual, de modo que incluímos apenas uma contribuição de cada país. Assim, o capítulo dos Estados Unidos recebe o mesmo espaço que o de Serra Leoa. Além disso, os capítulos são apresentados em ordem alfabética por país/região, de modo que nenhum capítulo seja privilegiado em detrimento de outro.

Sabemos que é impossível fazer uma generalização em qualquer país, já que todos os países têm uma diversidade de pessoas. No entanto, desejamos proporcionar uma percepção da essência do lazer e de como ele é visto, praticado e estudado em países/regiões específicos. Também desejamos ressaltar as dificuldades associadas à defesa do lazer partindo de pontos de vista diversos. Vimos muitas semelhanças, como observamos no epílogo do livro. Ao mesmo tempo, vimos como os contextos socioculturais oferecem uma ampla variedade de interesses e entendimentos sobre o lazer.

Nosso desejo é que este livro dê aos leitores novas ideias para pensar além de suas próprias perspectivas de cultura ou país de origem. A globalização está mudando a forma de ver o mundo, com implicações tanto positivas como negativas no aproveitamento do lazer nas maneiras em que ele se manifesta. Reconhecemos que nem sempre é possível ver cada um desses países/regiões como um capítulo separado, mas as divisões geográficas fornecem um ponto de partida para examinar o lazer coletivo no passado, no presente e no futuro.

Esperamos que você considere esses capítulos interessantes e que eles ajudem a enfatizar a importância do lazer para indivíduos e comunidades em todo o mundo.

Karla e Atara

lazer, perspectivas internacionais: prólogo

karla a. henderson
universidade estadual da carolina do norte

atara sivan
universidade batista de hong kong

As ideias de lazer e brincar são tão antigas quanto a civilização. Noções de lazer já existiam desde o início da história escrita e provavelmente muito antes. Por exemplo, de uma perspectiva judaico-cristã, a história de Eva e Adão sugere que o Jardim do Éden era um lugar de abundância repleto de oportunidades de lazer. A maldição lançada por Deus foi de labuta em vez de lazer. Veal e Lynch (2001) descreveram o lazer histórico e contemporâneo dos povos aborígenes da Austrália em termos de como o prazer, a satisfação e a brincadeira foram e continuam a ser entrelaçados dentro e em torno das atividades da vida cotidiana. No *Tao Te Ching*, as culturas orientais também enfatizam a noção de lazer:

> *Há um tempo para estar à frente,*
> *um tempo para estar atrás;*
> *um tempo para estar em movimento,*
> *um tempo para estar em repouso;*
> *um tempo para estar com vigor,*
> *um tempo para estar exausto;*
> *um tempo para estar seguro,*
> *e um tempo para estar em perigo...*
> Mitchell (tradução, 1992, seleção 29)

Os significados do lazer também são interpretados em exemplos de culturas por meio da religião. Todas as religiões do mundo parecem enfatizar elementos de lazer e recreação em seus ensinamentos (Kaza, 1996). Por exemplo, no judaísmo, enfatiza-se o conceito de *Sabá* como momento de descanso para o corpo. Os cristãos salientam as noções de ação correta em *tudo* (incluindo o lazer) o que as pessoas empreendem. O islamismo concentra-se na lembrança e na importância do trabalho e das experiências de brincar dentro da lei moral. Os hindus ensinam o valor do carma e a lei de causa e efeito em relação a qualquer ação, incluindo implicações para o tempo livre. O budismo focaliza a interdependência (ou seja, *yin-yang*) do que as pessoas fazem (por exemplo, lazer-trabalho).

Nós duas, Karla e Atara, estamos envolvidas no estudo do lazer há mais de setenta anos no total. Também estamos envolvidas com a Organização Mundial de Lazer (anteriormente conhecida como Associação Mundial de Lazer e Recreação) desde as décadas de 1980 e 1990. Ao longo desses anos, procuramos compreender como o lazer é visto pelas pessoas ao redor do mundo. Temos defendido o direito ao lazer para todas as pessoas, mas também reconhecemos que o lazer é definido a partir de diferentes perspectivas. Acreditamos que, como afirma a Organização Mundial de Lazer, "embora a palavra lazer não seja conhecida em todo o mundo, o lazer é de todos os tempos, lugares e sociedades" (*World Leisure International Centre of Excellence*, 2005).

O objetivo, ao organizar este livro, é destacar como o lazer é conhecido em vários países/regiões ao redor do mundo, com base nas vozes de profissionais contemporâneos e novos. Este texto não é a apresentação definitiva dos significados do lazer a partir de perspectivas geográficas específicas, mas visa identificar o pensamento de indivíduos que vivem diariamente e se dedicam a estudos e práticas do lazer num contexto cultural que o reforça, o reproduz e/ou resiste a ele.

Pedimos que os autores utilizassem a teoria do ponto de vista como base de suas contribuições. Nossa compreensão dessa teoria provém das feministas que foram as primeiras a enfatizar sua importância. A teoria do ponto de vista reconhece a perspectiva (ou seja, o ponto de vista) das pessoas em diferentes posições, às vezes subordinadas, na sociedade. Ela enfatiza as vozes de pessoas que podem não ver o mundo da mesma maneira que outras, especialmente em culturas dominantes. Com este capítulo introdutório como uma visão geral, acolhemos com prazer as perspectivas que representam muitos pontos de vista neste livro.

01   o que é lazer?

Uma das discussões em curso sobre o lazer refere-se a sua definição. Talvez um dos aspectos interessantes a respeito do lazer é que não existe um consenso sobre seu significado. No entanto, quando uma palavra como o lazer pode significar muitas coisas, por vezes parece significar pouco. As definições de lazer parecem representar tanto conceitos formais quanto noções informais.

O modelo mais simplista da Era Industrial sugeria que quando um indivíduo não estava trabalhando em troca de pagamento, então o não trabalho era o lazer. Para ter lazer, uma pessoa precisava ser remunerada. Esse modelo tem sido ativamente criticado principalmente pelas mulheres, pois muitas mulheres estão envolvidas em atividades socialmente produtivas que não são pagas, e muitas mulheres e homens encontram maneiras de vivenciar o lazer.

As definições tripartites de lazer na América do Norte descritas nos últimos quarenta anos giram em torno da ideia de que o lazer pode ser definido como um tempo livre, uma atividade ou um estado de espírito. Essas definições têm sido analisadas e sofreram resistência em alguns aspectos. Por exemplo, tempo livre não é lazer para todas as pessoas. Se uma pessoa não quiser tempo livre (ou seja, está desempregada) ou não tiver nada para fazer nesse tempo (ou seja, poucas oportunidades ou recursos), pode não estar vivenciando o lazer. Além disso, embora uma atividade como voleibol ou futebol possa ser uma atividade de lazer, nem todos a apreciam. A noção psicológica de lazer como um estado de espírito permite que os indivíduos encontrem seus próprios significados. Esse entendimento pessoal, porém, não é algo passível de ser facilmente compreendido, às vezes devido a diferentes perspectivas culturais.

As experiências mais significativas de lazer provavelmente incluem estes três aspectos tradicionais: liberdade para ter tempo de participar de atividades que sejam intrinsecamente gratificantes. O lazer ainda é altamente influenciado pelo local em que ocorre (por exemplo, casa, parque, complexo de entretenimento). Além disso, o contexto social e cultural também determina o que pode ser considerado lazer. Lugares e espaços devem estar disponíveis para o lazer, assim como contextos sociais que servem de apoio às oportunidades de lazer.

Deve-se ainda acrescentar que determinadas dimensões do lazer podem ser vistas como sinônimo de lazer. Nos Estados Unidos, por exemplo, um tipo de lazer pode ser o envolvimento em esportes recreativos. Em outros países, lazer e esportes têm o mesmo significado. Na China, parece que lazer e turismo costumam ser empregados um pouco como sinônimos. Em alguns países, lazer e recreação são utilizados de forma quase intercambiável, mas, em outras culturas, um ou outro desses termos tem pouco significado. Ao ser examinada culturalmente, a ideia de lazer também pode ter diferentes significados. Por exemplo, Lui, Yeh, Chick e Zinn (2008) apresentaram termos comuns em chinês com significados comparáveis a várias definições de lazer em inglês. Eles descreveram a história da compreensão do lazer com base nas palavras (símbolos) encontradas na língua chinesa. No final, os pesquisadores concluíram que o lazer não tem fronteiras e que é preciso discutir muito sobre os seus significados partindo de perspectivas culturais.

Roberts (2010) apresentou um ensaio no *World Leisure Journal* que incluía respostas de cinco estudiosos de todo o mundo. Ele propôs a questão de saber se o lazer (não os estudos sobre o tema) era etnocêntrico. Roberts concluiu que, de fato, era etnocêntrico, mas que pesquisadores e educadores ao redor do mundo estavam abertos a vozes adicionais. A maioria dos autores que respondeu à consulta concordou com essa análise a partir de seus contextos em Hong Kong, Portugal, Estados Unidos, Brasil e Taiwan.

Coalter (1997) mostrou um contraste interessante entre o Reino Unido e os Estados Unidos em relação a interpretações de lazer. A maioria de seus comentários referia-se à forma como os estudos de lazer são realizados, incluindo perspectivas sociológicas e psicológicas contrastantes, e questionava se o lazer poderia ser uma área de estudo isolada considerando que era uma parte da sociedade. Henderson (2000; 2006) discutiu ainda mais as falsas dicotomias refletidas nesses contrastes binários, apontando que um entendimento mais amplo das definições e compreensões do lazer não seria *um ou outro* ao contrastar o Reino Unido com os Estados Unidos, mas *um e outro/ambos*, para poder avançar.

Portanto, este livro pretende identificar as dimensões "um e outro/ambos" do lazer a partir de vozes internacionais. Como o lazer é entendido em contextos culturais? Como cada estudioso aborda o estudo do lazer? Qual é a importância do lazer na sociedade? Algumas das perspectivas a respeito dessas questões provêm da compreensão sobre o que é o lazer e do que significa a educação para o lazer.

02   educação para o lazer

O lazer é frequentemente associado à educação e aprendizagem ao longo da vida. Assim como ocorre com a educação, os resultados do lazer podem desenvolver e/ou incorporar conhecimentos, habilidades e caráter. Arnold (1989) observou que Aristóteles foi o primeiro a descrever a relação entre prazer, educação e trabalho, perguntando se a finalidade da educação é a cultura ou se é preparar as pessoas para a vida. Do ponto de vista de Aristóteles, o lazer não significava descanso ou recreação, e sim o envolvimento com as mais elevadas capacidades da alma. Arnold sugeriu ainda que as noções de educação como lazer são aristotélicas e conotam significados de educação liberal.

Entretanto, a educação como lazer é apenas uma maneira de interligar esses dois elementos. Tanto o lazer como a educação são domínios importantes da vida e são complementares e inter-relacionados em seus papéis e por meio do processo de aprendizagem. Suas relações profundas e complementares servem como base para a educação para o lazer (Sivan, 2007). Incorporando elementos de ambas as esferas da vida, a educação para o lazer é descrita como conteúdo, contexto e processo. Como *conteúdo*, centra-se no tema em questão e envolve o fornecimento de informações e conhecimentos relativos ao lazer, ao ensino de habilidades e à criação de oportunidades de participação em atividades recreativas (Mundy, 1998). Como *contexto*, inclui configurações e situações de lazer para a educação (Henderson, 2007). Como um *processo*, envolve uma intervenção em transições de desenvolvimento e tarefas ao longo da vida (Kleiber, 2011).

Quer como conteúdo, quer como contexto ou processo, os benefícios da educação para o lazer têm sido amplamente reconhecidos. Estudiosos do lazer de diferentes disciplinas e contextos socioculturais enumeraram ganhos pessoais e sociais que vão desde a aquisição e o desenvolvimento de habilidades e atributos para crescimento pessoal no Ocidente até o cultivo da cultura do lazer e da harmonia social no Oriente (Sivan e Stebbins, 2011).

Desde que foi levantada pela primeira vez em meados da década de 1960 nos Estados Unidos, a necessidade de educar para o lazer tem se espalhado globalmente por meio de trabalhos internacionais de defesa e posicionamento (por exemplo, World Leisure Commission on Education, 2000). Na prática, as recentes tendências de globalização e competitividade nas sociedades asiáticas provocaram grandes mudanças educacionais, aumentando a necessidade da educação para o lazer no desenvolvimento da pessoa como um todo (Sivan, 2012, 2014). A educação para o lazer é agora mundialmente reconhecida como significativa para o desenvolvimento, o que atrai mais atenção para o lazer em diferentes contextos. Embora a educação para o lazer possa não ser chamada por esse nome, a referência ao lazer como um domínio substancial da vida encontra-se em documentos formais de educação em um número crescente de países. As mensagens enviadas por meio desses documentos e como elas afetam a compreensão das pessoas sobre o lazer em diferentes contextos e culturas são algumas das questões que abordamos neste livro.

03   o desafio do lazer

Este livro trata do que o lazer significa do ponto de vista de um grupo diversificado de autores. Parte do problema em falar sobre esse tema nos últimos anos é como ele tem sido associado a outras preocupações relativas ao futuro dos estudos de lazer no ensino superior (por exemplo, Australian and New Zealand Association for Leisure Studies, 2009; Stebbins, 2011). Rowe (2002) observou que as preocupações com o estudo do lazer podem ser encontradas mais "institucionalmente do que intelectualmente" (p. 6). Esses aspectos não são mutuamente excludentes, mas podem sugerir diferentes alvos de preocupação.

Este livro destaca as bases intelectuais e culturais do lazer como um fenômeno social compreendido de maneiras semelhantes e diferentes. Algumas preocupações institucionais com estudos de lazer nos países ocidentais ocorrem, curiosamente, ao mesmo tempo que o campo ganha impulso na Ásia e em alguns países do Oriente Médio, da América do Sul e da África. No entanto, Lynch (1997) sugeriu que qualquer crise relativa ao lazer é de natureza etnocêntrica, independentemente das dimensões discutidas. Embora currículos e pesquisas sejam importantes, defender o lazer a partir de uma variedade de perspectivas intelectuais e culturais é a intenção deste livro. O lazer existe em todas as culturas, mesmo que possa ser incorporado por meio de diferentes oportunidades.

04 oportunidades de lazer

A premissa deste livro é que o lazer pode ser interpretado de várias maneiras e pode ser expresso por meio de uma gama de oportunidades de lazer. No entanto, não se pode subestimar o seu potencial como meio para o desenvolvimento individual e social. A forma de abordar o lazer como um direito, uma necessidade, um privilégio ou uma responsabilidade é algo importante a se considerar, já que ele inclui todos esses aspectos.

A Organização Mundial de Lazer, quase duas décadas atrás, identificou alguns elementos comuns de lazer que deveriam ser o direito das pessoas em todos os países, reunindo-os num documento chamado de Carta do Lazer (Charter for Leisure, 2000). Pode-se discutir de que maneira declarações desse tipo contribuem efetivamente para que governos facilitem as oportunidades, e certamente esse documento necessita de mais aperfeiçoamentos. No entanto, a Carta fornece algumas orientações ao mostrar como a Declaração Universal dos Direitos Humanos (Artigo 24) indica que todas as culturas e sociedades reconhecem em alguma medida o direito ao descanso e ao lazer. Como a liberdade pessoal e a escolha são elementos centrais do lazer, os indivíduos podem escolher livremente suas atividades e experiências, muitas das quais geram benefícios substanciais para a pessoa e a comunidade.

05 artigos

01 Todas as pessoas têm o direito humano básico a atividades de lazer que estejam em harmonia com as normas e os valores sociais de seus compatriotas. Todos os governos têm a obrigação de reconhecer e proteger esse direito dos seus cidadãos.

02   As disposições relativas ao lazer são tão importantes quanto as de saúde e educação para a qualidade de vida. Os governos devem proporcionar aos seus cidadãos uma variedade de oportunidades de lazer e recreação acessíveis e da mais alta qualidade.

03   O indivíduo é seu melhor recurso de lazer e recreação. Assim, os governos devem assegurar os meios para a aquisição dessas habilidades e o entendimentos necessários para otimizar as experiências de lazer.

04   Os indivíduos podem utilizar as oportunidades de lazer para a autorrealização, desenvolver relações pessoais, aprimorar a integração social, desenvolver identidade cultural e comunitária, bem como promover a compreensão e cooperação internacionais e melhorar a qualidade de vida. Os governos devem assegurar a disponibilidade futura de experiências de lazer gratificantes por meio da manutenção da qualidade do ambiente físico, social e cultural de seus países.

05   Os governos devem assegurar a formação de profissionais para ajudar os indivíduos a adquirir habilidades pessoais, descobrir e desenvolver seus talentos e ampliar sua variedade de oportunidades recreativas.

06   Os indivíduos devem ter acesso a todas as formas de informação sobre a natureza do lazer e suas oportunidades, utilizando-as para aprimorar seu conhecimento e fornecer subsídios para as decisões sobre políticas locais e nacionais. As instituições educacionais devem envidar todos os esforços para ensinar a natureza e a importância do lazer e como integrar esse conhecimento ao estilo de vida pessoal.

06 conclusões

Os capítulos deste livro são concebidos para fornecer perspectivas sobre como o lazer é entendido a partir de vozes internacionais e como ele (e talvez os elementos da Carta do Lazer) é inferido e abordado. Embora possa ser percebido como etnocêntrico, o livro oferece um caminho para que as pessoas vejam como o lazer pode ser entendido de maneiras semelhantes ou distintas a partir de diferentes perspectivas culturais. Os autores desses capítulos não representam a forma como todos pensam o lazer em seus países/regiões, mas fornecem um contexto sociocultural para entendê-lo de maneiras mais abrangentes.

07 referências

Arnold, P. (1989). "On the Relationship between Education, Work and Leisure: Past, Present, and Future". *British Journal of Educational Studies*, 37(2), 136-146.

Australian and New Zealand Association for Leisure Studies (Anzals) (2009). "The Future of Leisure Studies". *Anzals Newsletter*, 44. Retirado de: <http://www.staff.vu.edu.au/ anzals/news44.pdf>.

Charter for Leisure (2000). Retirado de: <https://www.worldleisure.org/ userfiles/file/ charter.pdf>.

Coalter, F. (1997). "Leisure Sciences and Leisure Studies: Different Concept, Same Crisis?". *Leisure Sciences*, 19, 255-268.

Henderson, K. A. (2000). "False Dichotomies, Intellectual Diversity, and the either/or World: Leisure Research in the Future". *Journal of Leisure Research*, 32(1), 49-53.

Henderson, K. A. (2006). "False Dichotomies and Leisure Research". *Leisure Studies*, 25(4), 391-395.

Henderson, K. A. (2007). "Quality of Life and Leisure Education: Implications for Tourism Economies". *World Leisure*, 49(2), 88-93.

Kaza, S. (1996). "Comparative Perspectives on World Religions: Views of Nature and Implications for Land Management". Em: Driver, B. L. et al. *Nature and the Human Spirit* (pp. 41-60). State College, PA: Venture.

Kleiber, D. A. (2011). "Developmental Intervention and Leisure Education: A Life Span Perspective". *World Leisure Journal*, 43(1) 4-10.

Lynch, R. (1997). "Whose Crisis at the Crossroads?". *Leisure Sciences*, 19, 269-271.

Lui, H., Yeh, C., Chick, G. E. e Zinn, H. C. (2008). "An Exploration of Meanings of Leisure: A Chinese Perspective". *Leisure Sciences*, 30(5), 482-488.

Mitchell, S. (1992). *Tao Te Ching* (edição de bolso). Nova York: HarperCollins.

Mundy, J. (1998). *Leisure Education: Theory and Practice*. 2. ed. Urbana, IL: Sagamore.

Roberts, K. (2010). "Is Leisure Studies 'Ethnocentric'? If so, Does this Matter?". *World Leisure Journal*, 52(3), 164-176.

Rowe, D. (2002). "Producing the Crisis: The State of Leisure Studies". *Annals of Leisure Research*, 5, 1-13.

Sivan, A. (2007). "Educating for Leisure". Em: Cohen-Gewerc, E. e Stebbins, R. A. (org.). *The Pivotal Role of Leisure Education: Finding Personal Fulfillment in this Century* (pp. 51-62). State College, PA: Venture.

Sivan, A. (2014). "Leisure Education and the Role of Schools: Planning and Implementation in Times of Change". *African Journal for Physical, Health Education, Recreation and Dance*, 20(4:2), 1524-1536.

Sivan, A. e Chan, W. K. D. (2012). "Leisure Education in Schools from Students' Perspectives: The Case of Hong Kong". *World Leisure Journal*, 54(1), 26-37.

Sivan, A. e Stebbins, R. (2011). "Leisure Education: Definitions, Aims, Advocacy, and Practices: Are We Talking about the Same Thing(s)?". *World Leisure Journal*, 53(1), 27-41.

Stebbins, R. (2011). "Leisure Studies: The Road Ahead". *World Leisure Journal*, 53(1), 3-10.

Veal, A. J. e Lynch, R. (2001). *Australian Leisure*. 2. ed. Frenchs Forest, NSW: Longman.

World Leisure Commission on Education (2000). *International Position Statements on Leisure Education*. Jerusalém: The Hebrew University of Jerusalem, The Cosell Center for Physical Education, Leisure and Health Promotion.

World Leisure International Centre of Excellence (2005). Retirado de: <http://www.wice. info/index5.htm>.

lazer na áfrica do sul:
escolhas, desafios e consequências

subaluxmi naidoo
universidade de kwazulu natal

Criança na década de 1960, adolescente nos anos 1970 e estudante universitária nos anos 1980, cresci numa comunidade racialmente segregada. O tempo de lazer girava em torno de atividades na vizinhança supervisionadas por crianças mais velhas ou pelos pais. Não existiam instalações de lazer do serviço público, com exceção de um parque construído numa encosta com um único balanço. Quando éramos mais novos, nossas atividades de lazer ocorriam na rua ou nos quintais. À medida que crescíamos, ficava evidente para nós que outras áreas residenciais privilegiadas tinham espaços destinados a parques, *playgrounds* e instalações esportivas construídas e mantidas pela municipalidade. Havia um grande contraste em relação ao que estava disponível em nosso subúrbio, anteriormente chamado de "área dos indianos".

Na ausência de áreas municipais para brincar, a maioria das atividades de lazer, como andar de bicicleta, amarelinha, jogos nativos e outras atividades sociais, eram praticadas na rua até o pôr do sol. Lembro-me de uma forte ligação entre as pessoas de nossa comunidade, com as crianças indo livremente de uma casa para outra. Essas atividades fortaleceram a rede comunitária, o espírito e a coesão social durante o regime do *apartheid* na África do Sul.

Durante essas atividades de lazer na comunidade, percebemos a disponibilidade de serviços em áreas residenciais privilegiadas e a alocação injusta de recursos públicos. A constatação alimentou nossa consciência social e impulsionou o ativismo político pela transformação baseada nas iniciativas de luta da década de 1950.

Quando a luta pela liberdade alcançou novos patamares no início dos anos 1950, os líderes do Congresso Nacional Africano (CNA) viram a necessidade de elaborar e divulgar um documento claro sobre o futuro da África do Sul e de seu povo. A ideia de uma Carta da Liberdade surgiu na campanha pelo Congresso do Povo. Durante essa campanha, o CNA e seus aliados convidaram toda o país a registrar suas demandas. Elas foram incluídas num único documento, apropriadamente chamado de Carta da Liberdade, que foi aprovado no Congresso do Povo em 1955 em Kliptown, África do Sul. Esse documento orientador ressaltava questões relativas aos direitos humanos. Os sul-africanos contribuíram com o documento, descrevendo a África do Sul que eles queriam. A Carta da Liberdade uniu as forças de libertação da época, o que serviu para consolidar uma aliança das forças *antiapartheid* dos anos 1950. A Carta da Liberdade continha uma declaração de direitos para todos os cidadãos. De especial importância para os profissionais de lazer era a cláusula intitulada *Haverá casas, segurança e conforto!*, que incorporava a afirmação *Descanso, lazer e recreação devem ser um direito de todos*.

01   direitos humanos e lazer

Os eventos que precedem a adoção da Carta da Liberdade em 1955 são dignos de menção. Jan Smuts, um defensor da segregação, representou a África do Sul em São Francisco na elaboração da Carta das Nações Unidas em maio de 1945. A Carta das Nações Unidas foi assinada em junho de 1945 pelos Estados-membros, com foco nos direitos humanos, na dignidade, no valor dos seres humanos e nos direitos iguais para todos (ONU, 1945).

Em 1948, as Nações Unidas produziram a Declaração Universal dos Direitos Humanos (DUDH), que foi assinada e apoiada pela maioria dos Estados-membros. A África do Sul absteve-se de endossar o documento, para proteger o sistema do *apartheid*, que violava os artigos contidos na Declaração (Danchin, 2002). A Carta da Liberdade reconheceu a Declaração da ONU no que tange aos direitos relacionados ao lazer, conforme descrito no artigo 24 – o direito a descanso e lazer, jornadas de trabalho razoáveis e férias remuneradas (ONU, 1949). O compromisso de assegurar a liberdade de usufruir de lazer e descanso foi confirmado pelos signatários da Declaração da ONU e da Carta da Liberdade.

Historicamente, o lazer e o esporte também pareciam desempenhar um papel importante na África do Sul colonial durante os anos da luta pela liberdade contra o governo colonial britânico antes de 1945. O movimento libertário dos negros na África do Sul uniu os africanos que viviam sob as leis discriminatórias e permitiu que eles resistissem não apenas à elite dominante dos negros africanos, que recebiam direitos e privilégios especiais como gestores, mas também aos colonizadores brancos. O futebol ajudou os combatentes da liberdade a moldar relacionamentos em laços comuns e proporcionou alívio das ansiedades sociais e políticas (Alegi, 2002).

O esporte e o lazer como forma de resistência foram amplamente divulgados na África do Sul na última metade do século XX. O movimento desportivo não racial que começou no país na década de 1950 foi organizado principalmente para acabar com o racismo no esporte e com o *apartheid* na sociedade. O *apartheid* foi um sistema de segregação promulgado por lei para classificar as pessoas com base na cor, e foi fortemente combatido pelo movimento desportivo não racial. O South African Non Racial Olympic Committee (Comitê Olímpico Não Racial da África dos Sul – Sanroc), sediado em Londres, deu início a uma série de tentativas para isolar o país da comunidade internacional, bem como da arena desportiva internacional, o que foi alcançado quando o Comitê Olímpico Internacional (COI) expulsou a África do Sul em 1970 (Nongongo, 2012). No geral, durante o período de luta pela independência, os eventos esportivos e de lazer propiciaram oportunidades para que o povo sul-africano permanecesse unido com o objetivo de trazer mudanças por meio de agendas sociopolíticas e culturais.

A questão que precisa ser levantada neste momento refere-se ao motivo de lazer, descanso e férias serem considerados um direito humano. A resposta pode estar associada aos esforços do movimento sindical e da Revolução Industrial em relação a descanso e férias. Os trabalhadores lutavam por um equilíbrio entre trabalho e descanso, exigindo dias e semanas laborais mais curtos, bem como férias remuneradas. O trabalho ininterrupto, sem períodos razoáveis de descanso para recuperar as forças, reconectar-se com a família e os amigos e melhorar a produtividade, pode levar a doenças e lesões. Além das questões de saúde, a recusa em pagar férias e períodos de descanso, especialmente nas minas da África do Sul, que eram os maiores empregadores de trabalho migrante, levou a outros desafios sociais. Como esses trabalhadores viviam em províncias distantes de suas famílias, houve um colapso nos relacionamentos familiares: crianças eram criadas em lares sem seus pais e as taxas de divórcio aumentaram. Os signatários e líderes das Nações Unidas reconheceram a necessidade de valorizar as pessoas como seres humanos que precisavam descansar e se dedicar ao lazer para preservar a dignidade humana e o direito a uma vida boa. Russell (1932), em *O elogio ao ócio*, Pieper (1998), em *Leisure, the Basis of Culture* ["Lazer, a base da cultura", em tradução livre], Yutang (1997), em *A importância de viver*, e, mais recentemente, Schwartz (2011), em *Não trabalhe muito – trabalhe certo*, escreveram sobre a necessidade de descanso, lazer e maior produtividade. Todos os autores argumentam que somente quando os trabalhadores tiram um tempo longe de seus empregos para se concentrar em sua criatividade e imaginação é que pode haver uma nova onda de descobertas, maiores taxas de produtividade, satisfação com a vida e felicidade.

02   desafios históricos do lazer e da recreação

Outras mudanças no lazer e na recreação foram observadas com as primeiras eleições democráticas na África do Sul, em 1994, após a libertação de Nelson Mandela (em 1990), e a nomeação de Steve Tshwete como primeiro Ministro do Esporte e Recreação na história do país. A inclusão da palavra *recreação* no nome do ministério deu ao povo a esperança de que finalmente a recreação passaria a ser um serviço à população. A Lei Nacional de Esporte e Recreação de 1998, juntamente com o Livro Branco sobre Esporte e Recreação de 2007, definiram o escopo da prestação de serviços na África do Sul pelos três níveis de governo: nacional, provincial e local.

    O objetivo do departamento nacional de Sport and Recreation South Africa (Esporte e Recreação da África do Sul – SRSA) é melhorar a qualidade de vida de todos os sul-africanos, promovendo a participação em esportes e recreação em eventos esportivos nacionais e internacionais. Os objetivos específicos do departamento nacional giram em torno de uma maior participação em atividades esportivas e recreativas, grandes eventos e oportunidades esportivas para reduzir o crime. O SRSA estabelece a prioridade, confirmando as funções e simplificando as responsabilidades das várias partes interessadas, ao fornecer financiamento para desenvolver instalações esportivas e profissionais de treinamento para uma gestão eficaz na prestação de serviços de esporte e recreação (Hendricks, 2005).

    O SRSA reconheceu a necessidade de motivar as comunidades a desenvolver estilos de vida ativos e a identificar talentos esportivos em áreas competitivas. Para assegurar a participação de equipes sul-africanas em competições esportivas de alto desempenho, o departamento apoia programas voltados para a preparação de atletas de elite para grandes competições. O SRSA abriu escritórios em cada província e trabalha em estreita colaboração com os municípios para tentar melhorar a prestação de serviços de esporte e recreação no âmbito da comunidade. Embora o SRSA enfatize seu mandato na prestação de serviços, seu foco maior está nos programas esportivos, na identificação de talentos e nos esportes de alto desempenho. A má prestação de serviços dos programas de lazer e recreação em nível local pode ser atribuída à ausência de diretoria e políticas específicas em nível nacional. Parece que falta ao departamento nacional a vontade política de promover recreação e lazer para a maioria de seus cidadãos.

    De modo geral, os sul-africanos são uma nação amante do esporte. Futebol, rúgbi e críquete atraem as maiores multidões para eventos esportivos. Os sul-africanos também participam de esportes para recreação. Por exemplo, Asihel (2005) constatou que alunas de graduação da Universidade de Western Cape participavam de recreação para se divertir e socializar. No entanto, essas alunas também consideravam a participação em esporte recreativo uma perda de tempo, uma vez que deveriam estar estudando. Se sentissem vontade de praticar algum esporte, prefeririam fazê-lo de forma não competitiva, interpretando a atividade como recreativa e destinada à diversão.

03 definição de esporte e recreação

Em 2005, o SRSA realizou uma pesquisa sobre participação em esporte e recreação em que definia esporte e recreação num único conceito, incluindo atividade física com resultados semelhantes (Hendricks, 2005). A combinação de esporte e recreação numa única definição pode ser um dos desafios para a compreensão dos dois conceitos e tem confundido os cidadãos sul-africanos. A definição também não leva em conta a diversidade e a variedade das atividades recreativas e sua contribuição para a obtenção de benefícios mais amplos da saúde mental, da economia e do meio ambiente.

Em minha opinião, o SRSA não trata com seriedade a prestação de serviços de lazer para atingir os objetivos estabelecidos no Livro Branco e no Plano Nacional de Esporte e Recreação, concluídos em 2012. O foco da pesquisa realizada em 2005 para avaliar a participação em atividades esportivas e recreativas na África do Sul estava diretamente ligado a atividades esportivas com pouca ou nenhuma referência ao lazer e à recreação. A pesquisa concluiu que o governo precisava fornecer mais recursos para promover o esporte, enfrentar as disparidades entre as comunidades e melhorar a acessibilidade a instalações e serviços de qualidade para jovens e adultos (Hendricks, 2005).

04 recreação e juventude

Os responsáveis pela tomada de decisões no SRSA falharam ao não levar em conta os benefícios da recreação em promover o desenvolvimento humano, impulsionar a resiliência entre os jovens e aumentar a realização pessoal. O fornecimento sustentável de serviços de recreação e lazer pode melhorar alguns dos desafios sociais enfrentados pela sociedade. As prisões juvenis sul-africanas estão superlotadas. Em fevereiro de 2011, havia mais de 54.900 jovens cumprindo pena em presídios juvenis (Rawoot, 2012). O uso de drogas pelos jovens e o banditismo foram classificados entre os dez principais desafios enfrentados pela Cidade do Cabo, conforme relata um estudo realizado por Wright em 2011. A prestação de serviços de lazer poderia oferecer alternativas positivas para esses jovens buscarem em seu tempo livre.

O ex-presidente da África do Sul Nelson Mandela observou que os jovens representam uma parcela importante da sociedade como futuros líderes, cujas necessidades urgentes devem ser supridas e cuidadas, em busca de níveis mais altos de liderança (Mkalipi, 2007). As pessoas tinham expectativas de que a África do Sul democrática trouxesse uma grande prosperidade para seus cidadãos e, principalmente, para os jovens entre 14 e 35 anos de idade. No século XXI, os jovens sul-africanos enfrentam vários problemas sociais, incluindo gravidez na adolescência, alta infecção por aids, elevadas taxas de criminalidade, falta de educação adequada e baixos níveis de emprego. Um país deve priorizar seu futuro e garantir que as contribuições dos jovens sejam reconhecidas e realçadas.

Na Conferência Anual Nelson Mandela de 2016, Bill Gates (2016) mencionou o desenvolvimento e empoderamento dos jovens no continente africano. Reforçando a fé de Mandela na juventude, Gates enfatizou o incentivo à promoção do talento dos jovens. Ele convocou todos os atores a trabalharem em conjunto para dar aos jovens a oportunidade de desenvolverem melhores soluções e abrir caminho para que alcançassem seu pleno potencial pela oferta de oportunidades apropriadas para as crianças de hoje.

Os objetivos de desenvolvimento do milênio também destinam-se a alcançar a saúde e o bem-estar da juventude. Seria importante incluir os jovens no processo de tomada de decisão quanto à sustentabilidade futura. Crescentes evidências de pesquisas têm realçado a importância do lazer na vida dos jovens em termos de identidade social e inclusão, acesso a oportunidades de crescimento e desenvolvimento geral (ONU, 2005).

05   a prestação de serviços de recreação

Um problema que pode contribuir para a má prestação de serviços de recreação é o grau de competência entre os funcionários públicos, especialmente no âmbito dos municípios. Evidências mostram que os funcionários públicos, supervisores ou gerentes de recreação não têm qualificações formais ou treinamento em recreação e lazer. Para complicar ainda mais, não existe uma política nacional no âmbito de serviço público para a prestação de serviços de recreação. Há necessidade de mais pesquisas sobre esse assunto ou tópicos relacionados para estabelecer o nível de habilidades e conhecimentos necessários no setor público para a prestação de serviços essenciais de recreação para as comunidades na África do Sul.

Como mestranda em estudos de recreação e lazer, não consegui encontrar emprego no setor público, pois todos os cargos estavam reservados aos brancos. Eu me ofereci como voluntária no South African National Recreation Council (Conselho Nacional de Recreação da África do Sul – Sanrec) para promover serviços de recreação. O Sanrec era um órgão oficial, criado em 1998 e financiado pelo SRSA, com o objetivo principal de desenvolver a recreação como profissão, promovendo pesquisas e oferecendo oportunidades e instalações para a prestação de serviços. Devido a irregularidades financeiras, o Sanrec acabou sendo dissolvido em 2002. No entanto, a criação desse conselho foi considerada um passo positivo para a promoção da recreação e do lazer, especialmente para estudantes como eu, egressos de instituições de ensino superior.

O fim do Sanrec foi um golpe para os que defendiam a promoção de serviços recreativos, especialmente para comunidades carentes. A urgência na criação de uma associação para atender à necessidade de profissionais de recreação e incentivar o desenvolvimento da comunidade foi enfrentada em 2010, quando fui um dos membros fundadores da Leisure and Recreation Association of South Africa (Associação de Lazer e Recreação da África do Sul – Larasa). A Larasa empenha-se em fazer parcerias com outras organizações com valores compartilhados para melhorar a qualidade de vida para todas as pessoas. Com os desafios sociais enfrentados pelas comunidades e a escalada do problema das doenças na África do Sul, uma força como recreação e lazer poderia causar um impacto significativo. Infelizmente, a recreação tem sido frequentemente marginalizada.

06 reconhecimento do potencial de recreação e lazer

Uma área em que a recreação pode contribuir enormemente refere-se à saúde pública. A edição de 2007 da *South African Health Review* relatou que a principal causa de morte para homens (36%) e mulheres (40%) eram as doenças não transmissíveis. Essas doenças incluíam cardiopatia, hipertensão, obesidade e inatividade física em províncias urbanizadas (Rispel e Setswe, 2007). Confrontadas com o ônus da doença, as autoridades políticas e governamentais da África do Sul começaram a buscar alternativas não clínicas para melhorar a saúde, as oportunidades e a qualidade de vida. A complexa interação dos determinantes sociais, ambientais e econômicos da saúde tornou imperativo que todos os departamentos governamentais colaborassem de maneira mais eficaz para atingir os objetivos de desenvolvimento do milênio. Muitas dessas doenças são evitáveis, pois compartilham fatores de risco modificáveis, como inatividade física, dieta pouco saudável, uso de tabaco e seus produtos, bem como ingestão prejudicial de álcool. Em minha opinião, educar as pessoas sobre os usos positivos de seu tempo livre, especialmente por meio de atividade física, pode reduzir alguns desses fatores de risco.

Segundo Sallis e Keir (2006), foram identificados quatro domínios que influenciam a atividade física durante o tempo de lazer. A implementação da política organizacional, o *design* do ambiente construído, as oportunidades de atividade física e a motivação dos indivíduos contribuem para o aumento da participação em atividades de lazer. O ambiente político é constituído por leis e regulamentos, práticas e regras estabelecidas pelo governo local com relação à prestação de serviços de recreação e lazer. O domínio do ambiente construído inclui recursos como instalações de recreação física, espaços abertos e parques, além de trilhas projetadas para atividades de lazer. Num esforço para criar mais oportunidades de lazer e aumentar a participação da comunidade, é necessário fornecer recursos físicos relevantes de apoio aos departamentos de recreação e às comunidades locais.

Se Sallis e Keir (2006) estiverem corretos, então o pessoal responsável pela tomada de decisões no SRSA deve prestar muita atenção aos serviços de recreação e lazer para enfrentar os desafios sociais e de saúde das comunidades. Outro estudo realizado por Baker *et al.* (2008) analisou a relação entre a disponibilidade de recursos e a participação em atividades físicas no tempo de lazer. Evidências mostraram que o fornecimento e a disponibilidade de recursos físicos, especialmente instalações, influenciavam os comportamentos de atividade física nas comunidades. Recursos físicos referem-se a instalações públicas de recreação, como espaços para brincar, campos esportivos, parques, espaços abertos e centros comunitários. A importância de ter essas instalações próximas de onde as pessoas vivem foi reforçada por Mowen *et al.* (2007), que concluíram que a proximidade do parque aumentava o seu uso e que o tempo de uso da instalação pode contribuir para a melhoria da saúde e do bem-estar.

Atuando como organização sem fins lucrativos, a Larasa está tentando conscientizar e defender a transformação do SRSA, no sentido de que o departamento aumente o foco na prestação de serviços de recreação para alcançar resultados mensuráveis em termos de bem-estar social. As metas e os objetivos da Larasa são voltados para a mudança de percepções e atitudes dos tomadores de decisão para assumir a recreação e o lazer como serviços essenciais e para aumentar os níveis de participação durante o tempo de lazer.

07 implicações da prestação de serviços de recreação

Acredito que os serviços de recreação e lazer são uma ferramenta eficaz de desenvolvimento. Na África do Sul não há muita pesquisa realizada no âmbito de serviços de lazer e recreação a partir de um contexto de desenvolvimento, e é importante que os profissionais de recreação aumentem a consciência sobre o seu impacto numa nação emergente.

Young e Potgieter (2004) analisaram a formação e o treinamento em Gestão de Recreação em instituições de ensino superior na África do Sul.

O relatório indicou a necessidade de que profissionais e cidadãos tenham garantido o acesso público a instalações recreativas, parques e programas para perceberem os benefícios de longo prazo da participação em atividades recreativas. Para que os programas sejam eficazes, os profissionais precisam ser treinados para entender o importante papel da recreação na sociedade. Young e Potgieter recomendaram que se dedicasse mais atenção à elaboração de currículos para proporcionar uma melhor prestação de serviços de recreação.

Para atender à crescente demanda por prestação de serviços públicos na África do Sul, as instituições de ensino superior devem desempenhar um papel central na formação de graduados para entrar no mercado. Há uma grande lacuna entre as instituições acadêmicas e os empregadores do serviço público. Seis instituições na África do Sul oferecem diferentes conteúdos curriculares nos programas de bacharelado em recreação e lazer, levando a resultados diversos. Além disso, não existem padrões para influenciar as competências no serviço público (Goslin, 2003). Acredito que é preciso estabelecer um sistema de credenciamento e certificação para profissionais de lazer e para servir de padrão de referência para a formação e o treinamento profissional e vocacional.

Além disso, é preciso mostrar que a participação em serviços de recreação pode ter uma relação positiva com a saúde individual. No passado, a associação entre o uso de serviços de recreação e a saúde pessoal foi negligenciada por dois motivos. Em primeiro lugar, a definição tradicional de saúde limitava-se à ausência de doença e não à vitalidade e expectativa de vida. Em segundo lugar, os pesquisadores não olhavam além dos benefícios diretos dos serviços de recreação. Hoje os norte-americanos mudaram de um modelo médico para um modelo holístico da saúde, que enfatiza estratégias proativas de promoção da saúde e prevenção de doenças (Ching-Hua et al., 2003). A África do Sul também pode seguir o exemplo dos Estados Unidos.

Estudos sobre a saúde da população sul-africana revelaram resultados que refletem preocupações graves. O Healthy Active Kids South Africa (Crianças Ativas e Saudáveis da África do Sul – HAKSA; Nossel, 2015) forneceu os dados mais recentes sobre o atual estado de saúde das crianças e dos jovens sul-africanos. O relatório indicou que uma melhora positiva foi observada na participação em esportes e que menos crianças estavam indo para a cama com fome. No entanto, a África do Sul teve uma nota F em relação a outros países, especialmente nas áreas de comportamento sedentário e consumo de *fast food*. A pontuação geral das crianças sul-africanas em 2014 caiu de C para D. As taxas de mortalidade associadas a doenças não transmissíveis atingiram quase 30% na África do Sul, com um aumento significativo nos fatores de risco relacionados com a inatividade e a obesidade.

Desde 2014, os níveis de sobrepeso, obesidade e inatividade na juventude urbana vêm aumentando, e a saúde e a qualidade de vida vêm diminuindo.

É evidente que o governo e os pais não estão fazendo o suficiente para ajudar 19 milhões de crianças a terem um estilo de vida ativo e saudável. Há uma necessidade urgente de intervenções no nível de cuidados primários de saúde para enfrentar os problemas relacionados com a inatividade física e a obesidade em crianças e jovens (Nossel, 2015). Os serviços de recreação podem ser uma dessas intervenções.

08 recomendações para melhorar a prestação de serviços de recreação

O sucesso e a sustentabilidade de qualquer intervenção para reduzir o problema das doenças, aumentar a atividade física, melhorar a qualidade de vida e proporcionar um ambiente positivo para os jovens dependem de um plano de ação colaborativo com importantes agências governamentais e *stakeholders* compartilhando uma visão com objetivos em comum. Há necessidade de uma estratégia cuidadosamente elaborada para influenciar mudanças de pensamento, políticas, cultura e valores destinados a promover o desenvolvimento humano. Para iniciar a transformação deve ser desenvolvida uma política pública com base numa visão social que promova a cultura, o lazer e a recreação levando em conta as diversas necessidades de todas as comunidades, em áreas rurais e urbanas, para melhorar a qualidade de vida. Essa estrutura holística de política pública deve nortear-se pelos princípios de:

- Inclusão.
- Relevância.
- Interação.
- Transparência.
- Universalidade.
- Corresponsabilidade.
- Sustentabilidade ambiental.
- Responsabilidade social.

Em suma, os governos em todos os níveis na África do Sul devem alocar recursos equitativos para promover o direito a serviços acessíveis de recreação e lazer. Na recente votação do orçamento nacional para o exercício financeiro de 2016-2017, a alocação de recursos para recreação foi mínima e inadequada para atender às necessidades da nação. A criação de uma diretoria dedicada à recreação e ao lazer no SRSA, pautada por uma estrutura bem construída de políticas públicas, juntamente com uma equipe competente e uma alocação orçamentária justa e equitativa para a prestação de serviços de recreação e lazer, ajudará a enfrentar o problema de reconhecer o descanso, a recreação e o lazer como direito de todos.

09 referências

Alegi, P. C. (2002). "Playing to the Gallery? Sport, Cultural Performance, and Social Identity in South Africa, 1920s-1945". *International Journal of African Historical Studies*, 35(1), 17-38.

Asihel, S. G. (2005). *Perceptions of Constraints to Recreational Sports Participation* (dissertação de mestrado), Universidade do Cabo Ocidental, Cabo Ocidental, África do Sul.

Baker, E. et al. (2008). "Do Recreational Resources Contribute to Physical Activity?". *Journal of Physical Activity and Health*, 5(2), 252-261.

Ching-Hua, H. et al. (2003). "Parks, Recreation and Public Health". *Journal of Parks and Recreation*, 38(4), 18-25.

Danchin, P. (2002). "Drafting History". Retirado de: <http://ccnmtl.columbia.edu/projects/mmt/udhr/udhr_general/drafting_history_10.html>.

Gates, B. (2016). "Living Together". *14th Nelson Mandela Annual Lecture*. Retirado de: <https://www.nelsonmandela.org/news/entry/transcript-of-the-14th-nelson-mandela-annual-lecture/>.

Goslin, A. (2003). "Assessment of Leisure and Recreation Research in Africa". *South African Journal for Research in Sport, Physical Education and Recreation*, 25(1), 35-46.

Hendricks, D. (2005). *Participation in Sport and Recreation Activities in South Africa*. Cidade do Cabo, África do Sul: Formeset Printers.

Mkalipi, M. (2007). "Youth Development Agenda is On Course". Retirado de: <http://www.gov.za/national-youth-commission-youth-development>.

Mowen, A. et al. (2007). "The Role of Park Proximity and Social Support in Shaping Park Visitation, Physical Activity, and Perceived Health Among Older Adults". *Journal of Park & Recreation Administration*, 26(4), 167-179.

Nongongo, P. (2012). *Sports Around the World*. Santa Barbara, CA: ABC-CLIO.

Nossel, C. (2015). *Healthy Active Kids South Africa: Report Card 2014*. Cidade do Cabo, África do Sul: Discovery Health.

ONU (26 jun. 1945). "Carta das Nações Unidas". Retirado de: <http://www.un.org/en/charter-united-nations/>.

ONU (1949). "Declaração universal dos direitos humanos". Retirado de: <http://www.un.org/en/universal-declaration-human-rights/>.

ONU (2005). "The World Youth Report". Retirado de: <http://www.un.org/esa/socdev/unyin/ documents/wyr05book.pdf>.

Pieper, J. (1998). *Leisure, the Basis of Culture* (tradução de G. Malsbary). Universidade do Estado da Pensilvânia: St Augustine's Press.

Rawoot, I. (16 nov. 2012). "Children in Pollsmoor". *Mail and Guardian*. Retirado de: <http://mg.co.za/article/2012-11-16-00-children-in-pollsmoor>.

Rispel, L. e Setswe, G. (2007). "Stewardship: Protecting the Public's Health". Em: Harrison, S. B. e Ntuli, A. (orgs.). *South African Health Review 2007*. Durban, África do Sul: Health Systems Trust.

Russell, B. (1932). "In Praise of Idleness". *Harper's Magazine*. Retirado de: <http://harpers.org/archive/1932/10/in-praise-of-idleness/>.

Sallis, J. R. e Keir, J. (2006). "Physical Activity and the Built Environment. President's Council on Physical Fitness and Sports". *Research Digest*, 7(4), 1-8.

Schwartz, T. (2011). "The Way We are Working isn't Working". *Huffington Post*. Retirado de: <http://www.huffingtonpost.com/tony-schwartz/the-way-were-working-isnt_b_574039. html>.

Young, M. E. M. e Potgieter, N. (2004). "Education and Training in Recreation Management at Tertiary Institutions in South Africa". *African Journal of Physical Education, Recreation and Dance*, 10(1), 90-8.

Yutang, L. (1997). *A importância de viver*. Rio de Janeiro: Globo.

o paradoxo do lazer australiano

john r. tower
*associação de estudos de lazer da austrália
e da nova zelândia*

A Austrália tem produzido reiteradas campanhas de turismo concebidas para se promover como um destino com praias tropicais, atrações naturais espetaculares, maravilhosas refeições e vinhos, e cidades atraentes (Tourism Australia, 2016). Essas imagens refletem um aspecto da realidade do lazer australiano, mas, como costuma acontecer no turismo, está distante do cotidiano da maioria dos cidadãos. A Austrália também se orgulha de ser um país esportivo, com conquistas como a participação em todas as Olimpíadas de verão modernas (Baka, 2010), mas também apresenta níveis elevados de obesidade e grandes desafios de atividade física (Australian Bureau of Statistics; ABS, 2012a). O país tem algumas das melhores credenciais de lazer, mas há um paradoxo, pois, apesar de ser usado como principal imagem para a qualidade de vida da Austrália, o lazer não tem alta prioridade na agenda pública.

Este capítulo discute três marcos da história do lazer da Austrália, identifica as características distintivas do lazer australiano e, para concluir, aponta algumas pistas para explicar por que esse país ainda não alcançou seu potencial de lazer. A Austrália destaca-se por sua qualidade de vida (imigrei para cá há mais de quarenta anos em razão de seu estilo de vida), mas a diminuição da prioridade do papel do lazer nas políticas públicas locais reflete um declínio em sua importância.

Este relato australiano baseia-se em meu envolvimento na indústria de lazer do país desde 1980. Apesar de recorrer a dados e informações oficiais para subsidiar esta discussão, também tomei como base lembranças e impressões decorrentes da evolução de minha carreira na área.

01 história do lazer na austrália – alguns marcos importantes

Seria impossível abarcar toda a amplitude da história do lazer na Austrália neste capítulo. Consequentemente, escolhi três marcos para ilustrar o desenvolvimento histórico do lazer australiano. A combinação da cultura indígena, a campanha do dia de oito horas e a declaração de Whitlam (1972) de que o lazer era o maior problema social enfrentado pela Austrália refletem a alta estima que o lazer poderia ter alcançado. Infelizmente, a importância do lazer tem diminuído desde a década de 1970.

01.1 austrália indígena

A cultura aborígene australiana existe há 40 mil anos e ainda mantém muitas de suas tradições, talvez tendo chegado a um equilíbrio perfeito entre trabalho e lazer. O estilo de vida tradicional aborígene não fazia distinção entre trabalho e não trabalho e "não havia palavras aborígenes para os conceitos ingleses de lazer, recreação ou jogos" (Veal, Darcy e Lynch, 2013, p. 29). As tradições aborígenes baseavam-se num estilo de vida caçador-coletor que previa um tempo para as ocupações espirituais: "atividade artística, jogos e formas de organização social" (Veal, Darcy e Lynch, 2013, p. 8). A cultura tradicional aborígene talvez seja um dos verdadeiros exemplos de harmonia em que as distinções entre trabalho e lazer se mesclam para produzir um estilo de vida equilibrado. De certa forma, ela tem crescido na esfera do lazer à medida que os povos aborígenes passam a gerir os destinos de lazer e influenciam o comportamento do visitante. A gestão do Parque Nacional de Uluru foi devolvida aos proprietários tradicionais da terra, o que levou a uma mudança de política, com o objetivo de desencorajar os turistas a escalar o Uluru. Esse lugar é importante como parte das tradições europeias, mas sua história aborígene como local sagrado remonta a milhares de anos. A política atual para vivenciá-lo baseia-se em "experiências autênticas que levarão os turistas a se envolver com a paisagem natural e social como um todo" (Wearing, Schweinsberg e Tower, 2016, p. 37). Essa mistura de tradição aborígene com aspectos das expectativas modernas é incomum, mas aponta para a possível colaboração entre as duas culturas. Infelizmente, muitos australianos não reconhecem a maioria dos aspectos da cultura aborígene. Muito poderia ser aprendido com a abordagem do lazer das culturas indígenas da Austrália, mas elas continuam a ser uma comunidade subestimada e negligenciada (Hall, 2016).

01.2 o dia de oito horas

A Austrália também deu uma importante contribuição para as práticas de trabalho modernas com o movimento do dia de oito horas do século XIX, um dos primeiros passos para proporcionar tempo formal longe do trabalho (Love, 2006). Em 1856, pedreiros e outros trabalhadores interromperam o trabalho e fizeram uma passeata por Melbourne para "proclamar vitória e checar o cumprimento do novo 'sistema de oito horas'" (Love, 2006, p. 193). Com a campanha do dia de oito horas, pela primeira vez os trabalhadores conquistaram uma jornada baseada em oito horas de trabalho, oito horas de descanso e oito horas de recreação. O Dia do Trabalho australiano continua a ser um feriado para comemorar a conquista da capacidade dos trabalhadores de controlar suas vidas cotidianas pela limitação da quantidade de horas a ser trabalhadas (Love, 2006). Esse marco da necessidade dos trabalhadores de desfrutar de oito horas de recreação foi um passo importante para reconhecer o valor do lazer como parte da qualidade de vida. O Monumento do Dia de Oito Horas em Melbourne permanece até hoje como uma comemoração do movimento do dia de oito horas.

Muitos dos atuais trabalhadores da Austrália perderam ou abriram mão das conquistas dos trabalhadores da década de 1850. A tendência dos australianos contemporâneos é passar mais tempo no trabalho e menos tempo jogando, comendo e dormindo. Entre os anos de 1997 e 2006, as horas de trabalho na Austrália aumentaram 5% para os homens e 7% para as mulheres, enquanto diminuíram as atividades recreativas e de lazer, em especial as esportivas e ao ar livre (Australian Bureau of Statistics; ABS, 2008b). Heiler (1998) explicou que, dos anos 1940 até a década de 1980, a tendência foi reduzir as horas de trabalho. Desde então, trabalhadores em tempo integral passaram a trabalhar mais de quarenta horas por semana, muitas vezes com média de mais de 49-60 horas semanais. Deve-se destacar que esse aumento corresponde a horas extras não pagas, já que os trabalhadores assalariados têm de trabalhar o tempo necessário para concluir a tarefa (Heiler, 1998).

A conquista da jornada de trabalho do século XIX não foi mantida no século XXI. Essa realidade é especialmente decepcionante, pois a Austrália iniciou um esforço coletivo para atender às demandas de lazer na década de 1970.

01.3 o maior desafio da austrália é o lazer

Whitlam (1972) afirmou:

> Não há um problema social maior enfrentado pela Austrália do que o bom uso do lazer. É o problema de todas as comunidades modernas e

> *ricas. É, acima de tudo, o problema de sociedades urbanas e, portanto, na Austrália, a nação mais urbanizada do planeta, um problema mais urgente para nós do que para qualquer outra nação da Terra. (p.26)*

Com essas palavras, o futuro primeiro-ministro da Austrália da época preparou o terreno para o desenvolvimento da cultura, das artes, do lazer e dos esportes naquele país. Em 1972, o governo Whitlam criou o Departamento de Turismo e Recreação que estabeleceu as bases da reforma governamental da recreação comunitária, do desenvolvimento do esporte e do meio ambiente. O governo definiu diretrizes políticas para cursos universitários recreativos e esportivos, mulheres e lazer, recreação juvenil e desenvolvimento do turismo (Whitlam, 1996).

O legado das iniciativas do governo Whitlam pode ser visto em toda a Austrália nos dias de hoje. Um dos relatórios encomendados pelo governo promoveu a ideia de que cada comunidade deveria ter seu próprio centro comunitário. Esses centros constituiriam a base para atividades esportivas e recreativas acessíveis para todos os membros da comunidade (Bloomfield, 1974). A oferta atual de muitas instalações de lazer comunitário foi concebida para suprir as necessidades de lazer da comunidade local. Essas instalações talvez não atendam às necessidades das comunidades (Tower, McDonald e Stewart, 2014), mas representam um patrimônio tangível presente em muitos municípios e cidades australianas. No campo das artes, criaram-se galerias nacionais, mas as artes não floresceram tanto quanto o esporte (Whitlam, 1996). Whitlam afirmou que, "aparentemente, o primeiro-ministro [depois de Whitlam] acredita que há mais votos no esporte do que nas artes" (Whitlam, 1996, p. iv).

O campo dos estudos de lazer foi criado na Austrália com outra iniciativa do governo Whitlam. As diretrizes políticas de Hamilton-Smith (1973) forneceram a estrutura para o estabelecimento de cursos de recreação no ensino superior, que evoluíram e foram atualizados ao longo de décadas. O ensino superior australiano já não inclui cursos formais de estudos do lazer, mas ainda há resquícios de programas de lazer (Tower et al., 2017) estabelecidos pela diretriz política de Hamilton-Smith.

Esses três marcos do lazer australiano desde a história antiga até as iniciativas da década de 1970 configuram o cenário para compreender como a Austrália deixou de atender a suas aspirações de lazer. O lazer australiano contemporâneo não correspondeu à visão dos pedreiros da década de 1850 nem aos desafios identificados por Whitlam há mais de quarenta anos.

02   lazer australiano contemporâneo

A cultura australiana tem uma série de características de lazer que a diferenciam de outros países. O foco na participação no lazer, as cidades habitáveis, o multiculturalismo, o papel das associações profissionais de lazer e os estudos de lazer australianos são tópicos que merecem explicação.

02.1   participação no lazer

Os dados do Departamento de Estatísticas Australiano do Governo da *Commonwealth* (The Commonwealth Government's Australian Bureau of Statistics – ABS) sobre o tempo gasto em atividades e as taxas de participação nas principais atividades recreativas e de lazer ilustram alguns aspectos do estilo de vida australiano. Esses dados da participação em geral são confrontados com algumas das características da participação do país em atividade física e na atividade específica de jogos de azar, em que a Austrália é líder mundial (ou, ao invés de líder, não seria melhor dizer perdedora?).

    O lazer é um componente significativo da maneira como os australianos passam o seu tempo. Os dados de pesquisa do uso do tempo em 2006 indicaram que a combinação da categoria Lazer e Recreação com a categoria Interação Social e Comunitária representou 20,5% do tempo agregado para os australianos com mais de 15 anos de idade. A única categoria com mais tempo alocado foi a de Cuidados Pessoais, que incluía Dormir como principal atividade. O tempo gasto em recreação, lazer e interação social/comunitária diminuiu um pouco em comparação com 1997, quando representou 21%. A categoria de atividade Emprego teve um dos maiores aumentos entre 1997 e 2006 (ABS, 2008a). Essa mudança reforça a importância crescente do trabalho e o menor compromisso com o lazer na Austrália. Nenhuma grande iniciativa de política governamental promoveu o valor do lazer durante esse período, embora campanhas regulares tivessem promovido a atividade física.

    As atividades de lazer mais populares são mídia áudio/visual (9,7% do dia), conversar e enviar mensagens (2,0% do dia), leitura (1,6% do dia) e atividade esportiva e ao ar livre (1,3% do dia). Frequentar espaços culturais e de entretenimento, eventos esportivos, jogos, artes, artesanato e passatempos representaram os 6% restantes do tempo destinado a atividades de lazer. Os homens passaram mais tempo (quatro horas e 29 minutos por dia) em recreação e lazer, enquanto as mulheres só passaram três horas e 57 minutos por dia (ABS, 2008a).

    Uma análise das atividades mais populares de esportes e recreação física demonstra o grau relativamente baixo de participação. Os dados merecem destaque em razão do contínuo compromisso de vários governos australianos de incentivar a participação em atividades físicas e esportivas. A campanha *Life. Be in it* teve início na década de 1970 para promover a participação em atividades esportivas e de lazer (Veal, Darcy e Lynch, 2013). Os dados mais recentes sobre a participação em esportes e recreação física indicam que quase dois terços dos australianos participaram em esportes e recreação física durante os doze meses anteriores à coleta de dados da pesquisa. A participação ocorreu apenas em um evento durante o ano e a maioria dos australianos respondeu que não participava regularmente. Somente as atividades de caminhada e *fitness*/academia tiveram graus de participação superiores a 10%. Um nível de participação de 2,8% no basquetebol masculino e 2,4% na caminhada feminina foi suficiente para que constassem entre as dez principais atividades (ABS, 2012b). Apesar do constante incentivo à participação em clubes desportivos, o recente aumento da participação ocorreu em atividades não organizadas (Hajkowicz, Cook, Wilhelmseder e Boughen, 2013).

Embora quase dois terços dos australianos tivessem participado em esportes e recreação física durante os doze meses anteriores à pesquisa (ABS, 2012b), a participação limitada produziu benefícios de saúde limitados. Por exemplo, Tower e Craike (2008) constataram que apenas 40% dos residentes em dois municípios de Melbourne tiveram um nível de participação capaz de gerar benefícios para a saúde. A exploração da imagem dos esportes pelos governos deixou os australianos obcecados, mas os dados não comprovaram a adoção de um estilo de vida adequado e saudável.

Os australianos têm um dos índices mais elevados de adultos com sobrepeso e obesidade, com quase dois terços com mais de 18 anos de idade obesos ou com sobrepeso (ABS, 2012a) e 25,3% das crianças entre 5 e 17 anos de idade obesas ou com sobrepeso (ABS, 2012c). Além disso, a pesquisa revelou que 4% da população tinha diabetes tipo dois (ABS, 2012d) e um milhão de pessoas (4,7%) sofria de doenças cardíacas (ABS, 2012e). O país também apresenta altas taxas de sedentarismo; 60% dos adultos australianos não realizam atividades físicas suficientes para obter benefícios para a saúde. O grau de inatividade aumenta com a idade. Um total de 80% das mulheres com mais de 75 anos de idade não realizaram atividade física suficiente (Australian Institute of Health and Welfare, 2012). A tendência de inatividade física é uma preocupação para todos os níveis do governo australiano devido ao crescente envelhecimento da população e às demandas sobre o orçamento da saúde. A Australian Health Promotion Association (2013) relatou que a obesidade, por si só, custa para a Austrália 120 bilhões de dólares por ano[1].

---

1   Equivalentes a aproximadamente 307 bilhões de reais pelo câmbio de 16 mar. 2018. [N. T.]

Uma das atividades de lazer em que os australianos estão em primeiro lugar no *ranking* mundial é a de jogos de azar. A Austrália tem o maior nível de perdas *per capita* no jogo em comparação com todas as outras nações (Markham e Young, 2015). A gama de oportunidades de jogo inclui caça-níqueis (*pokies*), cassinos, loterias, apostas em esportes (especialmente corridas de cavalo) e apostas na internet para a maioria dos eventos e das atividades esportivas (Markham e Young, 2014). A controvérsia sobre apostas em esportes ganhou grande destaque no Aberto de Tênis da Austrália de 2016, quando se alegou que tenistas estariam combinando resultados de partidas, além de questões relacionadas a acordos de patrocínio com casas de apostas (Livingstone, 2016).

As oportunidades de jogo estão facilmente disponíveis para a maioria dos australianos e tornaram-se apenas mais uma opção para suas atividades de lazer. No entanto, para 80 mil a 160 mil pessoas, o jogo passou a ser um problema, pois essa minoria de jogadores perde um valor desproporcional de dinheiro. A atração australiana pelo jogo tornou-se uma questão de difícil resolução para o governo, pois um quarto das perdas com jogo (aproximadamente 5,5 bilhões de dólares autralianos[2]) faz parte da receita do governo. Na verdade, o valor do lazer em jogos de azar está sendo questionado. Markham e Young (2014) relataram que um estudo de 1999 indicava que quase 55% dos pesquisados discordavam da afirmação: "Os jogos de azar proporcionaram mais oportunidades de diversão recreativa" (p. 29).

A contribuição oferecida pelo turismo e pelas artes para a participação no lazer da Austrália não pode ser negligenciada. O turismo é uma indústria importante para o país: em 2015, por exemplo, os mais de 6 milhões de visitantes internacionais gastaram mais de 33 bilhões de dólares australianos[3] (Tourism Research Australia, 2015a). No âmbito doméstico, as viagens aumentaram 5%, com 318 milhões de viagens com estadia gerando quase 57 bilhões de dólares australianos[4] (Tourism Research Australia, 2015b).

Um estudo sobre a participação nas artes em 2013 revelou que 48% dos australianos relataram participação em atividades criativas e quase todos (94%) participaram de eventos ao vivo ou em galerias, ou leram livros nos 12 meses anteriores. Esses níveis de participação nas artes aumentaram desde 2009 (Australia Council for the Arts, 2014).

---

[2] Equivalentes a aproximadamente 14 bilhões de reais pelo câmbio de 16 mar. 2018. [N. T.]
[3] Equivalentes a aproximadamente 84 bilhões de reais pelo câmbio de 16 mar. 2018. [N. T.]
[4] Equivalentes a aproximadamente 146 bilhões de reais pelo câmbio de 16 mar. 2018. [N. T.]

02.2 habitabilidade e lazer na austrália

A revista *Economist* produz um *ranking* anual das cidades mais habitáveis do mundo. A Austrália possui mais cidades classificadas entre as dez primeiras do que qualquer outro país (*Economist Intelligence Unit*, 2015). O acesso às oportunidades de lazer das cidades australianas contribui para esse *ranking*, mas as classificações baseiam-se numa série de critérios, incluindo estabilidade, saúde, cultura e meio ambiente, educação e infraestrutura. A cultura/meio ambiente e a infraestrutura incluem elementos como artes, entretenimento, parques e acesso ao esporte que ajudaram Melbourne a ser a única cidade a alcançar o primeiro lugar no *ranking* por cinco vezes (Australian Broadcasting Corporation, ABC, 2015). As outras três cidades australianas entre as dez primeiras do mundo são Adelaide, Sydney e Perth, classificadas em quinto, sétimo e oitavo lugares, respectivamente (*Economist Intelligence Unit*, 2015). O elevado grau de urbanização da Austrália, 89%, faz dela um dos países mais urbanizados do mundo (The World Bank, 2015). O acesso dos residentes em cidades australianas a parques, instalações esportivas, centros de lazer, artes e cultura contribui para a elevada classificação em habitabilidade.

02.3 multiculturalismo da austrália

Um dos aspectos singulares do lazer da Austrália é seu multiculturalismo: é o terceiro país com maior diversidade cultural no mundo (Murray, 2013). O caldeirão multicultural australiano proporcionou uma diversidade de valores e tradições culturais. Desde a década de 1970, o país adotou uma política de multiculturalismo que estabelece um ordenamento para que grupos de imigrantes e populações indígenas possam manter, celebrar e expressar sua herança cultural. Essa política deu à Austrália um sabor internacional, que influencia a culinária, as celebrações étnicas, o lazer e as atividades esportivas do país (Murray, 2013). O impacto das atividades multiculturais é mais evidente na participação em dança e teatro (Australia Council for the Arts, 2014). A participação desportiva, porém, é dominada pelas tradições inglesas, como críquete, futebol, rúgbi e *netball*, além do característico e exclusivo futebol australiano. Pessoas de proveniências diversificadas ainda sentem barreiras na participação desportiva, mas programas de financiamento governamentais têm incentivado as organizações desportivas nacionais a serem mais inclusivas (Murray, 2013). A migração recente da Ásia e as culturas islâmicas provavelmente se incorporarão ao tradicional estilo de vida australiano, "criando uma nova mistura, como tem ocorrido em toda a história cultural moderna da Austrália" (Murray, 2013, p. 232).

02.4 organizações profissionais de lazer

Um aspecto menos documentado do desenvolvimento do lazer na Austrália tem sido a evolução de associações profissionais dedicadas à promoção e ao desenvolvimento de políticas, programas e serviços de lazer. Ao longo dos últimos 35 anos fui membro das seguintes organizações que não existem mais: Institute of Recreation (Austrália Ocidental), Institute of Recreation (Vitória), Municipal Recreation Officer Association of Victoria (MROAV), Local Government Recreation Association of Victoria (LGRAV) e Australian Leisure Institute. Em muitos casos, essas organizações evoluíram para formar novas associações (por exemplo, a MROAV tornou-se LGRAV, que se tornou o Australian Leisure Institute, que se tornou o Parks and Leisure Australia, PLA), enquanto outras (por exemplo, o Institute of Recreation) cumpriram sua finalidade e deixaram de existir. Hoje, as associações profissionais de lazer, como a Australia and New Zealand Association of Leisure Studies (Anzals), o PLA e a Australian Leisure Facilities Association (Alfa), continuam a trabalhar para representar a indústria, apoiando o desenvolvimento profissional, defendendo benefícios para o setor e desenvolvendo e influenciando políticas para promover a indústria (Alfa, 2014; Anzals, 2015; PLA, 2016). Outras organizações trabalham com setores específicos da indústria e grupos específicos da população, como a RecLink (2016), que atua com grupos sociais desfavorecidos.

Creio que uma das razões pelas quais o desafio do lazer de Whitlam (1972) não foi plenamente enfrentado na Austrália é que a indústria desse segmento não defendeu e promoveu adequadamente os benefícios do lazer. Atuei no conselho de administração de várias das organizações listadas anteriormente. Durante esse tempo, houve poucos casos em que o setor se uniu para influenciar a política governamental. Grupos individuais levantaram preocupações de tempos em tempos, mas não ocorreram iniciativas coordenadas ou conjuntas para refletir um esforço unido para enfrentar questões de importância nacional. A inabilidade dos grupos em formar uma coalizão ou organização do setor para enfrentar questões em comum, como políticas governamentais e financiamento, pode ter impedido a indústria de lazer australiana de alcançar muitos dos objetivos identificados em 1972.

A falta de cooperação entre organizações profissionais de lazer australianas, bem como a cooperação restrita entre profissionais de lazer e indústria afins, tem sido comprovada. Em 2015, a Anzals estabeleceu uma parceria com a Australian Health Promotion Association – filial Austrália do Sul. Essa parceria forneceu uma base para explorar questões em comum e compartilhar recursos para a Conferência da Anzals daquele ano. É muito cedo para avaliar como essa parceria evoluirá para enfrentar questões em comum de áreas do lazer e da saúde. Há outra aliança importante de lazer e saúde entre o PLA e a Beyond Blue, uma associação australiana dedicada a melhorias na saúde mental (PLA, 2016). Infelizmente, esses tipos de colaboração não são comuns e demonstram ainda a capacidade limitada das associações profissionais de lazer australianas de ter um impacto no cenário mais amplo das políticas públicas.

As questões de lazer não são prioritárias na discussão atual sobre políticas públicas. Um debate significativo sobre a natureza das condições trabalhistas ocorreu no início deste século. A legislação sobre opções laborais em 2015 colocou o ônus das condições trabalhistas nos indivíduos, minimizando a influência dos sindicatos e tribunais do trabalho. Em especial, a lei afetou os trabalhadores que "estavam perdendo as condições de trabalho, com a suspensão de salários mínimos setoriais e horas extras" (*FindLaw Australia*, 2016, p. 3). Após muito debate e uma mudança de governo em 2007, as leis de relações industriais foram revogadas em 2009, com a aprovação da Lei de Trabalho Justo (Fair Work Act – Australian Law Reform Commission, 2016). Ao longo do debate sobre as condições trabalhistas não se discutiu o impacto das crescentes demandas de trabalho sobre o lazer dos australianos. Não tenho conhecimento de nenhuma iniciativa de qualquer organização de lazer, especialmente a Anzals, de levantar quaisquer questões sobre o impacto das condições de trabalho na qualidade de vida e lazer. Infelizmente, as organizações profissionais de lazer não se empenharam para fazer com que a qualidade de vida e o lazer passassem a ser uma questão considerada nesse importante debate sobre políticas públicas. Até hoje, as contribuições das organizações de lazer limitam-se às políticas públicas que promovam o valor do lazer na Austrália.

02.5 estudos de lazer australianos

O domínio da educação em estudos de lazer também tem seus desafios. Hamilton-Smith (1973) identificou a necessidade de uma maior formação dos trabalhadores em recreação. Essa iniciativa levou a cursos de estudos de lazer na Austrália. Infelizmente, esses estudos evoluíram de tal forma que o lazer já não está no nome e chegou a ser limitado no conteúdo do curso. Os cursos de lazer foram substituídos por um foco no turismo, na gestão esportiva e em eventos (Tower et al., 2017).

Como associação voltada para bolsas de estudo e educação para o lazer, a Anzals tem questionado a situação dos estudos da área na Austrália. Na Conferência da Anzals de 2010, Stebbins (2011) descreveu o caminho acidentado dos estudos de lazer e, na conferência de 2013, Rowe (2015) falou da complexidade do lazer enquanto continuamos a nos esforçar para nos afirmar. As demandas do caminho acidentado e a necessidade de nos afirmar ilustram o estágio atual dos estudos de lazer australianos. A Conferência da Anzals de 2015 realizou um *workshop* para aprofundar essas questões e orientar a associação e seus membros sobre a forma de avançar. O documento de discussão do *workshop* forneceu algumas ideias úteis sobre "os temas consistentes de um declínio do papel do lazer no currículo do ensino superior e sua posição um tanto vaga no currículo geral" (Tower et al., 2017, p. 2). Algumas das análises preliminares dos resultados do *workshop* sugeriram que aspectos dos estudos de lazer australianos estavam indo bem (por exemplo, os níveis de bolsas e contribuições para publicações sobre lazer), apesar da diminuição dos cursos destinados à área. Essa diminuição nos estudos de lazer tem muitas causas e não está claro se a Anzals consegue influenciar a evolução da oferta de tais cursos no país.

03 conclusão

O estilo de vida equilibrado das tradicionais comunidades indígenas australianas, combinado com as ambições da campanha do dia de oito horas e do desafio do lazer de Whitlam, criou uma base para a Austrália obter os benefícios que o lazer pode trazer para um país. Infelizmente, os objetivos da campanha e do desafio não foram alcançados. A demarcação entre trabalho e lazer é clara, e o trabalho continua a interromper o lazer dos australianos. Aspectos da cultura australiana (por exemplo, o multiculturalismo e a qualidade das cidades da Austrália) fornecem características que tornam as opções de lazer do país objeto de inveja do mundo. No entanto, os níveis reduzidos de participação, os maus indicadores de saúde que poderiam facilmente ser melhorados por atividades de recreação mais ativas e as organizações profissionais desunidas têm impedido a Austrália de atingir o seu pleno potencial de lazer.

O paradoxo do lazer da Austrália é que os australianos têm sido líderes no desenvolvimento dessa área. Aspectos do lazer da Austrália compõem as imagens dos destinos turísticos e fazem parte da qualidade de vida urbana, que está entre as melhores do mundo. Os desafios do lazer australiano saudável permanecem. O lazer tem sido levado a sério ao longo da história do país, mas nos dias de hoje tende a ser principalmente sedentário e menos acessível para muitos cidadãos.

04 referências

Australia Council for the Arts (2014). "Arts in Daily Life: Australian Participation in the Arts". Canberra, ACT: Australian Government. Retirado de: <http://www.australiacouncil. gov.au/workspace/uploads/files/research/arts-in-daily-life-australian-5432524d0f2f0>.

Australian Bureau of Statistics (ABS) (2008b). "We're Spending Less Time Playing, Sleeping and Eating but Working Longer": ABS. Media Release 21 February 2008. Canberra, ACT: Australian Government. Retirado de: <http://o-www.abs.gov.au.library.vu.edu.au/AUSSTATS/abs@.nsf/Latestproducts/4153.0Media%20Release 12006?opendocument&tabname=Summary&prodno=4153.0&issue=2006&num=&view=>.

Australian Bureau of Statistics (ABS) (2012a). "Australian Health Survey: First Results, 2011-12 Key Findings" (Catalogue No. 4364.0.55.001). Canberra, ACT: Australian Government. Retirado de: <http://www.abs.gov.au/ausstats/abs@.nsf/Lookup/4364.0.55.001Chapter1002011-12>.

Australian Bureau of Statistics (ABS) (2012b). "Sport and Recreation: A Statistical Overview. Australia" (Catalogue no. 4156.0) Canberra, ACT: Australian Government. Retirado de: <http://www.abs.gov.au/ausstats/abs@.nsf/mf/4156.0>.

Australian Bureau of Statistics (ABS) (2012c). "Australian Health Survey: First Results, 2011-2012 (Catalogue No. 4364.0.55.001) Exercise". Canberra, ACT: Australian Government. Retirado de: <http://abs.gov.au/ausstats/abs@.nsf/Latestproducts/1DA0C-56919DE176BCA257AA30014BFB7?opendocument>.

Australian Bureau of Statistics (ABS) (2012d). "Australian Health Survey: First Results, 2011-12 (Catalogue No. 4364.0.55.001) Diabetes". Canberra, ACT: Australian Government. Retirado de: <http://abs.gov.au/ausstats/abs@.nsf/Latestproducts/D4F2A67B76B-06C12CA257AA30014BC65?opendocument>.

Australian Bureau of Statistics (ABS) (2012e). "Profiles of Health, Australia, 2011-13 Heart Disease" (Catalogue No. 4338.0). Australian Government. Retirado de: <http://www. abs.gov.au/ausstats/abs@.nsf/Lookup/4338.0main+features182011-13>.

Australian Health Promotion Association (2013). AHPA Infographic Pre Election. Retirado de: <http://www.healthpromotion.org.au/images/stories/AHPAInfographicPreElec- tionAug13.jpg>.

Australian Institute of Health and Welfare (2012). *Australia's Health 2012* (AIHW, Trans.). Canberra, ACT: Author.

Australian Law Reform Commission (2016). "The Fair Work Act 2009 (Cth). Recruitment and Employment Law. Australian Government". Retirado de: <http://www.alrc. gov. au/publications/2-recruitment-and-employment-law/fair-work-act-2009-cth>.

Australian Leisure Facilities Association (Alfa) (2014). "About Alfa, Australian Leisure Facilities Association". Retirado de: <http://www.alfaleisure.org.au/about-alfa/>.

Baka, R. (2010). "Olympic Glory: An Analysis of Australia's Success at the Summer Olympics". *Journal of Olympic History*, 18(3), 6-16.

Bloomfield, J. (1974). *The Role, Scope and Development of Recreation in Australia*. ACT, Canberra, ACT: Commonwealth of Australia.

Economist Intelligence Unit (2015). "The World's Most 'Liveable' Cities". *The Economist*. 18 ago. 2015. Retirado de: <http://www.economist.com/blogs/graphicdetail/2015/08/daily-chart-5>.

FindLaw Australia (2016). Q1. "What Was Work Choices? And Why Was It so Unpopular?" FindLaw Australia. Thomson Reuters (Professional). Retirado de: <http://www.findlaw.com.au/faqs/1916/what-was-workchoices-and-why-was-it-so-unpopular.aspx>.

Hall, E. (2016, 25 January). "Journalist Calls for Australians to Embrace Indigenous History". *ABC News, The World Today*. Retirado de: <http://www.abc.net.au/worldtoday/content/2015/s4393970.htm>.

Hamilton-Smith, E. (1973). *Education of Recreation Workers*. Canberra, ACT: Australian Government Publishing Service.

Hajkowicz, S. A., Cook, H., Wilhelmseder, L. e Boughen, N. (2013). *The Future of Australian Sport: Megatrends Shaping the Sports Sector over Coming Decades*. A Consultancy Report for the Australian Sports Commission. Canberra, ACT: CSIRO.

Heiler, K. (1998) "The 'Petty Pilfering of Minutes' or What Has Happened to the Length of the Working Day in Australia?". *International Journal of Manpower*, 4, 266-280. Retirado de: <http://dx.doi.org/10.1108/01437729810220383>.

Livingstone, C. (2016). "Advantage Gambling, but Corruption Risk Surely Isn't Worth It for Tennis". *The Conversation*. 21 jan. 2016. Retirado de: <https://theconversation. com/advantage-gambling-but-corruption-risk-surely-isnt-worth-it-for-tennis-53378>.

Love, P. (2006). "Melbourne Celebrates the 150th Anniversary of its Eight Hour Day". *Labour History*, n. 91, 193-196.

Markham, F. e Young, M. (2014). "Who Wins from 'Big Gambling' in Australia?". *The Conversation*. Retirado de: <https://theconversation.com/who-wins-from-big-gambling-in-australia-22930>.

Markham, F. e Young, M. (2015). "'Big Gambling': The Rise of the Global Industry-State Gambling Complex", *Addiction Research & Theory*, 23(1), 1-4, DOI:10.3109/16066359.2014.929118.

Murray, D. (2013). "Global Cultures and Ethnicity". Em: Veal, A. J., Darcy, S. e Lynch, R. (org.). *Australian Leisure* (4. ed., pp. 418-441). Frenchs Forest, NSW: Pearson.

Parks and Leisure Australia (PLA) (2016). "Who We Are". Retirado de: <https://www.parksleisure.com.au/about/who-we-are>.

RecLink Australia (2016). "Overview". Retirado de: <http://www.reclink.org/overview>.

Rowe, D. (2015). "Complexity and the Leisure Complex". *Annals of Leisure Research*. DOI:10.1080/11745398.2015.1028949.

Stebbins, R. A. (2011). "Leisure Studies: The Road Ahead". *World Leisure Journal*, 53(1), 3-10.

The World Bank (2015). "Urban Population (% of total)". Retirado de: <http://data.world-bank.org/indicator/SP.URB.TOTL.IN.ZS>.

Tourism Australia (2016). "Print Ads". Retirado de: <http://www.tourism.australia.com/ campaigns/print-ads.aspx>.

Tourism Research Australia (2015a). "Positive Growth Leads to Record International Visitors and Spend". Austrade Australian Government. Comunicado de imprensa, 2 set. 2015. Canberra, ACT. Retirado de: <http://www.tra.gov.au/documents/media-releases/Media- Release-IVS-YE-June-2015.pdf>.

Tourism Research Australia (2015b). "Travel by Australians". Canberra, ACT: Austrade Australian Government. Retirado de <http://www.tra.gov.au/documents/nvs/NVS_one- pager_September2015.pdf>.

Tower, J. e Craike, M. (2008). *The Exercise, Recreation and Sport Survey (ERASS) Scoping Study*. Footscray, Victoria Australia: Victoria University.

Tower, J., McDonald, K. e Stewart, B. (2014). *Community Benefits of Victorian Aquatic and Recreation Centres*. Footscray, Victoria Australia: Victoria University.

Tower, J. et al. (2017). "State of Leisure Studies in Australia and New Zealand". *World Leisure Journal*. DOI: 10.1080/16078055.2017.1343326.

Veal, A. J., Darcy, S. e Lynch, R. (2013). *Australian Leisure* (4. ed.). Frenchs Forest, NSW, Australia: Pearson.

Wearing, S., Schweinsberg, S. e Tower, J. (2016). *Marketing National Parks for Sustainable Tourism*. Londres, UK: Channel View Publications.

Whitlam, G. (1972). "It's Time for Leadership". Retirado de: <http://whitlamdismissal.com/ downloads/72-11-13_whitlam-policy-speech_moad.pdf>.

Whitlam, G. (1996). "Foreword". Em: Lynch, R. e Veal, A. J. (org.). *Australian Leisure*. Sydney, Australia: Longman.

lazer no brasil: tendências e perspectivas em uma sociedade contemporânea

ricardo r. uvinha
edmur a. stoppa
universidade de são paulo

O senso comum no Brasil considera o lazer como uma espécie de válvula de escape na sociedade, o que também inclui abordagens funcionalistas. O lazer continua a ser visto como algo supérfluo diante de outras necessidades. Com base nesse entendimento equivocado, as pessoas devem primeiro satisfazer aspectos como saúde, alimentação e moradia para só então tratar de questões relativas ao lazer.

Vincular o lazer a conceitos funcionalistas com vários matizes é uma ferramenta para ajudar as pessoas a conviverem com a alienação e as injustiças na sociedade brasileira. As abordagens funcionalistas colaboram para manter o *status quo*. Diferentemente dessa perspectiva, os autores deste capítulo veem o lazer como um momento privilegiado para a experiência de valores que contribuem para as mudanças morais e culturais.

Este capítulo aborda elementos associados ao lazer no Brasil em sua interface com aspectos sociais e culturais, políticas temáticas e a experiência acadêmica e profissional nesse campo. Em contraste com seu baixo valor e seus aspectos comerciais, o lazer será defendido como uma esfera fundamental para a afirmação de valores e identidades, e como um elemento potencial para mudanças sociais e a redistribuição de poder e privilégios na sociedade.

01 o lazer como cultura e suas características na sociedade brasileira

As reformas ocorridas na sociedade brasileira levaram a mudanças em hábitos de lazer, trabalho, economia, educação, cultura e arte. Como esses elementos estão relacionados, pode-se obter uma compreensão abrangente da importância e do significado de cada área na sociedade. Nesse sentido, para entender o lazer no Brasil é necessário discutir sua relação com as demais esferas da vida social e o período histórico em que está inserido (Uvinha et al., 2017). Mudanças na sociedade resultaram em várias transformações do lazer.

No Brasil, o lazer só foi proclamado como um direito de todas as pessoas na década de 1980, quando o país passou pela restauração da democracia, num processo marcado pela ampla participação da sociedade, que culminou com uma nova Constituição em 1988. Em 2003, o governo popular democrático criou um ministério específico para a área de esportes, que integrava uma secretaria para tratar do lazer. Esse evento marcou definitivamente um novo momento nas políticas do setor público brasileiro. Nessa conjuntura deve-se refletir sobre as relações e os paradoxos vividos no contexto do país. Por um lado, o lazer era visto como um fenômeno moderno decorrente da urbanização nas grandes cidades e, por outro lado, também havia a diversidade e as demandas dos habitantes do interior, indígenas, quilombolas, populações ribeirinhas e outras com realidades diferentes das grandes cidades (Rodrigues, 2011).

Como questão controversa na sociedade atual, o lazer é marcado por mal-entendidos nas discussões e nas correspondentes ações nos âmbitos pessoal e comunitário e nos círculos acadêmicos. Daí a importância de definir o conceito.

De uma perspectiva mais popular, o lazer costuma ser associado a experiências individuais ligadas a oportunidades de descanso e diversão. Mesmo em órgãos públicos, o lazer não tem um objetivo claro e aparece vinculado a diversos nomes, como "Cultura e Lazer", "Recreação e Lazer" e "Esportes e Lazer".

Nos círculos acadêmicos, a controvérsia é indireta quando se analisa o lazer como oposição ao trabalho, o que geralmente é decorrente da mistificação deste último. Outros acadêmicos, devido às consequências dos avanços tecnológicos e do tempo disponível para o lazer, o transformam em ideal de felicidade (por exemplo, Marcellino, 2004).

No Brasil, a maioria dos acadêmicos que estudam o lazer o associam à Revolução Industrial e aos avanços tecnológicos que levaram à divisão do trabalho e à alienação dos trabalhadores. Assim, o lazer é uma resposta às demandas sociais, à luta pela melhor distribuição do tempo livre dos trabalhadores e pelo repouso para recuperação da força de trabalho. No caso específico do Brasil, esse processo se consolidou há algumas décadas com a aceleração da urbanização em novas áreas e o aumento da densidade populacional em áreas já urbanizadas.

De acordo com Melo (2001), desde o século XIX preocupações com o lazer da população já estão presentes em discursos dos gestores responsáveis pelas contínuas mudanças nas cidades brasileiras. A necessidade de um estudo mais sistemático do lazer já é apontada nas primeiras décadas do século XX, nos escritos de Frederico Guilherme Gaelzer, nos anos 1930, bem como em outros exemplos de políticas públicas implementadas para enfrentar a questão e nas ações baseadas em pesquisas e estudos sistemáticos sobre o tema, como as do Departamento de Cultura e Recreação da Cidade de São Paulo. Melo também destacou outro foco significativo na década de 1940, incluindo o trabalho de Arnaldo Lopes Sussekind no Rio de Janeiro, a antiga capital federal. Sussekind considerava importante o uso saudável do tempo de lazer, como ele defendia, para os trabalhadores do Serviço de Recreação no Ministério do Trabalho.

Embora os brasileiros venham escrevendo sobre o lazer desde o início do século XX, o tema só passou a ser estudado sistematicamente no país a partir da década de 1970. Gomes e Melo (2003) documentaram o desenvolvimento de pesquisas, projetos e ações multidisciplinares, coletivas e institucionais. O volume *Lazer operário*, de José Acácio Ferreira (1959), é considerado o primeiro livro a tratar de questões específicas do lazer. O trabalho tem como subtítulo: *Um estudo de organização social das cidades*.

Entre os estudiosos dedicados atualmente ao lazer no Brasil, são evidentes duas linhas de raciocínio, caracterizadas pelo aspecto da atitude (ou seja, lazer como estilo de vida) e pela ênfase no tempo, livre das obrigações do trabalho ou livre de outras obrigações. A controvérsia sobre as características do lazer refere-se a esses aspectos da atitude e do tempo.

No Brasil, uma das definições mais utilizadas é a do sociólogo francês Joffre Dumazedier (2000), que considerava o lazer:

> [...] um conjunto de ocupações às quais os indivíduos podem dedicar-se de livre vontade, seja para descansar, seja para divertir-se, recrear-se e entreter-se, ou para desenvolver sua formação desinteressada, sua participação social voluntária ou sua livre capacidade criativa após livrar-se ou desembaraçar-se das obrigações profissionais, familiares e sociais. (p. 34)

Deve-se acrescentar ainda que Dumazedier (1980a) classificou os conteúdos de lazer cultural em cinco áreas: artística, intelectual, físico-esportiva, prática e social. Convém observar que os conteúdos nessa classificação estão interligados e só foram separados para facilitar o planejamento de atividades de lazer e a realização de pesquisas. Sua distinção aborda as atividades predominantes em cada categoria.

Além disso, o lazer pode ser experimentado como não atividade ou ociosidade, pois as pessoas escolhem o que fazer com o tempo disponível. Em nossa sociedade, porém, a não atividade ou ociosidade tem pouco valor, uma vez que as pessoas geralmente privilegiam o desempenho, o produto final, e não o processo de criação que resultou no desenvolvimento dos indivíduos. A ociosidade é desvalorizada por ser associada à perda de tempo em virtude de uma compreensão restrita do lazer. O lazer é mais do que a prática de alguma atividade e inclui muitas outras possibilidades.

Para abranger todos os significados do lazer, ele precisa ser entendido pelas pessoas, o que pode incentivar a participação nas várias áreas mencionadas acima. A participação está diretamente ligada à informação e é importante lembrar disso quando se pensa em envolvimento. Com a participação em atividades, busca-se um lazer gratificante e criativo. Demo (1996) observou que não se pode forçar ou impor a participação. Ela acontece ao tornar-se algo que as pessoas buscam e do qual se apropriam, pois, afinal, trata-se de um processo e não de um produto final. Enquanto os próprios indivíduos não estabelecerem o ambiente necessário para o lazer, poderá haver alienação e imposição na vida cotidiana das pessoas.

O conteúdo cultural expresso por meio de interesses predominantes de lazer, gêneros e níveis, de acordo com Dumazedier (1980b), complementa a forma como o lazer pode ser entendido. Os gêneros podem ser classificados como prática, conhecimento e assistência. A prática acontece quando os indivíduos procuram desenvolver uma atividade de lazer. O conhecimento caracteriza-se pela busca de informações sobre atividades de lazer, e a assistência corresponde à maneira como a atividade de lazer é realizada e onde ela acontece.

Paralelamente a essas discussões, questões relativas à atividade e à passividade costumam ser associadas à prática e ao consumo, respectivamente, produzindo grandes equívocos. Assim, associa-se o fazer à atividade, ao passo que o ato de assistir é associado à passividade. No entanto, o que determina se as pessoas são ativas ou passivas não são suas atividades, e sim maneira como elas participam de atividades de lazer. A classificação entre ativo e passivo, portanto, poderia ser associada à prática, ao conhecimento e à assistência.

Desse modo, a qualificação de ativo/passivo seria determinada pelo grau de participação, que Dumazedier (1980b) classifica em elementar ou conformista, intermediário ou crítico, e superior ou criativo. Assim, espera-se que em seu tempo disponível as pessoas realizem experiências recreativas de forma não conformista, crítica e criativa. Por outro lado, na maioria das vezes, o envolvimento no lazer não é espontâneo. Assim, profissionais de lazer devem desenvolver oportunidades que orientem e incentivem a participação das pessoas nos cinco interesses culturais de lazer relacionados com os três gêneros, ajudando-as a superar os níveis, de modo que, se possível, elas passem do conformista ao crítico e criativo.

Além disso, tais ações devem mostrar o lazer não apenas como descanso e diversão, mas como uma questão importante na sociedade brasileira. Elas podem resultar em aspectos educacionais – a educação por meio do lazer e para este, e a relação entre lazer e educação como forma de melhorar o desenvolvimento social dos indivíduos. Não se trata de desenvolvimento sob uma perspectiva funcionalista, mas de desenvolvimento como resultado da demanda social e da recuperação da cidadania por meio da participação cultural.

Apesar disso, na sociedade brasileira continua presente a sensação de que o lazer é um tanto supérfluo diante de outras necessidades. Exemplos dessa forma restrita de compreensão estão fortemente arraigados não apenas na vida cotidiana, em que muitas vezes se associa o lazer à vadiagem e a pessoas que não têm nada para fazer, mas até mesmo no setor público, em que esse tipo de pensamento predomina nas cidades de todo o país. Em vez de ser entendido como um direito social, o lazer geralmente é visto como uma desculpa ou uma maneira de chamar a atenção para ações meramente assistencialistas destinadas a remediar os problemas sociais de algumas regiões da cidade.

02 políticas de lazer no brasil e seu impacto na vida social

Historicamente, no Brasil, os processos de formação vocacional na área de lazer visam à preparação de profissionais para seu trabalho cotidiano. As características exigidas pelo mercado seguem uma ideia abstrata do lazer concebido simplesmente como bens a serem consumidos pelas pessoas.

Para que as ações dos profissionais sejam direcionadas para valores de participação cultural é fundamental discutir o processo de formação e desenvolver contextos para a ação no que tange a políticas públicas de recreação. Além disso, essas políticas podem corrigir expectativas equivocadas sobre o papel dos profissionais na área de lazer. É preciso desenvolver ações específicas por meio de políticas públicas que busquem alcançar objetivos explícitos relacionados com a implementação de programas de lazer. É essencial desenvolver políticas públicas na área de lazer para estimular oportunidades e promover a criatividade, de modo que as pessoas possam superar as várias barreiras presentes na vida cotidiana, vinculadas não apenas às experiências de lazer, mas à sociedade em geral.

Evidencia-se, assim, a importância da participação efetiva das pessoas e de diferentes setores da sociedade civil na definição de políticas sociais baseadas nos desejos e nas necessidades do público envolvido. O lazer, por suas próprias características, pode ser entendido como uma ferramenta útil para o desenvolvimento da participação, criando oportunidades para as pessoas experimentarem novos valores.

Visando uma compreensão mais ampla, o lazer deve ser considerado em suas múltiplas possibilidades, de acordo com o conteúdo proposto por Dumazedier (1980a). Sua inter-relação requer a busca de interface com os vários organismos públicos encarregados de estabelecer e assegurar a política de lazer. Nesse sentido, os profissionais devem compreender as interfaces com outras políticas públicas sociais, como educação, saúde e transporte (Marcellino, 2008).

Além das organizações ou agências relacionadas com o lazer, é importante que as organizações públicas atuem em conjunto com outros órgãos governamentais e instituições da sociedade civil. São necessárias políticas de ação que ajudem a alcançar os objetivos propostos tanto pelos serviços de lazer quanto por outras áreas sociais.

Portanto, as políticas públicas de lazer devem fundamentar-se em esforços de cooperação entre setores que englobem áreas sociais, propiciando uma abordagem teórica ampla. Os gestores públicos de lazer devem participar do desenvolvimento de projetos que tratem do bem-estar do cidadão.

As mesmas considerações valem para as instituições do setor privado e do terceiro setor que desenvolvem políticas relacionadas com o lazer. A compreensão dos problemas deve ser a mesma nos diferentes setores que fazem interface com a forma como o lazer contribui para discussões e ações para melhorar os resultados desejados.

No que diz respeito às barreiras socioculturais ao lazer, características como gênero, faixa etária, estereótipos e acesso às instalações devem ser consideradas. A condição socioeconômica pode limitar qualitativa e quantitativamente a apropriação do lazer por parcelas da população. Para dar conta dessas questões é preciso estabelecer prioridades para grupos de pessoas que normalmente não são atendidas por órgãos públicos e instituições privadas, promovendo o lazer para minimizar os efeitos indesejáveis decorrentes das barreiras existentes.

Complementando a questão relacionada com a política de lazer no Brasil, Requixa (1980) comentou que as diretrizes não devem se restringir apenas à política de atividades, mas devem envolver também questões de capacitação e preparação de pessoal para a operação das instalações e dos equipamentos. As autoridades e instituições públicas precisam estabelecer prioridades baseadas na análise da situação e tentar responder a questões como: existe uma estrutura de coordenação para oportunidades de lazer específicas? Como as oportunidades estão distribuídas pela cidade? O equipamento é subutilizado? É possível adaptar recursos e equipamentos para atividades de lazer? Na formação de pessoas para trabalhos de lazer, o desenvolvimento de políticas públicas deveria incluir os profissionais da área, pois desse modo é possível levar a termo os valores da participação popular e a contribuição para a cidadania ativa.

Além disso, é importante observar que estamos falando de políticas setoriais de lazer e, portanto, não podemos perder de vista o contexto social em que são desenvolvidas. Esse contexto leva à necessidade de compreender os programas governamentais em geral, bem como as diferentes políticas públicas ligadas ao lazer e às áreas sociais.

Portanto, ao abordar a questão do lazer na sociedade brasileira considera-se cada vez mais importante a participação como um canal para a experiência de novos valores, o que torna o lazer um esforço educacional. O lazer permite questionar a sociedade excludente em que as pessoas vivem e busca aberturas para enfrentar os problemas do dia a dia. A falta de ação ou, pelo menos, as poucas ações governamentais comprometidas com os valores de mudança social resultaram numa série de movimentos sociais nos últimos anos, mostrando que a participação do pessoal de lazer é um caminho para discutir e resolver problemas sociais.

O lazer e sua efetiva participação cultural abrem a possibilidade de cidadania nas ações relacionadas com grupos comunitários. A contestação e a resposta às políticas públicas altamente conservadoras e excludentes têm se destacado na população brasileira. Acreditamos que o lazer oferece um meio para a consolidação de uma sociedade mais justa.

03 formação acadêmica e atividades profissionais no brasil: tendências e desafios

Os profissionais estão usando o conhecimento científico relacionado com o lazer para explicar a realidade das pessoas (Edginton et al., 2004). Assim, ao lidar com programas e políticas voltados para o estímulo pessoal e social para o lazer, defendemos que nossas ações profissionais sejam guiadas por dados e informações cientificamente comprovados pela pesquisa. Como profissionais, educadores e acadêmicos do lazer, é nossa obrigação entender as responsabilidades, as estratégias e o rigor utilizados no processo de pesquisa acadêmica. A natureza do lazer como área interdisciplinar pode sugerir uma fragilidade metodológica, apesar do reconhecimento social da relevância da pesquisa feita pelos profissionais no mercado de trabalho. Em 1998, realizou-se o 5º Congresso Mundial de Lazer em São Paulo, Brasil. Por uma semana, a comunidade de lazer foi mobilizada a explorar o tema, "Lazer na sociedade globalizada: inclusão ou exclusão", para celebrar o 50º aniversário da Declaração de Direitos Humanos das Nações Unidas e enriquecer a compreensão da experiência latino-americana. Um acontecimento importante do Congresso foi a adoção da *Declaração de São Paulo sobre lazer e globalização*, que estabeleceu a importância da diversidade do lazer (Uvinha, 2010).

As premissas desse Congresso Mundial realizado no Brasil em 1998 incorporaram a ideia de que o lazer no Brasil é considerado interdisciplinar e possibilita a participação de profissionais de diversas áreas (por exemplo, educação física, educação, turismo, educação artística, psicologia, arquitetura). Hoje, com o crescimento do setor de serviços de lazer, a quantidade de empregos oferecidos para profissionais que desejam trabalhar na área aumentou consideravelmente. Profissionais trabalham com formação diferenciada em várias instituições públicas e privadas, bem como naquelas ligadas ao terceiro setor de organizações não governamentais. Esse trabalho inclui uma ampla variedade de funções assumidas por profissionais, como planejamento, organização, gerenciamento, coordenação e avaliação de atividades de lazer (Stoppa et al., 2012).

A necessidade de formação profissional em lazer está diretamente relacionada com os vários outros campos profissionais de atividade em termos acadêmicos, bem como com os diferentes setores público, privado e terceiro setor. O papel das instituições de ensino que capacitam profissionais na área de lazer é muito importante. Um caso específico é a Universidade de São Paulo, com os programas de graduação em Lazer e Turismo e de pós-graduação em Turismo e Ciências da Atividade Física.

Como observa Marcellino (2001), as instituições com desempenho reconhecido em serviços de lazer devem necessariamente enfatizar estudos de pesquisa multidisciplinares. A produção de novos conhecimentos relacionados com o lazer pode levar a novos trabalhos adicionais, em conjunto com outras disciplinas que dialogam sobre o lazer.

Outra área a ser desenvolvida de forma mais eficaz é a da troca de conhecimentos e experiências entre pesquisadores e profissionais para acelerar a transmissão de tais informações, com padrões de comunicação de qualidade, para outros pesquisadores e usuários ligados ao lazer. O apoio ao desenvolvimento de fóruns de discussão e distribuição de conhecimento é fundamental para moldar e oferecer consistência ao campo do lazer. O conhecimento produzido pela academia deve chegar a diferentes setores que trabalham com lazer. É necessário tornar mais constantes e intensificar as trocas com pesquisadores internacionais, ampliando as redes de comunicação e fomentando discussões na América do Sul, além de dialogar com outros pesquisadores que estudam o lazer sob diferentes pontos de vista. A troca de experiências por meio da análise crítica baseada em distintas realidades pode ser o estímulo para novas propostas adequadas à situação social, cultural e econômica do Brasil. É preciso também incentivar a produção e a disseminação de novos conhecimentos por mestrandos e doutorandos ligados à área de lazer. Esse compartilhamento pode ser feito por intermédio de grupos de pesquisa para eventos específicos e pela publicação de novas pesquisas relacionadas com o lazer por meio de vários canais.

Henderson (2011) argumentou que os estudos de lazer devem ser articulados com as especialidades profissionais da área e que tal relacionamento envolve um amplo escopo de intersecções e interdependências cuidadosamente identificadas. Ela desafiou os acadêmicos em seus centros de pesquisa e por meio de seus reconhecidos programas de pós-graduação a desmontar essa suposta separação entre a teoria produzida nos centros acadêmicos e a prática do lazer realizada diariamente pelos profissionais da área. Com essa abordagem, os centros de pesquisa e programas de pós-graduação devem ganhar mais força na sociedade em geral, e as descobertas acadêmicas podem ecoar a aplicabilidade em nível profissional e se tornar acessíveis ao senso comum. Godbey (2000) sugeriu que o lazer precisa de um enfoque interdisciplinar na pesquisa. Ele defendeu que com a integração de centros de pesquisa conduzidos por associações e as oportunidades de trabalhar em rede seria possível promover o debate sobre o lazer no mais alto nível acadêmico. As associações profissionais relacionadas com o lazer no seu sentido mais amplo desempenham um papel importante no desenvolvimento acadêmico e científico dos estudos do lazer. Elas reúnem pesquisadores de diferentes instituições e áreas de atividade, geralmente engajados no desenvolvimento de abordagens interdisciplinares, para tratar do lazer com todo o seu potencial transformador. Ao promover discussões locais/regionais sobre o lazer, essas associações ampliam o seu escopo para ser reconhecidas por suas conferências e publicações destinadas a abordar ações em todo o mundo.

Vale ressaltar que, como ressaltam Gomes *et al.* (2009), a América Latina tem avançado bastante nos estudos de lazer e em seus esforços na articulação de grupos de pesquisa relacionados. Além disso, a nosso ver, a criação em 2013 da Associação Brasileira de Pesquisa e Pós-graduação em Estudos do Lazer (Anpel) merece uma consideração especial no contexto latino-americano. A Anpel tem *status* de sociedade científica com origem brasileira e congrega pesquisadores latino-americanos de diferentes bases de conhecimento dedicados à pesquisa de lazer e assuntos correlatos, a partir de visões teóricas e atinentes às respectivas disciplinas. As principais atividades incluem a organização bienal do Congresso Brasileiro de Estudos do Lazer (CBEL) e a publicação da *Revista Brasileira de Estudos do Lazer* (RBEL; Anpel, 2016).

Atualmente mais de 250 grupos de pesquisa dedicam-se ao estudo acadêmico do lazer no Brasil. Esses grupos representam diversas áreas de conhecimento e todos são certificados pelo Conselho Nacional de Desenvolvimento Científico e Tecnológico (CNPq, 2016). Um desses grupos é o Grupo Interdisciplinar de Estudos do Lazer (Giel), sediado na Escola de Artes, Ciências e Humanidades da Universidade de São Paulo, e liderado desde a sua fundação em 2008 pelos dois autores deste capítulo.

04 observações finais

Com base nas ideias aqui apresentadas, alguns desafios para o avanço do lazer no Brasil estão refletidos nesse campo de estudo e nas intervenções profissionais. A nosso ver, o lazer é um direito humano fundamental, conforme destacado no Artigo 24 da Declaração dos Direitos Humanos da ONU, datado de 1948. Tal *status* social permite a busca por satisfação e expressão, tanto no âmbito individual como no coletivo. Seus benefícios incluem bem-estar social, afirmação cultural, preservação e conservação do meio ambiente, assim como desenvolvimento econômico sustentável (Edginton e Uvinha, 2008).

O lazer também promove a oportunidade de melhorar e ampliar a liberdade de escolha nas decisões diárias dos brasileiros. É, portanto, um veículo poderoso, que tem o potencial de influenciar os indivíduos em suas jornadas ao longo da vida.

Argumentamos também que as iniciativas atuais são igualmente importantes para estimular a pesquisa latino-americana e o estudo de pós-graduação em lazer, como a criação e o fortalecimento da Anpel no Brasil e a promoção do 15º Congresso Mundial de Lazer em São Paulo após vinte anos de realizações, desde 1998. O intercâmbio de nossas atividades brasileiras e latino-americanas com as internacionais trará ganhos bilaterais para vários atores, incluindo experientes grupos de pesquisa, bem como estudantes de graduação em seus primeiros estágios de desenvolvimento acadêmico.

Esperamos que num futuro próximo o conselho da associação de pesquisa e os programas de pós-graduação em lazer se expandam ainda mais, dada a crescente importância alcançada por essa área na academia. Tal desenvolvimento deve, a nosso ver, ser guiado pela qualidade na criação e manutenção de associações afins e por uma correspondente reflexão sobre as evidências científicas coletadas em diversos centros de pesquisa, incentivando estudos acadêmicos de lazer em todo o mundo.

05 referências

Associação Brasileira de Pesquisa e Pós-graduação em Estudos do Lazer (Anpel) (2016). Retirado de: <http://anpelbrasil.net/sobre.php>.
Conselho Nacional de Desenvolvimento Científico e Tecnológico, Grupos de Pesquisa em Lazer no Brasil (CNPq) (2016). Brasília. Retirado de: <http://dgp.cnpq.br>.
Demo, P. (1996). *Pobreza política* (5. ed.). Campinas, Brasil: Autores Associados.
Dumazedier, J. (1980a). *Valores e conteúdos culturais do lazer*. São Paulo: Edições Sesc.

Dumazedier, J. (1980b). *Planejamento de lazer no Brasil: a teoria sociológica da decisão*. São Paulo: Edições Sesc.

Dumazedier, J. (2000). *Lazer e cultura popular* (3. ed.). São Paulo: Perspectiva.

Edginton, C. R. et al. (2004). *Leisure Programming: A Service-Centered and Benefits Approach* (4. ed.). Boston, MA: WCB/McGraw-Hill.

Edginton, C. R. e Uvinha, R. R. (2008). "Lazer: desenvolvimento e pesquisa a partir de uma perspectiva internacional". *Revista Corpoconsciência*, 12, 63-75.

Ferreira, A. (1959). *Lazer operário: um estudo de organização social das cidades*. Salvador: Livraria Progresso.

Godbey, G. (2000). "The Future of Leisure Studies". *Journal of Leisure Research*, 32(1), 37-41.

Gomes, C. L. e Melo, V. A. (2003). "Lazer no Brasil: trajetória de estudos, possibilidades de pesquisa". *Revista Movimento*, Porto Alegre, 19, pp. 23-44.

Gomes, C., Osorio, E., Pinto, L., Elizalde, R. (org.). (2009). *Lazer na América Latina/tiempo libre, ocio y recreación en Latino América*. Belo Horizonte: UFMG.

Henderson, K. (2011). "A Continuum of Leisure Studies and Professional Specialties: What if no Connections Exist?". *World Leisure Journal*, 53(2), 76-90.

Marcellino, N. C. (2001). "Políticas de lazer: mercadores ou educadores? Os cínicos bobos da corte". Em: Marcellino, N. C. (org.). *Lazer e esporte: políticas públicas* (pp. 5-29). Campinas: Autores Associados.

Marcellino, N. C. (2004). *Lazer e educação* (11. ed.). Campinas: Papirus.

Marcellino, N. C. (2008). "Subsídios para uma política de lazer: o papel da administração municipal". Em: Marcellino, N. C. (org.). *Políticas públicas de lazer* (pp. 11-16). Campinas: Alínea.

Melo, V. A. (2001). *Cidade esportiva*. Rio de Janeiro: Relume Dumará.

Requixa, R. (1980). *Sugestões de diretrizes para uma política nacional de lazer*. São Paulo: Edições Sesc.

Rodrigues, R. P. (2011). "Apresentação". Em: Isayama, H. F., Pinto, L. M., Uvinha, R. R. e Stoppa, E. A. (org.). *Sport and Leisure Policy Management* (pp. 2-3). Belo Horizonte: UFMG.

Stoppa, E. A. et al. (2012). "A produção do conhecimento na área do lazer: uma análise sobre a Revista Licere – Formação Profissional". *Revista Corpoconsciência*, 16(1), 13-24.

Uvinha, R. R. (2010). "Is Leisure Studies Ethnocentric? A View from Sao Paulo, Brazil". *World Leisure Journal*, 52, 191-195.

Uvinha, R. R. et al. (2017). "Leisure Practices in Brazil: A National Survey on Education, Income, and Social Class". *World Leisure Journal*, 01-12. DOI: 10.1080/16078055.2017.1343747.

nossa terra natal e dos nativos:
entendendo o lazer em um canadá diversificado e em evolução

janet k. l. mckeown
zara e. rafferty
mark e. havitz
universidade de waterloo

> *A meu ver, é preciso reconhecer que o lazer no Canadá é muito complexo para ter uma definição ou conceituação sólida e abrangente que funcione para todos. O lazer não é homogêneo ou pensado de forma homogênea no país. Não se trata apenas de caçar alces e jogar hóquei.*

Os canadenses pensam, entendem e conceituam o lazer de inúmeras maneiras, como podemos ver na citação acima. Há uma série de pressupostos e equívocos sobre o significado de lazer, sobre o papel que ele desempenha em nossas vidas, sobre o que fazem os pesquisadores e profissionais do lazer no Canadá e o que estudam os alunos matriculados em programas de recreação e lazer.

Uma maneira de promover a compreensão e questionar os pressupostos é compartilhar experiências e entendimentos autênticos de lazer. Com essa intenção, reunimos neste capítulo histórias compartilhadas conosco por ex-alunos, aposentados, professores, estudantes de pós-graduação e alunos de graduação da Universidade de Waterloo, para colher as maneiras únicas e complexas pelas quais se compreende, se pesquisa e se pratica o lazer no Canadá.

Iniciamos o capítulo com uma seção sobre geografias, acompanhada por uma discussão sobre climas, uma vez que ambos têm influência significativa nas experiências de lazer do país. Em seguida, consideramos as culturas canadenses com base na maneira como nossa paisagem social é moldada pela imigração e pela política multicultural. Logo após, analisamos como a onipresença do mundo digital tem influenciado cada vez mais o lazer canadense, bem como as mudanças nos cenários do lazer.

Cada seção é contextualizada com uma combinação de vinhetas e citações diretas extraídas de ideias compartilhadas numa série de grupos focais. Embora tenhamos como objetivo ilustrar aspectos compartilhados do estudo e da prática do lazer em todo o país, admitimos que as histórias e experiências representadas neste capítulo refletem um lugar específico no Canadá, em determinado momento. Assim, este capítulo não é exaustivo, nem estamos tentando generalizar entre as vastas e variadas experiências de lazer canadenses.

01 uma nota sobre definições

Decidimos não dar uma definição explícita de *lazer* neste capítulo, principalmente porque os participantes de nossos grupos focais ilustraram que há muitas maneiras de compreendê-lo. Alguns o associaram ao tempo longe do trabalho e das obrigações, ao passo que outros mesclaram esses domínios. O lazer evidenciava-se em determinados contextos recreativos, esportivos, artísticos e de viagens, mas não era onipresente em nenhum deles. Foi explicado como um estado de espírito e muitas vezes incluído entre as melhores experiências de vida. No entanto, essa sensação de lazer era transitória e frágil, e poderia subitamente ser interrompida pela necessidade de entregar um trabalho no prazo, por uma criança chorando ou um insulto de alguém. Concebeu-se o lazer como o uso deliberado da práxis para melhorar a própria vida e a vida dos que nos rodeiam. O lazer é a humanidade em sua forma mais elevada e, às vezes, nos lugares mais assustadores. Enfim, a definição de lazer é profundamente pessoal e flexível.

02 geografias

O Canadá é o segundo maior país do mundo (National Geographic, 2016). Geograficamente falando, abrange seis fusos horários e contém 7% da massa terrestre do mundo, distribuída em dez províncias e três territórios do norte (TimeTemperature.com, 2016). Um olhar de costa a costa revela a diversidade das geografias do Canadá – uma área costeira quase plana exposta a marés no leste, florestas tropicais temperadas no oeste, montanhas e vastas pradarias entre os dois, e floresta boreal e tundra no norte.

> *Contextualizar o lazer no Canadá é um desafio para mim, considerando que o país é geograficamente enorme e diversificado. Sabe, o lazer em Newfoundland parece diferente de Saskatchewan,*

> mas não tanto de Toronto ou Montreal. Já em Yukon ou Nunavut, parece muito diferente.

Para se ter uma noção da extensão geográfica do Canadá, a distância por rodovia entre Vancouver, British Columbia, e St. John's, Newfoundland, é de mais de 7.250 quilômetros. Quando se acrescenta o eixo norte-sul, a escala do país aumenta exponencialmente. A província de Quebec, sozinha, é maior do que a área somada de Texas, Califórnia e Montana – os três maiores estados contíguos dos Estados Unidos (*Worldatlas*, 2016). Além disso, num curto período de férias, sem dispor do tempo, esforço e dinheiro gastos em viagens, não é possível apreciar o bastante o meio ambiente e a história no Parque Nacional de Banff, nas Cataratas do Niágara, na Velha Quebec e na Trilha Cabot.

> Acho que os visitantes de outros países costumam ficar perplexos e por vezes desapontados com a imensidão do Canadá. Trabalhando nas residências universitárias, eu geralmente era portador de más notícias quando estudantes internacionais planejavam viajar pelo Canadá. "Não, você não pode visitar Niágara e Banff num fim de semana; eles ficam a mais de 3.500 quilômetros de distância um do outro!"

Além do seu grande tamanho, assim como muitos países pós-industrializados, o Canadá também é altamente urbanizado. Mais de 80% dos canadenses vivem em áreas urbanas, e cerca de dois terços vivem em áreas metropolitanas com mais de 100 mil habitantes. A maioria dos canadenses habita a parte sul do país, com mais de 75% em 161 quilômetros da fronteira com os Estados Unidos e mais de um terço da população do país residindo na província central de Ontário (*Statistics Canada*, 2014).

> Quando você olha geograficamente para o Canadá, grande parte de nossa população é urbanizada, mas também somos um país incrivelmente rural, e acho que a dicotomia é muito importante para moldar nosso pensamento a respeito do lazer. Sei que meu lazer como morador de um lugar rural é provavelmente bem diferente do de alguém que vive num centro mais urbanizado.

O Canadá é também uma sociedade móvel. Nacionalmente, o deslocamento médio para o trabalho é de aproximadamente 25 minutos em cada sentido (ou seja, quase uma hora por dia). Alguns canadenses usam transporte público, bicicleta ou andam a pé, mas quase 80% das pessoas vão para o trabalho de carro (Moore, 2013). O tempo de deslocamento é crescente e o tempo gasto no trânsito pode ou não incluir elementos de lazer. Um estudo recente com usuários de carros constatou que deslocamentos mais longos estão associados a níveis mais baixos de satisfação com a vida e a uma maior sensação de pressão do tempo (Hilbrecht, Smale e Mock, 2014).

> *Lembro-me de que, quando morava em Toronto, eu ficava no carro (num bom dia) 30 minutos pela manhã, e geralmente 45 minutos no final do dia. No começo, achava muito ruim ficar ali sentado sem ir a lugar algum. Mas com o tempo acostumei-me com isso e passei a aproveitar meu tempo de deslocamento para ouvir música e relaxar.*

Muitos canadenses diferenciam o lazer em meio aos seus afazeres diários e o lazer de fins de semana, feriados e férias. Dependendo de sua área geográfica, muitos habitantes urbanos gostam de dar uma escapada para a *vida selvagem*, quer isso signifique o mar e os Grandes Lagos, as montanhas ou o *cottage country* (áreas no Canadá populares para chalés e casas de veraneio). No entanto, a diversidade geográfica não é o único fator que influencia o lazer dos canadenses. O clima também determina a forma como as pessoas entendem e vivenciam o lazer no Canadá.

03 climas

Embora as áreas densamente povoadas do Canadá desfrutem de um clima de ameno a quente no verão, os invernos canadenses permanecem frios em comparação com a maioria dos países do mundo. Como resultado, a percepção do inverno no Canadá por vezes supera a percepção de outras estações, especialmente entre as pessoas que não moram aqui. No entanto, muitos canadenses praticam esportes tanto de verão como de inverno. Uma pesquisa recente do *Statistics Canada* revelou que adultos jogam mais golfe do que hóquei, e o futebol superou a natação e o hóquei entre crianças em idade escolar (*Statistics Canada*, 2011a).

> *Acho que o acesso durante o ano todo a atividades que "não sejam de inverno" é importante, pois o inverno pode ser uma estação excludente para novos canadenses. Como não cresci no gelo ou na neve, achei difícil me adaptar à cultura do hóquei, do esqui, dos patins e do curling.*

Entretanto, a mudança climática pode ter novas implicações para o lazer no Canadá. De 1948 a 2013, a temperatura média anual no país aumentou 1,6 °C. Modelos sugerem que a mudança climática será mais acentuada no extremo norte (Governo do Canadá, 2015). Até agosto de 2013, o aeroporto Pearson, em Toronto, não quebrou nenhum recorde diário de frio em quase oito anos – cerca de três mil dias (*The Weather Network,* 2013). Essa tendência mudou, então, com dois invernos consecutivos com quebra de recorde de frio em 2014 e 2015 (Chung, 2015). Os extremos climáticos parecem ser a nova norma.

> *Nosso inverno deste ano foi muito diferente do inverno passado. No ano passado, o rinque de patinação ao ar livre em nosso parque ficou aberto por quase três meses; neste ano, menos de duas semanas. Amigos meus que são esquiadores ativos mal tiveram a oportunidade de sair para esquiar em trilhas. As montanhas de esqui abriram para esqui alpino e* snowboarding, *mas foi uma temporada curta, que dependeu muito de neve gerada por máquina.*

A imprevisibilidade do clima pode agravar os custos ambientais, a programação recreativa e os desafios do planejamento do lazer. O clima do Canadá, especialmente durante os invernos, também pode criar uma série de desigualdades relacionadas com roupas ou equipamentos, espaços e atividades de lazer.

> *De certa forma, o inverno no Canadá cria uma desigualdade que podemos não ver em outros lugares. Sei que isso pode parecer estranho, mas gastei 200 dólares em equipamentos para meus cães conseguirem andar no inverno e não queimarem as patas no sal, ou não terem convulsões porque está muito frio. Nunca pensei nisso antes de me mudar para cá, de modo que, mesmo em termos de acesso, acessibilidade e igualdade, acho que há algo único no Canadá que não pode ser discutido da mesma forma que em climas mais quentes.*

Além do custo de equipamento de qualidade exigido por muitas atividades de lazer de inverno, o acesso desigual ao lazer no Canadá é visível em determinados espaços, como os estádios – aqueles maravilhosos espaços clássicos canadenses –, que não costumam ser criticados em função de gênero, etnia, classe ou cultura. Como exemplo, o esporte de inverno oficial do país, o hóquei, tem sido criticado por ser proibitivamente caro, mesmo nos ingressos mais baratos (Mirtle, 2013). Além disso, embora o esporte seja amplamente praticado tanto por homens quanto por mulheres, muitos espaços de hóquei continuam a apresentar forte componente de gênero. Tendemos a valorizar os jogadores masculinos, mesmo em ligas povoadas por crianças e adolescentes, enquanto ignoramos em grande parte as jogadoras, a menos que elas estejam competindo em partidas importantes como as das Olimpíadas. Além disso, os canadenses muitas vezes também deixam de reconhecer (e questionar) que esses espaços de lazer permanecem predominantemente brancos.

> Quando eu estava no 4º ano, fui a uma escola pequena onde todos faziam parte do coral. Você não tinha escolha. Uma vez fomos ao estádio local cantar o hino nacional em um jogo de hóquei de juniores. Foi um grande acontecimento – os jogadores são deuses locais, com alguns passando a jogar na NHL. Foi minha primeira vez no estádio e me lembro de caminhar pelo gelo, olhar para a multidão e perceber que eu era a única pessoa negra no edifício.

Ao mesmo tempo que falta crítica em relação a algumas formas de lazer de inverno, outras atividades costumam ser completamente ignoradas pelos estudiosos de lazer, apesar de seu significado nacional. Por exemplo, dada a grande quantidade de neve que muitas comunidades recebem durante os meses de inverno, a moto de neve é popular em todo o país, especialmente no norte (Sorensen, 2016). Embora a atividade possa ser controversa devido a preocupações com ruído e veículos motorizados em áreas ecologicamente sensíveis, mais de 600 mil motos de neve foram registradas no Canadá em 2015 – quase uma moto de neve para cada 50 pessoas (International Snowmobile Manufacturers Association, 2016). Um participante do grupo focal sugeriu que essa lacuna reflete a marginalização acadêmica das atividades de lazer estereotipadamente associadas a menor condição socioeconômica.

> Muitos de meus familiares e amigos vivem em pequenos municípios e ambientes rurais onde "máquinas de recreação" – motos de neve e lanchas – são veículos de recreação onipresentes. Mas muitas dessas formas de lazer chamadas "operárias" são praticamente ignoradas em nossa literatura acadêmica.

A inclusão ou exclusão de pessoas que vivem no Canadá é amplamente entendida como um tema de suma importância. No entanto, embora as políticas sociais canadenses reflitam um compromisso com a inclusão, na prática o que aparece é o oposto. Nossa identidade como um país multicultural é motivo de orgulho para muitos canadenses, e os contextos de lazer servem como uma lente por meio da qual podemos examinar as tensões que continuam a existir.

04 culturas

Em 1971, o Canadá tornou-se o primeiro país do mundo a desenvolver uma política social sobre o multiculturalismo. O objetivo da política era melhorar as relações interculturais apoiando o desenvolvimento das comunidades culturais e incentivando o contato entre culturas (Governo do Canadá, 2012).

O multiculturalismo tornou-se uma pedra angular do caráter coletivo do Canadá no país e no exterior. De fato, a noção de diversidade do Canadá foi consistentemente mencionada em nossos grupos focais como característica definidora de nossa identidade – nós nos vemos como um país que acolhe os recém-chegados, abraça a pluralidade e honra a inclusão.

> *Acho que há muitas culturas diferentes que parecem colidir com a cultura dominante. Sim, eu ratificaria o arranjo multicultural. Não acho que as pessoas fora do Canadá realmente entendem o quanto o país é multicultural, e como isso influencia tudo, das interações do dia a dia à programação social mais ampla.*

Muitas cidades e povoados em todo o Canadá implementaram programas de lazer que incentivam os imigrantes e refugiados a se envolverem com a comunidade local. Esses programas são importantes pontos de acesso para o lazer e a comunidade, dado que os estrangeiros do Canadá representam mais de 20% de sua população, a maioria dos quais identificados como minorias visíveis (Statistics Canada, 2011b). Por exemplo, a ACM de Kitchener-Waterloo (ou seja, a filial local de um fornecedor nacional, sem fins lucrativos, de lazer e outros serviços) oferece associação gratuita por três meses para todos os imigrantes jovens que participam de seu programa de jovens recém-chegados.

> *Meus pais imigraram pouco antes de eu nascer, de modo que sou a primeira geração canadense. Cresci num bairro carente de recursos. Minha família jamais teria conseguido pagar metade dos programas dos quais eu e meus irmãos participamos. Tivemos sorte, pois estávamos cercados por centros comunitários. Participei de programas da ACM perto de minha casa, sem necessidade de matrícula, e frequentei acampamentos de verão patrocinados por doadores individuais ou subsidiados pelo governo.*

Em proporção às outras nações do mundo todo, o Canadá é um país de imigrantes e descendentes de imigrantes. O primeiro assentamento europeu no país tem pouco mais de 400 anos e 98% da população local tem ancestrais de outros continentes. Mais de 20% dos canadenses vivos são de primeira geração, o que constitui de longe a maior porcentagem de qualquer país do G8 (*Statistics Canada*, 2011b). O Canadá não se posiciona como um caldeirão de culturas. Em vez disso, o país destaca-se como uma nação que incentiva a preservação de diversas identidades e, ao mesmo tempo, dá as boas-vindas aos recém-chegados. Um imigrante membro de nosso grupo, após reconhecer ser um privilegiado branco, masculino e instruído, afirmou: "Embora eu não seja cidadão canadense, senti desde minha chegada que as pessoas estavam dispostas a compartilhar o país comigo. Que ele é, em certo sentido, meu".

Além da raça e da herança cultural, é importante considerar outras formas de identidade na sociedade canadense, como condição socioeconômica, gênero, orientação sexual, competências e idade. Pessoas que se sentem marginalizadas podem encontrar no lazer um espaço para prosperar, se expressar e desenvolver suas habilidades. No entanto, o lazer também é um pano de fundo importante para examinar como os sistemas cívicos e sociais servem para incluir e excluir na sociedade.

> *Dois anos atrás, trabalhei na Onondaga Farms, um acampamento da rede de restaurantes Tim Horton, e tivemos esse acampamento especial de liderança conduzido por um jogador e treinador de hóquei – Ted Nolan –, que é um canadense aborígene. Ele financia um acampamento de liderança de quatro anos para pessoas, incluindo idosos, das reservas indígenas. Todas as manhãs nos reuníamos ao redor do mastro onde, antes de eles chegarem, hasteávamos a bandeira canadense. Porém, quando nos reunimos, deixamos de hastear a bandeira, em sinal de respeito. Isso foi forte para mim porque eu estava acostumado a acordar de manhã, tanto nos acampamentos como na escola, e cantar o hino nacional. Para mim, o hino representava o que significava ser canadense e, então, aprendi que, de certa forma, esta não é apenas a nossa terra, mas continua sendo a terra deles.*

As questões sobre a quem o Canadá *pertence* são complexas e continuam a desafiar os cidadãos. Uma crítica ao multiculturalismo é que, embora seja uma narrativa atraente, ignora a profunda história de colonialismo do país. Ao longo do tempo, os povos indígenas no Canadá foram atacados por políticas de violência e assimilação. Um exemplo é o sistema escolar residencial, que retirou crianças indígenas de suas famílias e cultura com o objetivo de assimilá-las à cultura dominante eurocêntrica.

Mais recentemente, alguns canadenses apoiaram uma política para proibir mulheres de cobrirem o rosto, com *hijabs* e véus, nas cerimônias de juramento de cidadania. Embora a proibição tenha sido revogada como uma violação da Carta de Direitos e Liberdades do Canadá (ou seja, especificamente, a liberdade religiosa), a controvérsia evidenciou que, para alguns, o multiculturalismo só é reconhecido quando se alinha com crenças e valores da cultura dominante.

Os contextos de lazer também podem fornecer campos de batalha semelhantes. Por exemplo, a província do Quebec decretou a proibição de cobrir a cabeça no futebol, o que resultou num breve exílio do esporte para várias centenas de crianças. A federação de futebol do Quebec suspendeu sua proibição nacionalmente impopular depois que o órgão mundial de futebol – a Fifa – aprovou formalmente o uso de véus em campo (Marotte, 2014).

> Acho que há muitos equívocos sobre o que é o Canadá. Muitas pessoas – mesmo do próprio país – nos veem como um espaço multicultural perfeito, com assistência médica socializada, onde tudo é maravilhoso. Há muitas complexidades que são ignoradas ou encobertas. Quando jovem, passei muito tempo no Parque Provincial Ipperwash. Com meus amigos, eu fazia **skimboarding, natação e camping** – era nosso local de verão. No entanto, Ipperwash também foi o local de uma profunda injustiça que ocorreu na década de 1990; um indígena foi morto por um policial provincial durante um protesto por reivindicações de terras no parque. Incidentes como esse levantam a questão: de quem é essa terra? Ela é mais minha porque vivi aqui mais tempo do que você? É mais dela porque ela nasceu aqui? Ou o Canadá pertence a alguém cujos ancestrais estão aqui há dez mil anos?

Apesar do orgulho que os canadenses têm das políticas e práticas multiculturais, críticos sugerem que tendemos a "exagerar as virtudes do multiculturalismo" e ignorar a persistência do racismo e seus vínculos com outras formas de marginalização, incluindo o preconceito de classe (Keil e Hübner, 2005, p. 642).

> No ano passado fui pela primeira vez a Muskoka, uma área popular de casas de campo em Ontário. Levei minha mochila e meu equipamento pensando que me embrenharia na natureza, mas não foi nada do que eu esperava. O lugar estava cheio de pessoas sentadas com os pés para cima, bebendo **margaritas**. Pessoas passeando com suas lanchas. Havia políticos comendo caviar. Contei sete Lamborghinis estacionadas em chalés. Você podia literalmente sentir o dinheiro.

Casas de campo (*cottages*) são locais importantes para o lazer das famílias e para se conectar com a natureza. De fato, em algumas partes do Canadá a palavra *cottaging* é muitas vezes usada como verbo. No entanto, essas casas também representam um contexto canadense em que pessoas podem ser marginalizadas por características demográficas, como etnia e condição socioeconômica. Ao refletir sobre o lazer num contexto canadense é importante considerar como a desigualdade pode ser revelada tanto por quem está presente quanto por quem está ausente das práticas e dos espaços de lazer.

05   cenários

As influências culturais moldam e alteram as práticas e os espaços de lazer no Canadá de formas dinâmicas e complexas. Ao longo das últimas três décadas, a sociedade canadense também experimentou uma proliferação de tecnologias digitais que contribuíram significativamente para a mudança do cenário do lazer no país (Lupton, 2015).

> *Num trecho de* stand-up, *o comediante Louis C. K. lamentou nosso medo social de ficar sozinhos com nossos pensamentos. Por exemplo, você está num ônibus indo para algum lugar e, de repente, o tédio ou a solidão se instalam, levando-o a se sentir desconfortável e em pânico. Então, você tira seu* smartphone *e isso mantém sua mente distraída do que estava começando a crescer em seu interior. E eu vejo isso muitas vezes quando pego um ônibus. Sinto que sou o único que está lá. Os outros passageiros estão em outro lugar. Não sei o que estão vendo e é fácil fazer juízos de valor. Por que sou o único que está apreciando o pôr do sol? Todos os demais estão olhando para sua caixinha e perdendo isso. Mas eles podem estar planejando manifestações políticas ou enviando mensagens de texto ou se conectando com outras pessoas. Nunca se sabe.*

Os canadenses estão entre os maiores usuários *online* do mundo, visitando mais *sites* (mais de 80) e passando mais tempo (mais de 36 horas por mês) na internet do que qualquer outra pessoa (CBC News, 2015). Houve também um aumento acentuado no tempo gasto assistindo a vídeos *online*: os canadenses passam cinco horas mensais a mais do que nossos colegas norte-americanos, e 73% disseram que tinham acesso a conteúdo de vídeos *online*, comparados com 64% dos norte-americanos (CBC News, 2015). Mais do que no passado, os canadenses estão conectados uns aos outros por meio de uma variedade de tecnologias digitais (Orton-Johnson e Prior, 2013). Essas tecnologias expõem as pessoas a diferentes tipos de lazer e fornecem pontos de conexão para diversas pessoas e experiências. As tecnologias digitais também oferecem maior acesso e novas formas de envolvimento com a mídia, o que pode influenciar as experiências de lazer.

> *Acho importante considerar a mídia e quanta mídia as pessoas consomem no Canadá. Passamos muito tempo no Facebook e em outras redes sociais e a natureza das instituições e dos espaços está mudando devido ao nosso envolvimento com as mídias sociais. Por exemplo, estamos assistindo ao desaparecimento dos bares* gay *como*

> *resultado dos aplicativos que criam um espaço social para gays e lésbicas se encontrarem* online.

A mídia social tem grandes implicações para a forma como entendemos o lazer no Canadá e nos envolvemos com ele. Muitas implicações são consideradas benéficas para saúde, bem-estar, equilíbrio de vida, escolha, inclusão, comunidade e família. As mídias sociais também podem promover apoio social, conexão e capacitação. No entanto, também é importante observar que as implicações das mídias sociais nem sempre são benéficas e, em alguns casos, podem causar mais mal do que bem (por exemplo, *cyberbullying*, exclusão, exploração sexual, inatividade e estilo de vida sedentário).

> *Para mim, é importante falar sobre como as mídias sociais podem ter um impacto na saúde mental das pessoas. Vi isso com meus amigos. Eles acabam sentindo que não estão fazendo o suficiente e que não estão se divertindo o bastante. Sem mencionar alguns dos terríveis* bullyings *que acontecem nas mídias sociais, levando a danos terríveis, como o suicídio, e a uma horrível exclusão de pessoas e a tragédias que recaem sobre elas.*

Embora a mídia que consumimos em nosso lazer, cada vez mais por meio de tecnologias digitais no Canadá, possa perpetuar as disparidades de poder, como observou um participante do grupo focal, ela também pode ser utilizada para questionar as relações de poder:

> *Algo que realmente me interessou é como as coisas que consumimos em nosso lazer, como filmes e mídia, podem perpetuar estereótipos, estigmas e opressão. Meu trabalho analisa como a tragédia em torno da demência é perpetuada em filmes, mídia e revistas. Mas precisamos considerar como podemos utilizar esses mesmos lugares para questionar essas ideias. Assim, por exemplo, como podemos questionar discursos que perpetuam a tragédia de viver com demência através da mídia, apresentando, em vez disso, discursos sobre as possibilidades de conviver com essa condição?*

De fato, as tecnologias digitais têm permeado a sociedade canadense de forma onipresente. Elas alteraram a forma como os canadenses acessam e se envolvem com a mídia e uns com os outros. De muitas maneiras, o lazer no Canadá tornou-se altamente mediado pelas tecnologias digitais que influenciam a maneira como entendemos a nós mesmos e nosso lazer, bem como a forma como nos conectamos e nos relacionarmos com os outros como parte de nosso lazer.

06   reflexões finais

Neste capítulo abordamos algumas das maneiras complexas como o lazer adquire sentido e é compreendido, praticado, pesquisado e estudado no Canadá, por meio de histórias e experiências pessoais de estudiosos do lazer, estudantes e ex-alunos da Universidade de Waterloo. Essas histórias, tomadas em conjunto, oferecem vislumbres das vidas cotidianas de lazer dos canadenses e ilustram as formas como o lazer é influenciado pela mudança de geografias, climas, culturas e cenários. Essas histórias também descrevem as formas pelas quais as relações de poder ligadas a diversas identidades podem ter impacto no acesso e na inclusão em práticas e espaços de lazer, bem como podem perpetuar a estigmatização, a marginalização e a opressão.

Talvez, acima de tudo, essas histórias sirvam para lembrar aos pesquisadores, educadores, estudantes e profissionais do lazer no Canadá que ainda há novas perguntas a serem feitas, examinadas e pensadas à medida que trabalhamos, para aprofundar nossa compreensão do lazer e fazer mudanças significativas neste país diversificado e em evolução. Para encerrar, acreditamos que é apropriado compartilhar uma última história, contada num de nossos grupos focais, que fala sobre a complexidade do lazer no Canadá.

> *Participante A: Dois finais de semana atrás [em janeiro], fui com alguns de meus amigos mais próximos para a casa de férias de outro amigo. É lindo lá, e a linha da costa estava cheia de chalés. Chegamos sexta-feira e, depois de nos recuperar de terríveis ressacas no sábado de manhã, saímos para esquiar. Não era o esqui tradicional – nós vagávamos pela floresta em esquis de* cross-country *tentando encontrar declives para descer em alta velocidade através de árvores e sobre o gelo. Rimos muito tirando cervejas da mochila ao longo do caminho e nos divertindo. Esquiamos de volta para casa para comer costelas. Então, por volta da meia-noite, saímos para o rinque de patinação que dois amigos haviam preparado no meio de um lago, a 500 metros da doca do chalé. Patinamos no gelo, jogamos hóquei e, ocasionalmente, eu saía para observar o céu. Não havia lua, mas Órion, Touro e Plêiades estavam lá em cima brilhando sobre nós. Era uma superfície lisa como vidro e, saindo do rinque, chegava-se a um trecho com dois centímetros de pó solto sobre o gelo com lindos pontos planos onde era mágico, pois patinava-se na neve e os patins faziam um barulho suave, "pffft!". Uma vez, quando estava lá fora, lembro-me de refletir sobre como minhas experiências e significados de lazer muitas vezes são condicionados por um esquecimento colonial da remoção dos povos indígenas de suas terras e meios de subsistência. Comecei a pensar em meus amigos que são donos do*

chalé – o pai deles contratou alguns alunos para recolher amostras do fundo do lago e identificar a mudança no ecossistema local ao longo do tempo. As amostras extraídas revelaram claras mudanças no lago, coincidindo com a chegada das construções de chalés e cabanas. Elas incorporam uma clara memória histórica, extraída dos sedimentos daquele lago, que refletem mudanças que esse tipo de atividade provoca nas terras de outros.
Participante B: Esta é a história mais canadense que já ouvi na vida.

06.1 agradecimentos

Temos uma grande dívida com os seguintes participantes cujas vozes estão refletidas neste capítulo: Fitsum Areguy, Lisbeth Berbary, Sherry Dupuis, Bryan Grimwood, Omar Gutierrez, Dan Henhawk, Corey Johnson, Roger Mannell, Shelley Martin, Jessica Redmond, Sue Shaw e Earl Walker.

07 referências

CBC News (27 de março de 2015). "Desktop Internet use by Canadians highest in the World, comScore says". Retirado de: <http://www.huffingtonpost.ca/2015/03/27/internet-use-by-canadians_n_6958156.html>.

Chung, E. (16 de janeiro de 2015). "Hottest Year on Global Record was Canada's Coolest in 18 years". CBC News. Retirado de: <http://www.cbc.ca/news/technology/hottest-year-on-global-record-was-canada-s-coolest-in-18-years-1.2912998>.

Governo do Canadá (2012). "Canadian Multiculturalism: An Inclusive Citizenship". Retirado de: <http://www.cic.gc.ca/english/multiculturalism/citizenship.asp>.

Governo do Canadá (2015). "Impacts of Climate Change". Retirado de: <http://climatechange.gc.ca/default.asp?lang=En&n=036D9756-1>.

Hilbrecht, M., Smale, B. J. e Mock S. E. (2014). "Highway to Health? Commute Time and Well-Being among Canadian Adults". *World Leisure Journal*, 56(2), 151-163.

International Snowmobile Manufacturers Association (2016). "Snowmobiling Fact Book". Retirado de: <http://www.snowmobile.org/docs/isma-snowmobiling-fact-book.pdf>.

Keil, R. e Hübner, K. (2005). "Introduction to a Debate on Migration, Diversity, Multiculturalism, Citizenship: Challenges for Cities in Europe and North America". *International Journal of Urban and Regional Research*, 29(3), 641-643.

Lupton, D. (2015). *Digital Sociology*. Nova York: Routledge.

Marotte, B. (16 de junho de 2014). "Sikhs Celebrate Reversal of Quebec's Soccer Turban Ban". *The Globe and Mail*. Retirado de: <http://www.theglobeandmail.com/news/national/sikhs-celebrate-reversal-of-quebecs-soccer-turban-ban/article12593818/>.

Mirtle, J. (8 de novembro de 2013). "The Great Offside: How Canadian Hockey Is Becoming a Game Strictly for the Rich". *The Globeand Mail*. Retirado de: <http://www.theglobeandmail.com/news/national/time-to-lead/the-great-offside-how-canadian-hockey-is- becoming-a-game-strictly-for-the-rich/article15349723/>.

Moore, O. (16 de junho de 2013). "The Canadian Commute: By Car, Alone". *The Globe and Mail*. Retirado de: <http://www.theglobeandmail.com/news/national/the-canadian-commute-by-car-alone/article12849501/>.

National Geographic (2016). "Canada Facts". Retirado de: <http://travel.nationalgeographic.com/travel/countries/canada-facts/>.

Orton-Johnson, K. e Prior, N. (2013). "Introduction". Em: Orton-Johnson, K. e Prior, N. (org.). *Digital Society: Critical Perspectives* (pp. 1-9). Nova York: Palgrave Macmillan.

Sorensen, C. (3 de fevereiro de 2016). "Canada's Destructive, and Deadly, Snowmobile Obsession". *Maclean's*. Retirado de: <http://www.macleans.ca/news/canada/snowmobiles-leave-trails-of-destruction/>.

Statistics Canada (2011a). "Most Played Sports in Canada". Retirado de: <http://www. statcan.gc.ca/pub/81-595-m/2008060/s5-eng.htm>.

Statistics Canada (2011b). "Immigration and Ethnocultural Diversity in Canada". Retirado de: <http://www12.statcan.gc.ca/nhs-enm/2011/as-sa/99-010-x/99-010-x2011001- eng.pdf>.

Statistics Canada (2014). "Life in Metropolitan Areas". Retirado de: <http://www.statcan. gc.ca/pub/11-008-x/2008001/article/10459-eng.htm>.

The Weather Network (14 de Agosto de 2013). "Has Canada's Climate Already Changed?". The Weather Network. Retirado de: <http://www.theweathernetwork.com/news/ articles/has-canadas-climate-already-changed/11016>.

TimeTemperature.com (2016). "Canada Time Zone". Retirado de: <http://www. timetemperature.com/canada/canada_time_zone.shtml>.

Worldatlas (2016) "Largest Territories and Provinces in Canada by Land Area and Population". Retirado de: <http://www.worldatlas.com/aatlas/infopage/caproterlist.htm>.

lazer na china

lijun zhou
universidade de zhejiang

O lazer é um tema antigo e tem desempenhado um papel fundamental na cultura tradicional chinesa. Atualmente, como as pessoas têm mais tempo livre em virtude do rápido desenvolvimento da economia da China, o lazer tem se tornado uma parte cada vez mais importante da vida cotidiana. Em anos recentes, o governo chinês presta mais atenção ao desenvolvimento do lazer. Por exemplo, o governo municipal de Hangzhou sediou a primeira e a segunda Exposição Mundial de Lazer e está se preparando para a terceira no próximo ano. Por causa de sua contribuição para o desenvolvimento do lazer mundial, o governo municipal de Hangzhou foi reconhecido pela Organização Mundial de Lazer como a única cidade que tem o direito de sediar a Exposição no mundo. Em 2015, o governo municipal de Qingdao sediou os 2º Jogos Mundiais de Lazer. O governo municipal de Pequim sediará o Congresso Mundial de Lazer de 2020.

Como estudiosa do lazer e membro do conselho da Organização Mundial de Lazer, tenho testemunhado o desenvolvimento do lazer na China. Em 2004, fui para a Universidade do Norte de Iowa para estudar o lazer, especificamente com base em comparações de comportamento de lazer em diferentes culturas. Naquela época, alguns acadêmicos chineses estavam começando a tratar do tema, mas apenas alguns poucos artigos relativos a ele foram publicados em revistas acadêmicas na China. Os assuntos mais discutidos eram teoria e definições de lazer. Alguns estudiosos traduziram livros de lazer do exterior e aceitaram as definições-padrão de lazer como tempo livre, atividade e/ou estado de espírito.

Quando concluí o doutorado em 2008, o lazer era um campo de pesquisa popular, especialmente para acadêmicos que originalmente haviam estudado turismo, esportes e filosofia. A Universidade de Zhejiang criou um grau de PhD em lazer e várias outras universidades inauguraram programas de esportes de lazer. Fóruns de lazer foram realizados em muitas cidades na China, como Hangzhou, Chengdu e Pequim. Nos últimos três anos, o governo chinês divulgou várias políticas, como o Perfil Nacional do Turismo de Lazer: 2013-2020 (China State Council, 2013). Autoridades governamentais desenvolveram programas e instalações de lazer para o povo. Além disso, foram disponibilizadas bolsas de pesquisa para o estudo do tema.

Como professora, desenvolvi um profundo sentimento de que o lazer é um direito humano e essencial para a melhoria do padrão de vida. Este capítulo discute o desenvolvimento do lazer na cultura chinesa e descreve a situação atual da prática e da pesquisa do lazer na China.

01 lazer na cultura tradicional chinesa

A China tem uma história de mais de cinco mil anos e na China antiga havia uma maneira peculiar de entender e utilizar a palavra *lazer*. Os pensamentos tradicionais sobre o lazer englobam quatro períodos principais. O primeiro período corresponde ao *Livro das canções* e à cultura de lazer do período pré-Qin. O segundo foi chamado de *Cultura reclusa e ruralidade*, com as dinastias Wei, Jin, do Norte e do Sul. O terceiro período incluiu o deslumbrante mundo de lazer das dinastias Tang e Song, que resultou no desenvolvimento de mais reflexões sobre o lazer. Finalmente, o quarto período foi o da cultura de lazer nas dinastias Ming e Qing, com a busca de vida artística requintada (Li e Lu, 2004).

O pensamento de lazer na China gradualmente tomou forma no período pré-Qin e teve um impacto profundo no desenvolvimento subsequente do lazer. No início do século XI a.C., o povo chinês começou a cantar louvores à vida e, mais tarde, foram escritos poemas sobre o tema. Depois do século V a.C., foram criadas e divulgadas amplamente obras incorporando uma cultura de lazer. Por exemplo, a antiga cultura de lazer da China foi descrita no *Livro das canções*, sendo utilizada como material didático por Confúcio para educar seus alunos. O *Livro das canções* contém poemas louvando a natureza e a vida, os animais e as plantas, a astronomia e a geografia, a arquitetura e o amor. Esses poemas incluem ideias sobre lazer e cultura.

Durante a segunda era das dinastias Wei, Jin, do Norte e do Sul, foram frequentes guerras e conflitos. Na época, a vida do povo chinês era repleta de sofrimentos e dificuldades, e o ambiente político estava confuso. Intelectuais e literatos tentaram fugir da sociedade turbulenta para desfrutar de uma forma de vida relaxante isolados nas montanhas, nas florestas e nos campos. Nesses ambientes tranquilos, eles podiam beber, tocar instrumentos musicais, encontrar seus amigos e escrever poemas livremente. Surgiu assim a cultura reclusa com características chinesas. Tao Yuanming foi um representante dessa cultura reclusa, refletindo a vida casual dos literatos chineses durante todo o período das dinastias Wei, Jin, do Norte e do Sul.

As dinastias Tang e Song integram o terceiro período mais próspero no desenvolvimento da antiga sociedade chinesa. Naquela época, a economia e a cultura da China desenvolveram-se rapidamente e formou-se uma esplêndida e impressionante cultura de lazer, pois os imperadores defendiam a ideia de viver e trabalhar em paz. A dinastia Tang foi o período mais próspero para o desenvolvimento da poesia na China, com inúmeros poetas conhecidos que ainda hoje influenciam a cultura chinesa. Esses poetas eram mestres em apresentar descrições espirituais que as pessoas comuns podiam visualizar. As atitudes, os pensamentos e as formas de expressar a natureza desses poetas refletiam o desejo deles de buscar o significado da vida e desfrutar do lazer no mundo natural. Com o maior desenvolvimento da economia e da cultura, o lazer deixou de ser um privilégio dos nobres da dinastia Song. O povo em geral também pôde praticar atividades populares, como recitar poemas e assistir a espetáculos acrobáticos, apresentações de circo, polo e *kung fu*. Um esporte amplamente praticado, o cuju, foi um antecessor do futebol e o mais popular dentre todas as atividades (Yang, 2008). Em geral, o lazer tornou-se um direito igual que todos poderiam desfrutar, desde o estrato aristocrático até o povo comum. O lazer desenvolveu-se e expandiu-se, deixando de ser apenas uma menção na obra de literatos para se tornar uma atividade comum no cotidiano das pessoas.

O estilo ficcional das dinastias Ming e Qing do quarto período está representado nos quatro romances clássicos da literatura chinesa. As atividades de lazer populares na época foram descritas detalhadamente nos romances e incluíam jogar polo, *Weiqi* (jogo com pedras pretas e brancas num tabuleiro com 361 casas) e *mahjong*, degustar chá e assistir a apresentações. Essas atividades faziam parte do lazer diário das pessoas e eram as preferidas. O teórico da ópera tradicional chinesa do início da dinastia Qing e do final da dinastia Ming, Li Yu, foi o primeiro literato a discutir e explanar as atividades de lazer de um ponto de vista teórico. Sua obra-prima, *Notas ocasionais com movimentos de lazer*, descrevia tópicos incluindo ambientes, atividades e estilos de vida de lazer. Durante o quarto período, o pensamento de lazer tornou-se popular entre o povo chinês, que via o lazer como parte da vida que todos podiam desfrutar (Wang, 2007).

02   pesquisa de lazer na china

A compreensão e a participação no lazer têm uma longa história na China, mas o estudo do tema por meio de pesquisa é recente. O lazer tem sido pesquisado por quase cem anos em alguns países, sob vários pontos de vista e diferentes métodos de pesquisa. A pesquisa de lazer na China vem ocorrendo apenas nos últimos vinte anos e, apesar do curto período de tempo, chegou a resultados importantes. O conhecido economista e filósofo Yu Guangyuan foi o primeiro a defender a necessidade de pesquisar a ciência do lazer na China. Em 1983 ele afirmou:

> Nosso país dá muita atenção às competições esportivas, mas não há foco suficiente nos jogos e nas competições fora do atletismo. Não existe curso com o objetivo de pesquisar jogos... e nenhum estudioso comprometido com a pesquisa em jogos nas instituições chinesas de ensino superior. Essa não é uma vantagem, mas uma fragilidade. (p. 85)

No final da década de 1990, os estudiosos chineses começaram a prestar atenção na pesquisa de lazer. Em 1995, criou-se o Centro de Pesquisa e Planejamento da Cultura de Lazer de Liuhe e a teoria de lazer tornou-se um tema fundamental de pesquisa. Posteriormente, um número cada vez maior de acadêmicos de várias disciplinas passou a atribuir importância à pesquisa de lazer. No início, a pesquisa sobre o tema na China foi conduzida principalmente sob a perspectiva da filosofia, concentrando-se nas discussões sobre conceitos, características e significados do lazer. Ma (1998) analisou o lazer relacionado com o cotidiano das pessoas. Ela enfatizou que o lazer tem dois aspectos importantes: aliviar o cansaço físico e obter consolo espiritual. Além disso, Ma (2003) enfatizou que o *lazer* é diferente de *tempo livre*. O tempo livre é um meio para o cálculo de tempo, enquanto o lazer é fundamental para os estilos de vida e a identidade das pessoas.

Além de Ma (1998; 2003), outros estudiosos examinaram o tema do lazer do ponto de vista da filosofia. Sun (1999) definiu o conceito e o objetivo de lazer em relação à evolução histórica das atividades de lazer e discorreu sobre seu valor e sua finalidade. Ji (2001) esclareceu o significado do lazer para as pessoas com base na relação de objetos e filosofia. Chen e Sheng (2002) desenvolveram ideias sobre os estilos de lazer do ponto de vista do valor, dos programas e da gestão de lazer, enfatizando a promoção do pleno uso do tempo de lazer para o desenvolvimento humano.

Complementando a discussão sobre o lazer do ponto de vista filosófico nas pesquisas iniciais, estudiosos posteriores também examinaram o lazer na China sob a perspectiva sociológica e econômica. A função e o valor do lazer como parte da vida social foram analisados pela sociologia. Outros estudiosos concentraram-se na economia e na indústria do lazer como parte da economia nacional e em questões como os mercados e o desenvolvimento de produtos de lazer na China (Guo, 2005). Essas perspectivas são relevantes na situação atual do lazer dos chineses.

Com o avanço da globalização, os conceitos de lazer na China contemporânea não apenas revelam conotações únicas influenciadas pelas filosofias tradicionais chinesas, como também incorporam algumas características comuns ao Ocidente. Atualmente os estudiosos chineses têm pelo menos cinco maneiras de definir o lazer: tempo, atividade, um estado de espírito ou experiência, um conceito antiutilitarista e um conceito oposto ao trabalho.

03   a situação atual do lazer do povo chinês

À medida que a sociedade próspera na China muda gradualmente, a era da economia de lazer também pode diminuir. Com base no resumo dos relatórios de pesquisa sobre a ecologia do lazer do povo chinês, a situação atual da vida de lazer do povo chinês aparentemente não é satisfatória (CCTV Finance, 2015).

Em 2015, a *Investigação sobre a vida econômica do povo chinês* publicada pelo CCTV Finance surpreendeu muitas pessoas. Segundo o estudo, num dia normal, mais de metade do povo chinês tinha menos de duas horas de tempo de lazer, ao passo que para um quarto dos chineses esse tempo se reduzia para menos de uma hora. Vinte por cento dos chineses tinham entre uma e duas horas de lazer, e 5% das pessoas não tiveram tempo de lazer. Esse estudo mostrou que o lazer é um luxo para menos da metade dos chineses.

Em 2015, a Academia de Turismo da China divulgou o *Relatório anual do desenvolvimento do lazer na China* (China Tourism Academy, 2015). Os resultados dessa pesquisa mostraram que os chineses não têm tempo de lazer suficiente. Os habitantes das áreas urbanas tiveram somente 2,61 horas de lazer num dia médio de trabalho, e os das áreas rurais tiveram 3,05 horas diárias em média, durante a época de mais trabalho no campo. O tempo de lazer médio dos habitantes urbanos foi de 4,87 horas nos finais de semana, ao passo que os rurais tiveram 4,16 horas nos finais de semana durante a época com menos trabalho. O total de horas de tempo de lazer dos habitantes de áreas urbanas e rurais na China foi significativamente menor do que em países desenvolvidos, como a Alemanha e a Austrália. De acordo com o relatório, os chineses mostraram-se mais propensos a ficar em casa em seus momentos de lazer. As atividades mais populares para os chineses incluíam assistir TV, navegar na internet, ler livros e jornais, jogar *mahjong*, ir ao salão de beleza e fazer compras.

Esse relatório da China Tourism Academy (2015) também revelou a preocupação de que os chineses seriam mais inclinados a valorizar negativamente seu lazer. Por exemplo, eles tendiam a considerar que o lazer significava apenas cerveja e boliche, e que isso prejudicava o desenvolvimento da sociedade e dos indivíduos. Apesar de geralmente reconhecerem o valor positivo e a importância do lazer, ao tomar decisões na vida real, eles muitas vezes não davam prioridade ao lazer. Em caso de conflito, muitas pessoas optavam por ganhar dinheiro, concluir um trabalho inacabado e fazer outras coisas em sua vida cotidiana, em vez de escolher o lazer.

Além da quantidade média de tempo de lazer entre os chineses ser menor do que nos países desenvolvidos ocidentais, a pesquisa também revelou um desequilíbrio desse tempo em diferentes regiões da China (China Tourism Academy, 2015). Por exemplo, o tempo médio de lazer nas áreas costeiras desenvolvidas superou em muito a quantidade de tempo nas cidades do interior. Embora as diferenças entre países possam ser decorrentes da grande disparidade entre o nível de renda nacional da China e o de outros países desenvolvidos, os níveis de desequilíbrio entre diferentes regiões chinesas sugeriram que o desenvolvimento ou ou o esforço para aprimorar o desenvolvimento favorecem a ocorrência de lazer. A cultura tradicional chinesa valoriza o desenvolvimento de uma carreira pessoal e o *status* social, em detrimento da qualidade de vida pessoal e da felicidade. Assim, nas áreas mais desenvolvidas, os indivíduos privilegiam a busca de dinheiro e de *status* social. Só depois de obter os dois é que se preocupam em melhorar seu estilo de vida e em participar de atividades de lazer.

Como muitos chineses parecem ignorar atividades de lazer, estudiosos e profissionais de mídia têm tentado despertar a atenção deles para o assunto e incentivá-los a aumentar sua participação. Além disso, o governo da China está instituindo uma série de políticas a esse respeito, na esperança de estimular o desenvolvimento da indústria do lazer. Essas políticas visam atrair mais pessoas para atividades de lazer.

Em 2013, o Conselho de Estado da China (China State Council, 2013) divulgou o *Perfil nacional do turismo de lazer: 2013-2020*. Com base na situação atual e tentando ganhar terreno para atender à crescente demanda das pessoas comuns pelo lazer, o Conselho afirmou que os serviços de turismo de lazer devem ser "orientados para as pessoas, atender ao sustento das pessoas, dar prioridade à segurança e ao consumo verde" (p. 15). Seu objetivo é popularizar o turismo de lazer com base nos princípios de saúde, civilização e proteção ambiental. O Conselho tem se empenhado em desenvolver e implementar condições facilitadoras para atividades de turismo de lazer, promover o aumento de escala e o aprimoramento da qualidade do turismo de lazer nacional, incentivar uma sociedade harmoniosa e melhorar a qualidade de vida do povo.

Em 2014, o Conselho de Estado da China divulgou o relatório *Várias propostas para acelerar o desenvolvimento da indústria do esporte e promover o consumo de esportes*. O documento afirma que os principais programas da indústria do lazer receberão apoio do país no futuro e que o governo de cada província deve implementar políticas de apoio com o objetivo de promover o desenvolvimento da indústria do lazer na China e melhorar o nível geral dos estilos de vida de lazer do povo.

Embora o povo chinês não pareça ter tempo de lazer de qualidade suficiente, será muito importante o desenvolvimento da economia da China, bem como a promoção generalizada de lazer e o crescente desenvolvimento da indústria do lazer apoiada pelo governo. Espera-se que o povo chinês tenha uma melhor compreensão do tema e possa no futuro desfrutar de várias atividades de lazer de mais valor.

04 desafios no desenvolvimento do lazer na china

O futuro do lazer depende do desenvolvimento de uma cultura de lazer chinesa. A melhoria e a ampliação da indústria do lazer dependem da criação de uma cultura de lazer em estilo chinês que possa ser facilmente entendida e aceita pela população do país. A consciência e o espírito de competição na indústria do lazer já estão ocorrendo na China, mas ainda há uma grande diferença em relação aos países desenvolvidos. Como enfatizei ao longo deste capítulo, promover o avanço de uma cultura de lazer e tornar esse lazer significativo é um enorme desafio para acadêmicos e profissionais da área.

05 referências

CCTV Finance (2015). "The Investigation of Chinese People's Economic Life". *CCTV Finance*, 3.
Chen, X. L. e Sheng, L. (2002). "Leisure and Quality Enhancement of People in the 21st Century". *Studies in Dialectics of Nature*, 6, 43-45.
China State Council (2013). "National Leisure Tourism Outline (2013-2020)". Retirado de: <http://www.gov.cn/zwgk/2013-02/18/content_2333544.htm>.
China Tourism Academy (2015). "Annual Report of China's Leisure Development". Retirado de: <http://mt.sohu.com/20151014/n423200356.shtml>.
Guo, L. F. (2005). "Literature Review of Leisure in China". *Business Economics and Administration*, 3, 76-79.

Ji, B. (2001). "Leisure: An Insight into the Meaning of People's Living". *Studies in Dialectics of Nature*, 5, 54-57.
Li, Z. G. e Lu, C. C. (2004). *Leisure Basics*. Pequim: Social Sciences Academic Press.
Ma, H. (1998). "Leisure Theory in the Field of Cultural Spirit". *Qilu Journal*, 3, 102.
Ma, H. (2003). "Leisure in the History of Human Cultural Thought: From the Perspectives of History, Culture and Philosophy". *Science & Society*, 1, 57.
Sun, C. Z. (1999). "Philosophical Speculation on Leisure". *Social Scientist*, 4, 38-42.
Wang, J. (2007). *A Study of Modern Leisure from the Perspective of Chinese Ancient Leisure Thought*. Dissertação de mestrado na Universidade de Sichuan.
Yang, X. D. (2008). *History of China Sports* (Volume II). Pequim: People's Publishing House.
Yu, G. Y. (1983). "Trend of Future Research and Historical Development". *Future and Development*, 1, 68-75.

lazer e turismo coreanos sob a modernidade e a globalização

sokho choe
universidade teológica de seul

A ideia central da modernidade intimamente relacionada com a prática do lazer diz respeito ao movimento. A sociedade moderna produziu mudanças marcantes na natureza e na experiência do movimento ou da viagem. O carro da Ford representava o capitalismo organizado do século XX, mais pelo *design* que por acaso. Formas rápidas de mobilidade têm condicionado radicalmente o modo como as pessoas vivenciam o mundo moderno. A mobilidade ou o turismo alteraram a maneira como as pessoas experimentam o mundo moderno ao mudar tanto suas formas de subjetividade e sociabilidade quanto sua apreciação estética (Lash e Urry, 1994).

O lazer como produto da sociedade moderna e sua importância estão tornando-se mais significativos na Coreia. Essa importância fica mais evidente quando se consideram aspectos da sociedade moderna. No mundo dos trabalhadores industriais, trabalho e local de trabalho não são os interesses centrais da vida da grande maioria. A pessoa moderna tem um sentimento bem definido de apego ao trabalho e ao local de trabalho sem um correspondente sentimento de um comprometimento total (Dubin, 1963). O rumo da mudança concentra-se mais em aspectos de lazer e consumo do que de trabalho. Espaços de lazer (por exemplo, *resorts*, complexos esportivos, parques temáticos, *shopping centers*, teatros, salas de concerto, museus) são construídos fora dos locais de trabalho (Urry, 1999). A maneira como as pessoas experimentam o próprio mundo moderno está sendo alterada pelo lazer e a sociedade moderna, por sua vez, modifica o lazer.

No entanto, os círculos acadêmicos têm negligenciado a importância do lazer e da mobilidade dedicando-se pouco ao estudo desses temas. Vários preconceitos acadêmicos alimentam essa negligência, decorrente da tendência a analisar o trabalho em vez do lazer, a produção em vez do consumo, a estrutura em vez da entidade móvel e a mobilidade voltada para o trabalho em vez da mobilidade voltada para o lazer (Lash e Urry, 1994). Apesar desses preconceitos, o lazer e o turismo têm sua própria importância por estarem intimamente relacionados com a modernidade e a globalização. O lazer encontra-se em fase de mudança por causa das consequências da modernidade e da globalização. Portanto, é legítimo estudar tanto o lazer como o turismo no âmbito da modernidade e de sua consequência, a globalização. A modernização e a globalização como um contexto macrossocial podem ser aplicadas à sociedade coreana.

Este capítulo descreve uma história social do lazer coreano sob a modernidade e a globalização, enfatizando as forças socioeconômicas das práticas de lazer, viajar, ouvir música e assistir a filmes. A meu ver, o significado social do lazer não deve se limitar apenas à liberdade, escolha, satisfação com a vida e fuga.

01 contexto social

01.1 a modernidade e sua consequência, a globalização

A modernidade muitas vezes é definida em termos de consciência da descontinuidade do tempo: uma ruptura com a tradição, um sentimento de novidade, uma vertigem diante do momento passageiro. Comparadas com as sociedades tradicionais, as sociedades modernas caracterizam-se por um ritmo mais rápido de mudança. Além disso, o objetivo das mudanças é muito mais amplo que na sociedade tradicional. Fluxo, movimento e movimento incessante são vistos como características imutáveis da vida moderna. Por esse motivo, é quase impossível estudar o lazer sem levar em conta a modernidade (Lash e Urry, 1994). Umas das características mais óbvias que distinguem as sociedades modernas das sociedades tradicionais é o extremo dinamismo da modernidade. As sociedades modernas têm um ritmo mais rápido e maior alcance e profundidade da mudança do que as sociedades tradicionais. O mundo moderno é um mundo desenfreado. As fontes da natureza dinâmica da modernidade derivam da separação do tempo e do espaço, da desincorporação dos sistemas sociais e do monitoramento reflexivo da ação (Giddens, 1991; 2000; 2002).

As tendências globalizantes da modernidade são inerentes ao dinamismo. A reorganização do tempo e do espaço, a desincorporação, a reincorporação local e a reflexividade institucional permitem que a interação social se espalhe pelo mundo com resultados importantes. A vida social em localidades específicas está cada vez mais sendo moldada por eventos distantes, até mesmo por eventos que ocorrem em outros países e podem escapar ao controle de qualquer Estado (Giddens, 2002). As fronteiras nacionais tornam-se menos importantes e os Estados, menos capazes de controlar o que acontece no mundo. No entanto, a globalização não destrói as comunidades locais e os países. Os Estados podem perder algum poder econômico, mas a globalização também cria novas pressões para a autonomia local. À medida que diminui o domínio dos países mais antigos, os nacionalismos locais surgem como uma resposta às tendências globalizantes. Giddens (1991) escreveu:

> *O desenvolvimento de relações sociais globalizadas provavelmente serve para diminuir alguns aspectos do sentimento nacionalista ligado a Estados-nação ou a alguns Estados, mas pode estar casualmente envolvido com a intensificação de sentimentos nacionalistas mais localizados. Em circunstâncias de globalização acelerada, o Estado-nação tornou-se pequeno demais para os grandes problemas da vida, e grande demais para os pequenos problemas da vida. Ao mesmo tempo que as relações sociais se estendem lateralmente como parte do mesmo processo, vemos o fortalecimento das pressões pela autonomia local e pela identidade cultural regional.*

01.2 o lazer sob a modernidade e a globalização

Na sociedade coreana tradicional, os padrões trabalho-lazer não eram divididos ou compartimentalizados. Trabalho e lazer coexistiam no tempo e no espaço. O surgimento da prática de lazer na sociedade moderna está ligado a mudanças de longo prazo pelo dinamismo da modernidade: a separação entre local de trabalho e casa, a segregação entre recreação e vida doméstica, a separação no tempo e espaço entre beber e trabalhar, a comercialização do tempo e do espaço de lazer, e o estabelecimento da semana laboral e da jornada de trabalho. Essas mudanças levaram a uma reviravolta. O movimento de recreação racional conferiu características especiais à prática moderna de lazer. Thomas Cook também via a viagem como parte crucial do movimento de recreação racional para proporcionar atividades saudáveis e agradáveis como alternativa a sair para beber e frequentar bares. As várias atividades de recreação racional (isto é, jogos, esportes, viagens) visavam ampliar o domínio do indivíduo que acumula capital sobre o indivíduo voltado para o prazer. Autoridades do Estado, juntamente com os adeptos do movimento de recreação racional, popularizaram o esporte, com o objetivo de criar novas formas de prazer em massa (Lash e Urry, 1994; Rojek, 1993; Rosenzweig, 1992).

Num mundo em que tudo muda rapidamente, é improvável que o lazer fosse um oásis de estabilidade. A mudança da prática de lazer é acompanhada por uma mudança social global. No último quarto do século XX ocorreram novas mudanças. Uma mudança da antiga prática de lazer, que envolvia pacotes e padronização, evoluiu para novas práticas que passaram a ser segmentadas, flexíveis e personalizadas. O processo de modernização social, política, econômica e cultural, que se difundia a partir do noroeste da Europa para o resto do mundo, tornou-se cada vez mais interativo. Entretanto, a globalização deve ser entendida como um fenômeno dialético em que eventos em um polo de uma relação distante muitas vezes produzem ocorrências divergentes ou até mesmo contrárias em outro (Foster-Carter, 2000; Giddens, 2002). A globalização introduz ordem e mecanismo de regulação e vigilância na oferta de lazer. Ao mesmo tempo, promove um potencial de longo alcance e meios de resistência e emancipação contra a americanização e a ocidentalização por meio de práticas de lazer.

Com as tendências globalizantes da modernidade, diferentes países passaram a se especializar em setores distintos do mercado de lazer para visitantes estrangeiros (por exemplo, os Estados Unidos para lazer de entretenimento, a Espanha para lazer em pacotes mais baratos, a Tailândia para férias exóticas, a Inglaterra para turismo de patrimônio cultural e a Coreia para lazer cultural do leste da Ásia). Nas últimas décadas surgiu uma divisão internacional de locais turísticos e de lazer. Quase todas as nações têm que competir no mercado de lazer global, mobilizar-se como espetáculo e atrair um grande número de visitantes. A recente globalização do turismo anula a classificação entre turistas e não turistas. Mais importante ainda, não existe espaço não turístico no qual se possa escapar. Já não se pode fugir do olhar do turista (Urry, 1999).

Uma das maneiras de se colocar na divisão internacional do lazer é por megaeventos, como as Olimpíadas, a Copa do Mundo e a Expo. Esses eventos indicam que a identidade nacional é cada vez mais concebida como um local no âmbito do lazer global. Os exemplos de globalização na oferta de lazer incluem a Disneylândia na França e no Japão, o McDonald's, com 23 mil restaurantes em todo o mundo, e o desenvolvimento global de consórcios de hotéis. A Coreia também sentiu os efeitos da modernização e da globalização.

02   modernização, democratização e globalização da sociedade coreana

02.1   mudanças sociais modernas

Quando o último imperador da dinastia Joseon, Sunjong, deixou o trono em 1910, os avanços na modernização independente cessaram. A subsequente modernização colonial começou com a colonização da Coreia pelos imperialistas japoneses. Após 35 anos de ocupação colonial forçada dos japoneses, a Coreia conquistou a independência em 1945, com pouca infraestrutura industrial. Para piorar as coisas, a Guerra da Coreia de 1950 a 1953 praticamente eliminou até mesmo as poucas instalações de produção e infraestrutura. Com isso, o país precisou contar com a ajuda dos Estados Unidos para sobreviver.

Nesse contexto, o primeiro e segundo planos quinquenais de desenvolvimento econômico (1962-1971) foram elaborados pelo regime de Park Chung-hee (1961-1979), que assumiu o poder com o golpe militar de 1961. Esses planos foram o início da estratégia de desenvolvimento liderada pelo Estado. A intervenção sistemática do Estado na economia coreana foi um fator fundamental para assegurar a transição para cada uma das etapas do processo de desenvolvimento. Com o apoio militar, financeiro e político dos Estados Unidos, o regime de Park empreendeu a construção de uma economia poderosa como base de seu projeto nacionalista. Nos estágios iniciais de desenvolvimento, o Estado assumiu um papel empreendedor por meio de empresas públicas e investimentos governamentais (Castells, 2007). Na década de 1960, o Estado coreano precisou adotar uma estratégia de desenvolvimento voltada para o exterior para escapar dos limites de um pequeno mercado interno e da escassez de recursos naturais. O desenvolvimento da infraestrutura (por exemplo, a construção da via expressa Seul–Busan concluída em 1970, a modernização dos portos e das usinas de energia) e de uma indústria leve de mão de obra intensiva (por exemplo, têxteis, madeira compensada, calçados) foi o melhor caminho (Choe, 2009; Lee, 1996).

O terceiro e quarto estágios de desenvolvimento (1972-1979) começaram com a mudança da situação econômica, representada pela crise do petróleo e pela crise econômica mundial. Para continuar o crescimento do país foram instituídas políticas de substituição de importações, que dependiam da construção das indústrias pesada e química. As principais políticas desenvolvimentistas foram a liberação de mais empréstimos financeiros, amortizações especiais, baixas alíquotas de impostos, melhores serviços públicos e apoio administrativo àquelas indústrias. Como a poupança interna ficou muito aquém das exigências de investimento para financiar tais indústrias, o endividamento externo aumentou enormemente.

A estratégia de desenvolvimento do Estado alcançou um crescimento notável. No entanto, o rápido crescimento impulsionado pelas exportações gerou consideráveis efeitos colaterais. O crescimento da economia baseada nas exportações dividiu a sociedade em duas camadas. A partir de 1971, o Estado implantou o Movimento Nova Aldeia, com o objetivo de melhorar substancialmente a renda e as condições de vida e, assim, eliminar a desigualdade de renda e as diferenças entre as áreas rurais e urbanas (Lee, 1996; Song, 1997).

Infelizmente, o modelo de desenvolvimento econômico liderado pelo Estado não se conciliou com a democratização da sociedade. A Primavera de Seul começou com o assassinato do ex-ditador militar Park Chung-hee em 26 de outubro de 1979, e terminou com o massacre sangrento de cidadãos inocentes em Gwangiu em 18 de maio de 1980 pelas tropas mobilizadas pelo novo ditador militar, Chun Doo-hwhan (1980-1988).

O quinto e o sexto estágios da estratégia de desenvolvimento (1980-1986) tiveram início com a transferência enfática do foco para a estabilidade. Quando a Coreia começou a se transformar numa economia industrial, seu setor rural agrícola gradualmente tornou-se mais complexo e sujeito à inflação e às flutuações dos negócios. Nesse ambiente, a estabilidade econômica passou a ser uma nova questão política estratégica. À medida que a economia crescia e o setor privado começava a desempenhar um papel mais importante, o Estado decidiu impulsionar o potencial de crescimento econômico, mudando o mercado estatizado para o de livre mercado. Num esforço para corrigir as irregularidades e ineficiências decorrentes dos monopólios e aumentar a competitividade, enfatizou-se a eliminação de práticas que restringiam a concorrência justa, como pôde ser constatado na promulgação da Lei do Comércio Justo (Lee, 1996; Song, 1997).

02.2 mudanças sociais globais

A democratização da sociedade coreana não demorou tanto quanto o crescimento econômico. O primeiro governo civil democrático de Kim Young-sam (1993-1998) foi eleito em 1992, na esteira do sucesso do Movimento Democrático de junho de 1987 e da globalização da sociedade.

A ditadura militar encerrou-se imediatamente e a democratização teve início. A pressão pela liberalização econômica e social aumentou. A relação de poder entre o Estado e o Chaebol (isto é, o conglomerado de empresas familiares) foi alterada pela democratização e pela liberalização.

No entanto, as políticas de liberalização exacerbaram os problemas do Chaebol e a vulnerabilidade da economia aos choques externos.

A democratização não conseguiu acompanhar o rápido crescimento econômico. A Coreia fez parte da crise financeira asiática durante a globalização impulsionada pela liberalização econômica e pela democratização.

Desde a crise financeira de 21 de novembro de 1997, a economia coreana passou por mudanças fundamentais. O governo não conseguiu proteger a soberania econômica e o Chaebol teve dificuldades para continuar operando normalmente. O governo coreano declarou insolvência nos pagamentos internacionais e recebeu ajuda do Fundo Monetário Internacional (FMI). A crise econômica da Coreia em 1997-1998 foi a crise de lucratividade do grande Chaebol, que levou ao arriscado endividamento externo e à inadimplência do pagamento da dívida.

A democratização não conseguiu separar o Estado do Chaebol. A liberalização intensificou o domínio deste último. Medidas eficazes antimonopólio e pela competitividade não puderam ser adotadas (Kong, 2000).

02.3 formulação moderna e transformação global do lazer coreano

O desenvolvimento econômico liderado pelo Estado também possibilitou a oferta de práticas modernas de lazer no país. Por um lado, o Estado atuava como um facilitador da oferta de lazer moderno, mas, por outro, a censura e a regulamentação rígidas algemavam a liberdade das pessoas em relação às práticas de lazer. Os coreanos tiveram de esperar até a democratização social para ter acesso às oportunidades de lazer que realmente queriam e das quais necessitavam.

A criação de parques nacionais, o desenvolvimento de complexos turísticos e *spas* estavam no topo da lista de desenvolvimento de lazer fornecido pelo Estado. A radiodifusão televisiva é um bom exemplo de um Estado investindo em lazer. A primeira emissora de televisão, a RCA-TV, iniciou suas transmissões em 1956 e foi assumida por uma empresa de jornais diários, o *Korea Times*, em 1957. No final de 1961, a emissora de televisão falida foi retomada pelo Estado com um novo nome, KBS (Korea Broadcasting Service), e passou a ser um órgão do governo. O país importou 20 mil aparelhos de televisão dos Estados Unidos e os cidadãos pagavam por eles em parcelas mensais. O tempo das pessoas diante da TV aumentou rapidamente (ver Tabela 1) com a chegada da televisão em cores em 1980 (Choe, 2006).

tendências no tempo de televisão (em horas e minutos)

ANO	DIA ÚTIL	SÁBADO	DOMINGO	MÉDIA SEMANAL
1981	1,49	2,26	3,15	14,49
1983	2,08	2,51	3,35	16,23
1985	1,48	2,23	3,10	14,53
1987	1,51	2,28	3,29	15,32
1990	2,03	2,45	3,40	16,40
1995	2,23	3,07	4,02	19,04
1999	2,47	3,08	3,45	20,48
2004	2,22	2,53	3,27	18,10
2009	2,13	2,40	3,06	17,01
2014	2,22	2,53	3,09	17,52

Fonte: Statistics Korea. Korean's Time Use Survey.

No entanto, a oferta de lazer liderada pelo Estado não visou aumentar a qualidade de vida ou a felicidade interna bruta dos coreanos, mas constituir uma fonte de receita em dólares para o desenvolvimento econômico.

O desenvolvimento do turismo, especialmente, tinha o objetivo de atrair empresários japoneses e soldados norte-americanos à Coreia. Embora os soldados continuassem tirando férias no Japão e não na Coreia, uma quantidade enorme de turistas japoneses veio para o país. O turismo Kisaeng, turismo sexual coreano, foi incentivado pelo governo militar e envolveu o projeto de criação de ambientes de lazer em nível internacional e de redes de contato no país e no exterior (Leheny, 2003; Urry, 1999).

Pressões para a produção de filmes, gravação de música popular (Kim e Choe, 2014) e publicação de livros (Choe e Oak, 2011) integravam a estratégia do governo. As escolhas das pessoas, porém, incluíam a substituição dos filmes coreanos pelos filmes de Hollywood, do *pop* coreano pelo *pop* norte-americano ou britânico e dos livros coreanos por livros traduzidos. Além disso, alguns simplesmente evitavam assistir a filmes, ouvir música ou ler livros. Durante a segunda metade da década de 1970, a frequência anual *per capita* dos coreanos no cinema, de cinco vezes por ano, alcançou novos patamares. No entanto, os números diminuíram e ficaram abaixo de uma vez por ano em 1996.

02.4   globalização e política de
                                 identidade nacional do lazer

O processo de democratização da Coreia estava em andamento, embora o massacre de Gwangiu e a prolongada ditadura pelo novo regime militar representassem um custo para a democratização. Quando a política de globalização neoliberal foi lançada pelo primeiro governo civil e 14ª presidência em 25 de fevereiro de 1993, ninguém pensou que a Coreia tivesse de lidar com as duras realidades do desemprego dos jovens, dos sem-teto, da aposentadoria antecipada e da polarização social e do lazer.

Para os coreanos, a democratização significava a eliminação da regulação e da censura na oferta e na prática de lazer. Infelizmente, a democratização da sociedade eliminou não apenas a regulação e a censura do mercado nacional de lazer, mas também a proteção e o apoio. Em conformidade com o acordo Trips (acordo sobre aspectos relacionados ao comércio dos direitos de propriedade intelectual) de 1994 e com o tratado de direitos autorais da Ompi (Organização Mundial de Propriedade Intelectual, ou WIPO, na sigla em inglês) de 1996, o governo democrático não hesitou em liberalizar e abrir o mercado de lazer. Como parte da política de globalização, conglomerados coreanos como Samsung, Hyundai, Daewoo e SK, bem como grandes empresas globais de entretenimento, como EMI, Warner, BMG e Universal, entraram no mercado de entretenimento do país sem quaisquer restrições ou constrangimentos. Antes da globalização, o setor de entretenimento era protegido pelo governo para empresas coreanas de pequeno e médio porte. Grandes empresas globais e conglomerados coreanos não eram autorizados a fazer negócios nessa área na Coreia.

Após a liberalização do mercado de lazer, as pequenas e médias empresas de entretenimento coreanas passaram a criar produtos com identidade nacional para concorrer com os Golias da indústria de entretenimento. As grandes empresas não tentaram criar conteúdos relacionados com a política de identidade nacional. Os conteúdos de entretenimento coreano de música *pop*, séries de TV, filmes e livros seguiram o modo de produção norte-americano, que era o padrão global. Os coreanos que enfrentaram os tempos mais difíceis da crise econômica responderam à oferta de lazer das pequenas e médias empresas coreanas. A sobrevivência das empresas pode ser considerada um sinal da sobrevivência sob o FMI, não apenas para as empresas, mas para toda a Coreia.

O filme coreano *Sopyonje* (sobre o canto tradicional coreano) atraiu mais de um milhão de espectadores. Foi o primeiro filme coreano em cem anos a ter tal bilheteria (Choe, 2005). *O almirante: correntes furiosas* (um drama histórico da guerra entre a Coreia e o Japão), *Ode a meu pai* (história de uma família baseada na moderna história da Coreia desde a Guerra da Coreia até o presente), *Assassinato* (uma história do movimento de independência armada sob a ocupação japonesa), *A irmandade da guerra* (uma história de irmãos que lutaram entre si na Guerra da Coreia), *O advogado* (um filme baseado na história do advogado Noh Moo-hyun, que defendeu sozinho um pobre contra um ditador militar) e *Silmido* (uma história verdadeira sobre a Força Especial do Exército 684 cuja missão era se infiltrar na Coreia do Norte) estiveram todos na lista de mais de 10 milhões de espectadores. Durante a política de identidade nacional, os filmes coreanos assumiram mais de 50% de participação de mercado em todo o país.

A globalização da indústria da música popular coreana assumiu três formas: a criação de corporações transnacionais para a produção e comercialização de discos, a penetração no mercado nacional de artistas e músicas estrangeiros, e a oferta da fonte principal da produção cultural da indústria baseada em estilos e imagens arraigados na cultura jovem norte-americana e na cultura negra dos Estados Unidos (Held et al., 1999). O aumento da concorrência entre pequenas e médias empresas coreanas, grandes empresas locais e grandes empresas internacionais foi acompanhado pelo aumento da participação de mercado da Samsung Music, que aproveitou uma oportunidade de negócio pela desregulamentação e liberalização da indústria da música popular após a globalização da indústria. As mudanças no mercado, a chegada de novos concorrentes e a expansão da participação de mercado por essa empresa internacional representaram uma ameaça à sobrevivência de pequenas e médias empresas coreanas. Consequentemente, essas empresas se comprometeram com a inovação dos estilos musicais, pois precisavam se adaptar para garantir a sobrevivência num novo ambiente de elevada competição. Quando a Samsung Music saiu do mercado de música popular coreana logo após a crise econômica de 1997, o grau de competição entre pequenas e médias empresas coreanas e grandes empresas internacionais aumentou muito, na tentativa de conquistar a fatia de mercado deixada por ela.

Um novo estilo musical, o *rap*, apareceu pela primeira vez em 1992, trazido pelas pequenas e médias empresas coreanas que fundiram o novo estilo musical da cultura negra norte-americana com a cultura local. Essa estratégia de concorrência das empresas para lidar com a sobrevivência consolidou efetivamente sua posição como líderes no país. O Gangnam Style de Psy é o ápice dessa mistura entre o estilo musical global e a cultura local, e simboliza o fluxo invertido da música popular da periferia para o centro. Pequenas e médias empresas coreanas de entretenimento, como K-Pop Companies, SM Entertainment, YG Entertainment e JYP Entertainment, foram admitidas em 2014 como novos membros da Federação das Indústrias Coreanas, que agrupava principalmente grandes empresas do país. A empresa de entretenimento coreana deixou de ser apenas pequena ou média. Ela se tornou muito grande.

Uma história de sucesso no centro do mercado de lazer da Coreia é sua periferia no mercado de lazer global. A principal preocupação é a sobrevivência do *pop* coreano contra a invasão de grandes empresas coreanas e internacionais. A globalização do K-Pop ressalta o significado social do lazer. Os negócios de entretenimento de lazer não se limitam apenas à liberdade, escolha, satisfação na vida e fuga, mas também à luta, competência e sobrevivência (Rojek, 2010).

As maiores mudanças decorrentes da desregulamentação e liberalização ocorrem no turismo. A crescente importância do turismo simboliza a amplitude e profundidade das mudanças. As viagens internacionais foram liberadas na Coreia desde o protesto de junho de 1989. A desregulamentação do turismo para outros países desencadeou um *boom* de viagens ao exterior e diversificou o turismo coreano em termos de fluxos de turistas dentro do país. A chegada de turistas estrangeiros no país deu um salto após a assinatura de um tratado com a China em 1992 e com a desregulamentação de viagens ao exterior promovida pelo governo chinês em 1997. Em 2016, mais de 22 milhões de coreanos viajaram para fora e a Coreia recebeu 17 milhões de turistas. Esses números representaram um aumento de 15,9% e 30,3% em um ano. Desse total, mais de 8 milhões são chineses viajando pela Coreia, representando 46,8% das chegadas internacionais. Uma das duas principais fontes de turismo do mercado coreano, a quantidade de turistas chineses superou a de turistas japoneses em 2013. O exército chinês varreu a Coreia durante a guerra de 1950 a 1953, mas agora os turistas chineses estão varrendo a Coreia de forma diferente.

02.5 conceitos de lazer sob a modernização, democratização e globalização

Quando o governo sul-coreano foi criado em 1948 e com a reconstrução baseada na ajuda dos Estados Unidos após a Guerra da Coreia em 1953, o Estado passou por um processo de modernização. As práticas coreanas de lazer foram moldadas no âmbito desse processo de modernização ocidentalizado. Assim, o conceito ocidental de lazer foi transplantado para a sociedade coreana.

O golpe militar de 1961 criou uma sociedade regulamentada, incluindo o lazer. A divisão e o confronto ideológico das duas Coreias legitimaram a regulação e a vigilância. Os alunos do ensino fundamental e médio, por exemplo, estudavam as práticas ocidentais de lazer nas disciplinas de música, arte e esporte. A habilidade física era de especial importância na formação de um soldado.

O novo golpe militar em 1980, porém, enfrentou forte resistência. Em 1987, protestos paralisaram o país por um mês e a sociedade voltou-se para a desregulamentação e a democratização. Mudanças nas práticas de lazer ocorreram em paralelo com a mudança social. Os coreanos descobriram as possibilidades de lazer tradicionais à medida que buscavam oportunidades. O uso de instrumentos musicais tradicionais coreanos e a dança tradicional com máscaras tornaram-se uma prática dominante entre os jovens.

O lazer coreano continua a se transformar sob a bandeira da globalização desde 1993 e da economia democrática de mercado estabelecida em 1998. A crise econômica de 1997 e as medidas de globalização criaram novos significados para o lazer. Os mecanismos de produção de novos significados por meio da política de identidade nacional e da prática de lazer resultaram na onda cultural coreana, Hallyu[1].

03 conclusão: sociedade coreana e significado social de lazer

A globalização, especialmente a globalização cultural, não é a ocidentalização ou a americanização, mas a luta entre o fundamentalismo e o cosmopolitismo, ou a luta entre a americanização e a resistência à americanização. Se o lazer sob a globalização pode representar o fundamentalismo ou a americanização, ele também pode estar associado ao cosmopolitismo ou ao antiamericanismo. Portanto, o lazer tem duas possibilidades produzidas pela globalização: fundamentalismo e cosmopolitismo. Com essas possibilidades, o lazer sob a globalização pode ser um local para o vício da americanização e da comercialização ou para a autonomia em relação à tomada de decisões e à livre escolha.

A experiência específica da Coreia na globalização e na crise econômica evoca um envolvimento ativo na política de identidade nacional. No desenvolvimento dessa política, a identidade foi reconstruída como um ato de equilíbrio, como o equilíbrio econômico entre a invasão global e a reafirmação local. As consequências da modernidade e o correspondente aumento da instabilidade econômica mobilizam o poder da política de identidade nas práticas e ofertas de lazer. Para uma população que atravessa uma crise econômica, assistir a filmes coreanos e ouvir o *pop* coreano não é apenas liberdade, escolha e fuga por meio do lazer, mas uma luta para alcançar a sobrevivência e um desejo de voltar ao normal.

---

1   Hallyu ou "Onda coreana" é um neologismo criado em Pequim referente à popularização da cultura sul-coreana a partir da década de 1990. [N. T.]

04 referências

Castells, M. (2007). *Fim de milênio*. São Paulo: Paz e Terra.
Choe, C.-B. e Kang, H.-D. (2001). *Our 100 Years Broadcasting*. Seul: Hyonamsa.
Choe, S. (2005). "The Globalisation of Korean Film and a Social Meaning of Leisure". *Journal of Leisure Studies*, 3(1), 49-74.
Choe, S. (2006). *Korean Society and Korean Leisure*. Seul: Korean Studies Information.
Choe, S. (2009). "Empirical Studies on the Changes of Work and Leisure in Korea". *International Journal of Tourism Sciences*, 9(2), 41-57.
Choe, S. e Oak, S. (2011). "Globalisation of Leisure Investigated by the Book Reading and Publishing Industry". *Journal of Leisure Studies*, 9(1), 75-99.
Dubin, R. (1963). "Industrial Worker's World: A Study of the Central Life Interests of Industrial Workers". Em: Smigel, E. (org.). *Work and Leisure* (pp. 53- 72). New Haven, CT: College and University Press.
Elias, N. e Dunning, E. (1986). *Quest for Excitement: Sport and Leisure in the Civilizing Process*. Oxford, UK: Blackwell.
Featherstone, M. (1997). *O desmanche da cultura*. São Paulo: Studio Nobel.
Featherstone, M. (2000). "The Globalisation of Mobility: Experience, Sociability and Speed in Technological Cultures". Em: Garcia, E. B. e Lobo, F. (org.). *Associação Mundial de Lazer e Recreação, lazer em uma sociedade globalizada* (pp. 361-422). São Paulo: Edições Sesc.
Featherstone, M. (1995). *Cultura de consumo e pós-modernismo*. São Paulo: Studio Nobel.
Giddens, A. (1991). *As consequências da modernidade*. São Paulo, Brasil: UNESP.
Giddens, A. (2002). *Modernidade e identidade*. Rio de Janeiro: Zahar.
Giddens, A. (2000). *Mundo em descontrole*. Rio de Janeiro: Record.
Kim, K.-D. e Choe, S. (2014). "Korean popular music 2000-2010: Analyzed by Development Stages of Idol Music: Focused on the Homogeneity and Diversity". *Korea Entertainment Industry Association Journal*, 8(1), 28-34.
Kirk, D. (2001). *Korean Crisis: Unraveling of the Miracle in the IMF Era*. Basingstoke, UK: Palgrave.
Kong, T. T. (2000). *The Politics of Economic Reform in South Korea, A Fragile Miracle*. Londres/Nova York: Routledge.
Korean Film Council (1960-2015). *Korean Film Yearbook*. Seul: Communication Books.
Lash, S. e Urry, J. (1994). *Economies of Signs and Space*. Londres: Sage.
Lee, H. (1996). *The Korean Economy: Perspectives for the Twenty-First Century*. Nova York: State University of New York Press.
Leheny, D. (2003). *The Rules of Play: National Identity and the Shaping of Japanese Leisure*. Nova York: Cornell University Press.

Rojek, C. (1993). *Ways of Escape*. Boston, MA: Rowman and Littlefield Publisher.
Rojek, C. (1995). *Decentring Leisure: Rethinking Leisure Theory*. Londres: Sage.
Rojek, C. (2002). *Leisure and Culture*. Londres: McMillan.
Rojek, C. (2010). *The Labour of Leisure*. Thousand Oaks, CA: Sage.
Rosenzweig, R. (1992). *Eight Hours for What We Will: Workers and Leisure in an Industrial City, 1870-1920*. Nova York: Cambridge University Press.
Song, B. (1997). *The Rise of the Korean Economy*. Nova York: Cambridge University Press.
Statistics Korea. (1981-2015). "Korean's Time Use Survey". Retirado de: <http://kostat.go.kr/survey/lifestyle/index.action>.
Tomlinson, J. (1999). *Globalization and Culture*. Cambridge, UK: Polity.
Urry, J. (1999). *O olhar do turista*. São Paulo: Studio Nobel.

lazer na espanha

cristina ortega nuere
organização mundial de lazer

ana viñals blanco
universidade de deusto

O lazer é um fator fundamental na forma como a população espanhola molda sua escala de valores e seus estilos de vida. A maneira de conceber e vivenciá-lo está condicionada a dois fatores. Por um lado, ele baseia-se nas características do contexto em que ocorre e, por outro, depende da educação oferecida e recebida. Portanto, muitos significados e valores são atribuídos ao lazer na Espanha. O objetivo deste capítulo é apresentar uma visão geral de sua importância para os espanhóis.

Dedicamo-nos a pesquisar o lazer no Instituto de Estudos do Lazer (IEO, na sigla em espanhol) da Universidade de Deusto, especialmente no campo de gestão cultural e políticas culturais, bem como na área de juventude e lazer. Optamos pelo estudo desse tema porque acreditamos que essa é uma esfera social ideal para o desenvolvimento humano. O lazer oferece um espaço e tempo para aprender, se divertir e se desenvolver como pessoa.

O interesse de Cristina no campo do lazer sempre foi influenciado pelo que aconteceu no contexto de seu trabalho. Ela nasceu e morou em Bilbao, uma cidade que enfrentou uma grave crise industrial durante a década de 1980, quando Cristina era estudante. A transformação da cidade ocorreu em função de uma política cultural e de lazer específica, que resultou na construção de um museu fantástico – o Museu Guggenheim (San Salvador del Valle, Ortega e Cuenca, 2014). Cristina decidiu fazer um curso de pós-graduação em gestão cultural e inscrever-se num programa de doutorado em estudos do lazer para se especializar na avaliação de políticas culturais e de lazer. Ela sempre se interessou em pesquisar assuntos relacionados com seu ambiente e suas aplicações em outros contextos. Assim, tem participado ativamente de redes internacionais, como a Rede Europeia de Gestão Cultural e Política (ENCATC) e a Organização Mundial de Lazer (WLO). Tentou estabelecer uma ligação entre a pesquisa local e outros contextos por meio da colaboração com grupos de pesquisa envolvidos com redes internacionais.

Cristina tem realizado estudos destinados a monitorar e avaliar o impacto do Museu Guggenheim. A maior parte desta pesquisa adotou o ponto de vista da economia, pois o principal objetivo era superar a crise e aumentar o emprego e o desenvolvimento econômico em Bilbao. Uma década depois da construção do museu Guggenheim, Cristina passou a analisar outros problemas relacionados com questões sociais, qualidade de vida e inovação (Cuenca, Aguilar e Ortega, 2010).

Hoje, muitas cidades em todo o mundo, inclusive Bilbao, tentam viabilizar políticas culturais de menor escala relacionadas com as indústrias culturais e criativas (CCIs), destinadas a projetar ambientes atraentes prestando atenção especial aos impactos sociais da cultura. No entanto, ainda não foram desenvolvidos métodos e indicadores para monitorar os efeitos das CCIs. Uma das áreas visadas em Bilbao é um antigo distrito industrial à beira-mar chamado Zorrozaurre. Por ser da área de ciências humanas e sociais, Cristina tem procurado desenvolver novas metodologias e indicadores para avaliar o impacto social das CCIs e tem explorado a tarefa de medir questões como inovação social, conhecimento experiencial e desenvolvimento humano.

A pesquisa de Ana concentra-se na compreensão do lazer relacionado com as características sociais em que se desenvolve. Assim, sua pesquisa examina o lazer no atual contexto da era digital e o desenvolvimento da sociedade em rede (Castells, 2016). As tecnologias digitais e da internet, e especialmente o desenvolvimento desenfreado de dispositivos móveis, levaram à dispersão das coordenadas vitais de espaço e tempo relacionadas com o campo do lazer. O lazer passou a se conectar a um espaço de fluxos e a algo intemporal. Essa nova cultura de virtualidade real tem afetado o desempenho humano, incluindo o lazer das pessoas, em virtude da influência da tecnologia e do ciberespaço. Portanto, a tecnologia transformou a maneira como as pessoas vivenciam o lazer. Além disso, as práticas de entretenimento tradicional foram gradualmente digitalizadas e o desenvolvimento do espaço virtual permitiu novas práticas de lazer relacionadas com o uso da internet.

Na era digital muitas vezes fica difícil distinguir entre espaços de trabalho e espaços de lazer. Numa sociedade conectada pode não existir um tempo apenas para desfrutar o lazer. Pode ser inviável encontrá-lo fora do horário de trabalho ou durante as férias, pois as pessoas estão sempre trabalhando. San Salvador del Valle (2009) sugeriu que o lazer se tornou um "*fast* lazer" em razão do tempo limitado que as pessoas têm para ele. Essa mudança na experiência de lazer não é exclusiva da Espanha, mas afeta o mundo em geral, como têm demonstrado os estudos de Ana.

Por causa de nosso interesse no contexto cultural do lazer e em sua relação com um mundo digitalizado, organizamos este capítulo em três seções. Na primeira parte apresentamos os significados e valores do lazer para os espanhóis. Em seguida, mostramos o tipo de formação em lazer fornecida nas escolas e universidades espanholas. Finalmente, refletimos sobre o desafio na Espanha de conceber o lazer como um elemento valioso para o desenvolvimento humano. Acreditamos que o lazer deve estar mais alinhado com a mudança e a transformação social do que com a busca por um refúgio agradável e descomprometido.

01 significados e valores do lazer na espanha

Ao longo dos anos, o conceito de lazer na Espanha assumiu muitos significados. Oscilou entre ser considerado essencial em muitos aspectos e ter também efeitos prejudiciais. Em outras palavras, o lazer por vezes tem sido desvalorizado e encarado como um tempo e espaço para o hedonismo. Em contrapartida, outros lhe atribuem um valor em si mesmo e o consideram fonte de bem-estar e qualidade de vida.

Analisamos o conceito de lazer na Espanha sob três pontos de vista: objetivo, subjetivo e legal. Esses três pontos de partida permitiram a exploração de diferentes significados. O ponto de vista objetivo implica vincular o lazer à prática de atividades no tempo livre. Do ponto de vista subjetivo, as experiências de lazer têm uma natureza pessoal ou social. Do terceiro ponto de vista, ele é entendido sob uma perspectiva político-legal – a defesa do lazer como um direito. Portanto, três posições fornecem uma maneira de compreender e de ressaltar diretamente os significados de lazer na Espanha.

Além dos diferentes significados atribuídos ao lazer, a realidade mostra que é difícil entender a sociedade de hoje sem valorizar o lazer como um pilar importante do desenvolvimento humano no século XXI (Cuenca, 2010). A última rodada da World Values Survey (2010-2014), elaborada por uma rede de cientistas sociais de todo o mundo, mostrou que para 40% da população espanhola pesquisada o lazer era um valor bastante importante em sua vida.

Uma pesquisa recente na Espanha (Aristegui e Ayerbe, 2010) mostrou que, nos últimos anos, o valor atribuído ao lazer aumentou comparado com a importância dada ao trabalho. O lazer passou a ser um fenômeno social que evoluiu, tornando-se uma experiência valorizada. Ele deixou de ser concebido como uma entidade objetiva tangível (ou seja, um fato) para ter valor subjetivo intangível. Essa conceituação constitui uma maneira de defender a sua importância. Em relação ao tempo livre disponível, um cidadão espanhol médio dedica, ou gostaria de dedicar, mais horas (tempo) para desfrutar do lazer. O lazer de qualidade depende da participação pessoal e do grau de comprometimento de cada indivíduo.

Além disso, na Espanha, a indústria do lazer é poderosa. O turismo é uma fonte de renda e um setor socioeconômico essencial, juntamente com o esporte (por exemplo, futebol), o cinema, os parques de diversões, os festivais de música e os *shopping centers* (Ministério da Indústria, Energia e Turismo, 2016). Da mesma forma, as tecnologias de informação e comunicação (TICs) geraram toda uma indústria de lazer digital que tem ido além dos *videogames* e transformou as práticas tradicionais de lazer, abrindo novos horizontes. O lazer é uma realidade em constante desenvolvimento, que influencia as mudanças sociais e depende diretamente delas. Portanto, em pleno desenvolvimento e progresso da Era Digital, os espanhóis encontram novos tipos de lazer ligados ao uso da internet e das tecnologias digitais.

De acordo com o Observatório Nacional das Telecomunicações e da Sociedade da Informação, o *status* da indústria de conteúdos digitais na Espanha aumenta a cada ano, o que tem alterado significativamente os hábitos de lazer da população em geral, e dos jovens em particular. Os setores de *videogame*, música, filme e vídeo, bem como a indústria audiovisual, o setor de publicações e de publicidade gradualmente estão se tornando áreas 100% digitalizadas.

Em suma, o lazer na Espanha deixou de ser concebido como um tempo de descanso antes de retornar ao trabalho para ter um significado essencial. Por essa razão, a sociedade percebeu a importância de preparar as pessoas para garantir que elas sejam capazes de vivenciar e valorizar o lazer. É fundamental preparar a população para garantir que o lazer seja desfrutado livre e conscientemente, assim como impedir a manipulação e o consumo que podem ser prejudiciais. Portanto, a educação e a formação para o lazer oferecidas na Espanha são necessárias.

02 formação e educação para o lazer na espanha

Formação e educação em tempo livre e lazer permitem o desenvolvimento de valores, atitudes e habilidades que melhoram a qualidade de vida das pessoas. Embora o lazer possa ser entendido como uma experiência espontânea, a educação/formação para o lazer tornou-se mais que nunca necessária para favorecer seu aproveitamento e o desenvolvimento de uma educação abrangente de qualidade. Conceitualmente, o lazer não foi explicitamente formalizado nas escolas. Porém, a formação na área é considerada relevante na preparação para a vida. O lazer e a educação para o lazer têm um papel altamente significativo a desempenhar na melhoria da qualidade de vida dos espanhóis.

Acreditamos que a incorporação direta da educação para o lazer nos currículos pode trazer benefícios importantes para a comunidade escolar e as experiências de aprendizagem (Mundy e Odum, 1979). Esses benefícios não teriam um efeito apenas em sala de aula, mas também no tempo livre dos alunos, incluindo as atividades após a escola e os períodos de férias.

O objetivo geral da educação para o lazer é ajudar os alunos a alcançarem uma qualidade de vida desejável. Pode-se obter essa qualidade com o desenvolvimento e a promoção de valores, atitudes, conhecimento e habilidades relacionados com o lazer. Acreditamos que ele contribui para o desenvolvimento pessoal e que as escolas deveriam ir além da mera transmissão de conhecimento, educando também para a vida. Os alunos precisam estar bem preparados para viver juntos com liberdade, respeito e princípios democráticos. O bom uso do tempo deve ser, portanto, um tema transversal na grade curricular. A tarefa dos educadores deve ser educar os alunos não apenas para o trabalho, mas também para o lazer.

A Carta Internacional da Educação para o Lazer da World Leisure (Ruskin e Sivan, 1995) destacou a necessidade de implementar políticas e estratégias de educação para o lazer na escola e na comunidade, bem como de formar profissionais para assumir o papel de educadores para o lazer. No entanto, apesar de ser reconhecido como parte do campo educacional, esse tipo de formação não foi amplamente implantado na Espanha. A Lei Orgânica para a Melhoria da Qualidade Educacional (LOMCE, 2013) não inclui explicitamente nada sobre tempo livre e educação para o lazer. O lazer é citado superficialmente em algumas disciplinas do ensino fundamental e médio.

Essas disciplinas incluem educação artística, artes cênicas e dança, educação física, artes plásticas, educação visual e audiovisual e ciências naturais. Elas introduzem a importância do prazer estético do esporte como meio de diversão ativa, formas de aproveitar o ambiente natural e de obter prazer pessoal em ouvir música.

No ambiente universitário, há uma falta generalizada de formação e educação ligada ao lazer. Embora os cursos de graduação e pós-graduação relacionados com turismo, cultura, esporte e educação ou ensino contenham aspectos ligados à esfera do lazer, o foco nessa área é apenas uma parte da formação. Uma exceção é o trabalho realizado há mais de 25 anos pelo Instituto de Estudos do Lazer (IEO) da Universidade de Deusto. Esse centro de formação e pesquisa interdisciplinar na Espanha tem se dedicado à análise desse fenômeno. O lazer é entendido com base numa abordagem comprometida com o humanismo, que liga o desenvolvimento humano (por exemplo, pessoal e social) com os valores da inclusão, solidariedade, equidade e igualdade de oportunidades.

O IEO traz cursos de pós-graduação e doutorado em lazer. Na pós-graduação, oferece o mestrado em Gestão de Projetos de Lazer, Cultura, Turismo,

Esporte e Recreação. No doutorado, há a especialização em Lazer, Cultura e Comunicação para o Desenvolvimento Humano, cujo objetivo é contribuir para a conclusão da formação acadêmica no mais alto nível científico. O programa oferece formação extensiva avançada, que ajuda a analisar em profundidade a situação complicada da sociedade moderna em relação ao lazer, à cultura e à comunicação.

No que diz respeito ao compromisso do IEO com a educação continuada, a formação tem como foco o ambiente da comunidade, mostrando aos alunos a realidade das abordagens teóricas sobre a experiência de lazer. Cursos sobre "Qualificação Universitária em Cultura e Solidariedade", "Apreciação da Arte" e "Lazer Cultural Universitário" fazem parte do currículo. O objetivo dessa formação e educação é conscientizar a população sobre a importância do lazer para o desenvolvimento humano. Desse modo, incentiva-se a reflexão sobre os benefícios do lazer.

Nossas contribuições para pesquisa e educação em Estudos do Lazer na Universidade de Deusto, como já observamos aqui, têm seguido duas direções: a análise das dimensões culturais do lazer e a mensuração de seu impacto, e o estudo da influência das tecnologias digitais no lazer da juventude. Em relação à dimensão cultural do lazer, Cristina dirige vários projetos que avaliam políticas culturais na Espanha. Por exemplo, o projeto Monitores da Cultura, financiado pelo Programa de Cultura da Comissão Europeia, visa refletir sobre futuras manifestações culturais na Europa. Ela também participa de diferentes programas de aprendizagem, como o Artists Moving and Learning, por exemplo, que analisou o impacto das experiências de mobilidade internacional dos artistas.

Cristina também publicou um livro de referência sobre observações culturais, com foco no monitoramento de políticas culturais (Ortega, 2010). Nesse livro, ela desenvolve uma estrutura conceitual para monitorar políticas culturais no âmbito da cidade. Além disso, desenvolveu um modelo de mapa que examina as infraestruturas e os eventos culturais no interior de uma comunidade autônoma, utilizando uma série de variáveis que visam classificar infraestruturas e eventos, além de descrever os indicadores básicos e específicos para seu monitoramento e avaliação. O modelo foi aplicado pela Comunidade Autônoma Basca, subsidiado pelo Departamento de Cultura do Governo Basco em 2006. Posteriormente tornou-se referência em estudos adicionais, entre os quais se destaca o uso pelo Estado espanhol na montagem do Atlas de Infraestruturas Culturais em 2009. Esse projeto foi financiado pela Sociedade Geral de Autores e Editores (SGAE) e os resultados foram divulgados com a publicação de um livro com o mesmo título. Nos últimos anos, Cristina tem dirigido sua atenção para as dimensões sociais da cultura (Ortega, Cuenca e Eizaguirre, 2013), com destaque especial para o artigo que escreveu com seu colega Fernando Bayón (Ortega Nuere e Bayón, 2015) sobre "Mapeamento cultural e regeneração urbana: Analisando narrativas emergentes sobre Bilbao".

Em relação ao estudo da influência das tecnologias digitais sobre o lazer dos jovens, o IEO da Universidade de Deusto conta com vários doutorandos que se concentram nessa área. Esses estudos abordam o papel da televisão e da internet na vida das pessoas. Por exemplo, a tese de doutorado de Ana, "Lazer conectado: a experiência do *e-lazer* entre os jovens (16 a 18 anos) de Biscaia" (Viñals, 2015), analisou a perspectiva experiencial de como o lazer influencia os jovens espanhóis e suas percepções. O estudo indicou que as tecnologias digitais e a internet digitalizaram os estilos de vida e lazer dos jovens. Os jovens interativos querem estar conectados e essas redes são definidas como lazer social, móvel e multimídia. Além disso, a análise das percepções mostrou que o *e-lazer* era útil e positivo. Os jovens usavam a tecnologia para aprender, comunicar-se e entreter-se.

03 reflexões finais: desafios

Um ditado espanhol afirma: *Dime cómo vives tu ocio y te diré qué clase de persona eres* (ou seja, diga-me o que faz no seu tempo de lazer e eu lhe direi que tipo de pessoa você é). Assim, a atitude adotada para aproveitar o tempo livre determina os valores individuais em que cada pessoa baseia sua vida. A atitude pessoal é o elemento fundamental para obter maior satisfação do lazer. Portanto, o campo do lazer tornou-se uma imagem recorrente dos valores que regem a sociedade espanhola de hoje. Além disso, o trabalho é visto como um meio para obter tempo de lazer. Um aspecto importante é analisar os estilos de lazer da população. Trata-se de lazer de consumidor, lazer positivo ou lazer apenas para sair por aí? Em outras palavras, o lazer da população é um lazer de qualidade?

Um de nossos principais desafios é dar continuidade à pesquisa e examinar a qualidade das experiências de lazer da população. Esse desafio é ainda mais significativo quando o lazer é considerado um dos pilares do século XXI. Além disso, as dimensões espaço-tempo sob as quais o lazer tem sido tradicionalmente estudado transformaram-se em função do desenvolvimento de uma sociedade em rede (Castells, 2016). Esse novo tipo de sociedade é o resultado da inserção maciça das TICs e da internet em diferentes áreas da vida cotidiana, incluindo o lazer.

Um exemplo dessa inserção é o fenômeno de massa das redes sociais como Facebook, Twitter e Instagram na Espanha. Embora as redes sociais sejam apenas ferramentas tecnológicas que conectam pessoas por meio de várias mídias digitais, nos últimos anos seu uso tornou-se uma revolução social principalmente entre os jovens. Em 2009, 60% dos jovens usavam essas redes e em 2011 seu uso alcançou 90% (Injuve, 2013). Atualmente, a penetração dessas mídias atingiu um estado de maturidade (IAB Spain, 2014), com predominância do uso social (por exemplo, manter contato, enviar mensagens, postar e conversar).

Acreditamos que o estudo do lazer deve continuar a se concentrar na formação, pesquisa e transferência de conhecimento sobre dois aspectos fundamentais: educação para o lazer e a mudança de estilos de lazer numa cultura digital. Por um lado, por causa do risco de lazer desvalorizado (San Salvador del Valle, 2009), que é passivo, programado e orientado para eventos, bem como de um "*fast* lazer", baseado no aproveitamento de microexperiências de lazer (Igarza, 2009) e de uma rede superficial de lazer (Viñals, 2015), consideramos necessário continuar o trabalho em defesa de uma educação abrangente para o lazer (Cuenca, 2006). As abordagens de formação devem envolver a sociedade como um todo e preparar as pessoas, independentemente de sua idade, para desfrutar do lazer sob os aspectos da liberdade e do conhecimento, protegê-las contra a manipulação e o consumismo, e distanciá-las do hedonismo e da busca do prazer pelo prazer.

Por outro lado, a nosso ver é muito importante analisar a influência da sociedade em rede no campo do lazer. Desde a década de 1990, juntamente com o desenvolvimento das tecnologias digitais e sociais e da internet, o campo do lazer tem sido transformado de diferentes maneiras. As TICs e as redes mudaram a forma como o lazer é praticado e vivenciado pela população espanhola, que, além de observar a digitalização das práticas tradicionais de lazer, também tem experimentado a criação de novas atividades de lazer ligadas à rede.

Tendo como base a noção de estar conectado ou desconectado, reunimos sob a expressão *lazer digital* as atividades tradicionais de lazer que têm sido digitalizadas com as novas formas de lazer ligadas à esfera virtual. Por lazer tradicional digitalizado designamos as atividades de lazer como o jogo Ludo/Parcheesi, agora disponível também *online*. Em relação às chamadas novas formas de lazer, consideramos todo o conjunto de atividades de lazer *online*: redes sociais virtuais, *blogs*, *wikis*, fóruns e comunidades virtuais. Em suma, entendemos o lazer digital como um novo paradigma da experiência de lazer na Espanha, bem como em outros países, onde a tecnologia e a *web* estão presentes.

Entendemos por lazer digital as mudanças abrangentes no fenômeno do lazer. Em outras palavras, as práticas de lazer, independentemente do tempo, do espaço e da atividade realizada, foram modificadas. Portanto, ao distinguir entre espaços de lazer físicos e virtuais, pretendemos simplesmente nos referir à criação de novos espaços e contextos de lazer que tornaram possíveis novas oportunidades para desfrutar do tempo livre. A nosso ver, "Interpretamos o lazer digital na internet não como estar conectado (lazer *online*) em oposição a desconectado (lazer *offline*), mas como permanecer conectados ao mundo social digitalmente construído, não como lazer virtual *versus* lazer real, mas como um novo espaço para buscar relações sociais" (García, López e Samper, 2012, p. 397).

Em conclusão, a essência do lazer está na forma como ele é entendido e nas maneiras pelas quais as pessoas o buscam. O lazer é um valor dominante, mas a verdade é que muitos espanhóis não lhe dão atenção suficiente. "A força transformadora do lazer está no modo como é conceituado, compreendido e transformado em realidade" (Cuenca, 2010, p. 82). Pesquisadores e educadores devem garantir que o lazer seja uma área do desenvolvimento humano. Assim, é importante entender não apenas de que forma a popularidade de determinadas práticas de lazer corresponde a valores dominantes, mas também como os valores definem o lazer. Levando-se em conta a Resolução da Assembleia Geral das Nações Unidas de 19 de julho de 2011 – "A felicidade para um enfoque holístico do desenvolvimento" – e a Declaração de Hangzhou sobre Cultura e Desenvolvimento Sustentável, adotada pela Unesco em 17 de maio de 2013, o fundamental é conscientizar a população sobre as valiosas contribuições que o lazer proporciona ao desenvolvimento humano. O lazer que promove valores, desenvolve capacidades, protege a diversidade cultural, estimula o bem-estar, aumenta o empoderamento e garante o convívio é o objetivo de nossa abordagem do lazer na Espanha.

04 referências

Aristegui, I. e Ayerbe, M. (2010). *Un individualismo placentero y protegido. Cuarta Encuesta Europea de Valores en su aplicación a España*. Bilbao: Universidade de Deusto.
Castells, M. (org.). (2016). *A sociedade em rede*. São Paulo: Paz e Terra.
Cuenca, M. (2006). "Pedagogía del ocio: Una aproximación global". Em: Cuenca Cabeza, M. (org.), *Aproximación multidisciplinar a los Estudios de Ocio* (83. or.). Bilbao: Universidade de Deusto.
Cuenca, M. (2010). *Ocio humanista, dimensiones y manifestaciones actuales del ocio*. Bilbao: Universidade de Deusto.
Cuenca, M., Aguilar, E. e Ortega, C. (2010). *Ocio para inovar*. Documentos de Estudios de Ocio, 42. Bilbao: Universidade de Deusto.
Elogia Marketing e-Commerce e Iab Spain Research (2014). *V Estudio annual Redes Sociales*. Madri: Author.
García Álvarez, E., López, S. J. e Samper, M. A. (2012). "Retos y tendencias del Ocio Digital: transformación de dimensiones, experiencias y modelos empresariales". *Arbor*, 188(754), 395-407.
Igarza, R. (2009). *Burbujas de ocio: Nuevas formas de consumo cultural*. Buenos Aires: La Crujía.

Lomce, L. O. (2013). 8/2013, de 9 de diciembre, Para la mejora de la calidad educativa". Consultado no BOE, 295.
Ministério da Indústria, Energia e Turismo. (2016). Retirado de: <http://estadisticas.tourspain.es/>.
Moreno, A. e Rodríguez, E. (2013). *Informe de la juventud en España 2012*. Madri: Injuve.
Mundy, J. e Odum, L. (1979). *Leisure Education. Theory and Practice*. Hoboken, NJ: John Wiley and Sons.
Ortega Nuere, C. e Bayón, F. (2015). "Cultural Mapping and Urban Regeneration: Analyzing Emergent Narratives about Bilbao". *Culture and Local Governance* (Canadá), 5(1-2), 9-23.
Ortega, C. (2010). *Observatorios culturales. Creación de mapas de infraestructuras y eventos*. Barcelona: Ariel.
Ortega, C., Cuenca, M. e Eizaguirre, A. (2013). Le plaisir dans l'expérience du loisir culturel. Une approche par les Sciences du Loisir. Em: *(G) REVE GENERAL(E)*, pp. 57-62. Bruxelas: Point Contact Culture Wallonie-Bruxelles.
Pine, B. J. e Gilmore, J. H. (1999). *O espetáculo dos negócios*. Rio de Janeiro: Elsevier.
Ruskin, H. e Sivan, A. (org.). (1995). *Leisure Education toward the 21st Century*. Provo, UT: Brigham Young University.
San Salvador del Valle, R. (2009). "A Pleasant and Protected Individualism. Fourth European Values Survey in its Application to Spain El tiempo acelerado". *El País*. Retirado de: <http://goo.gl/w2ktKu>.
San Salvador del Valle, R., Ortega, C. e Cuenca, M. (2014). "Leisure, Making Innovation a Tradition: The Role of Leisure in a Cities Transformation: The Case of Bilbao". *World Leisure Journal*, 56(1), 6-26.
Viñals, A. (2015). *Ocio Conectado: La experiencia de e-ocio de los jóvenes (16-18 años) de Bizkaia.*. Tese de doutorado. Bilbao: Universidade de Deusto.
World Values Survey (2010-2014). Retirado de: <http://www.worldvaluessurvey.org/wvs.jsp>.

lazer, cobertura e aceleração
do tempo nos estados unidos

lazer, consumo e aceleração do tempo nos estados unidos

david scott
universidade texas a&m

Caracterizar o lazer nos Estados Unidos é extremamente difícil, dada a grande diversidade entre os norte-americanos. Religião, geografia, raça e etnia, classe social, gênero, orientação sexual, configurações familiares e diferenças de geração desempenham um papel importante na formação das preferências de lazer e estilo de vida de seus cidadãos. Parece-me, no entanto, que há na cultura norte-americana duas facetas inter-relacionadas que poucas pessoas vivendo nos Estados Unidos podem ignorar ou das quais possam escapar: o consumo e a aceleração do tempo. Conforme mostrarei no capítulo, esses dois fatos sociais dominam a vida dos norte-americanos e exercem uma influência inexorável no lazer e nas escolhas de lazer. É importante notar que muitas de minhas observações se aplicam aos cidadãos mais abastados. No entanto, o consumo e o excesso de trabalho são características marcantes dos Estados Unidos, e poucos norte-americanos estão imunes à sua influência.

Antes de prosseguir, quero compartilhar alguns pontos de vista pessoais. Em primeiro lugar, acredito que a propensão ao consumo dos norte-americanos e o fato de estarem sempre muito atarefados reduz sua capacidade de aproveitar integralmente os benefícios do lazer. Entre outras coisas, o lazer proporciona um contexto para o crescimento pessoal e espiritual, para encontrar e nutrir a comunidade, para a expressão criativa e para o descanso e relaxamento. Na melhor das hipóteses, o lazer ajuda as pessoas a desacelerar, a divertir-se e a entrar em contato com seu espírito interior e a natureza. Para muitos norte-americanos, porém, o tempo de lazer é frenético e um contexto para exibir a riqueza e a posição social da pessoa. A preocupação com bens de consumo e *status* e o excesso de trabalho diminuem a capacidade de viver com simplicidade e de desfrutar da paz e tranquilidade que muitos acadêmicos associam ao lazer no sentido clássico do termo (Pieper, 1952).

Em segundo lugar, parece haver pouca dúvida de que os estilos de vida dos norte-americanos tiveram um impacto deletério sobre a saúde e os recursos naturais do planeta. Eles consomem muito mais recursos naturais e vivem de forma menos sustentável do que qualquer outro povo no mundo (Scheer e Moss, 2012). Eles têm contribuído em grande medida para o aquecimento global, a diminuição da camada de ozônio do planeta, o despejo de resíduos tóxicos em nossos oceanos, lagos e rios, o desflorestamento e a redução da diversidade de espécies. Parece-me que a saúde em longo prazo do planeta exigirá que os norte-americanos (e outros) aprendam como aproveitar seu tempo de lazer sem comprar e usar uma infinidade de bens e serviços.

01   o imperativo do crescimento e o consumo

Não acho que seja possível compreender plenamente o lazer nos Estados Unidos sem primeiro reconhecer a importância que os norte-americanos atribuem ao crescimento econômico e seu efeito sobre o consumo. Políticos e líderes empresariais defendem a conveniência de um crescimento econômico sustentado e a necessidade de crescimento é considerada essencial para a criação de empregos, o progresso humano e o bem-estar de uma comunidade (Antonio, 2013; Glover, 2011; Molotch, 1976). O crescimento econômico é tão valorizado entre os norte-americanos que, segundo Molotch e Logan (1984), muitos líderes comunitários frequentemente não questionam o valor social ou o impacto ecológico de uma indústria, desde que ela gere empregos e riqueza: "Eles convidam o capital a fabricar qualquer coisa – sejam bombas ou botões, tratores ou tanques – em seus próprios quintais" (p. 484). O crescimento econômico continua a ser um importante pilar ideológico na política e no modo de vida dos norte-americanos, e os críticos do crescimento são frequentemente denunciados como antiamericanos e inimigos dos negócios.

O imperativo de crescimento nos Estados Unidos estimulou o avanço de uma cultura de consumo voraz. Os norte-americanos têm fixação na compra de bens e experiências, e os EUA são provavelmente a sociedade mais voltada para o consumo na história do planeta (Schor, 2009). Muitos parecem satisfeitos em trabalhar por muitas horas e em abdicar dos dias de férias para poder comprar coisas e manter um estilo de vida desejado. Nem sempre foi assim. Em meados do século XX, alguns acadêmicos e políticos previam que o aumento da produtividade e o progresso econômico levariam a ganhos significativos no tempo de lazer entre os norte-americanos (Hunnicutt, 1988). De acordo com Schor (1991), projetava-se que, até o final do século XX, "nós poderíamos ter uma semana de trabalho de 22 horas, um ano de trabalho de seis meses ou uma idade-padrão de aposentadoria de 38 anos" (p. 4). Hoje o imperativo de crescimento é tão forte que poucos empregadores norte-americanos consideram seriamente a possibilidade de conceder aos funcionários mais tempo de lazer. Além disso, eles esperam que os norte-americanos que têm empregos em tempo integral trabalhem muitas horas por dia e não utilizem todo o tempo de férias a que têm direito legalmente (Dickey, 2015).

Simultaneamente, enquanto muitos norte-americanos desejam mais tempo de lazer (De Graaf e Batker, 2011), há poucas evidências de que aceitariam um grande aumento no tempo livre se isso significasse alterar significativamente seus estilos de vida e abandonar o consumo. De fato, o consumo permeia o lazer e o estilo de vida nos Estados Unidos e, segundo Ritzer (2010), assumiu quase que uma qualidade religiosa ou sagrada. Ele observou ainda que grandes "catedrais de consumo" (por exemplo, *shoppings*, estádios esportivos modernos, Disneylândia, restaurantes temáticos) motivam as pessoas a visitar e praticar a sua "religião do consumidor" (p. 7). Os norte-americanos estão inundados de bens de consumo e serviços. Os abastados, por exemplo, conseguem comprar casas grandes e espaçosas que incluem os mais recentes e mais caros sistemas de entretenimento, roupas de grife, alimentos e bebidas selecionados e os mais novos aparelhos eletrônicos. Ao mesmo tempo, muitos se dão ao luxo de passar férias em locais exóticos, associar-se a clubes de campo e *spas* de saúde e comprar os ingressos da temporada para torcer por seus times universitários e/ou profissionais favoritos.

02 consumo e busca de *status*

Para a grande maioria dos norte-americanos, as necessidades de subsistência são facilmente atendidas, o que significa que muito do que consomem pode ser explicado por sua necessidade de manter as aparências. Analisarei essa afirmação com base nas ideias apresentadas por Thorstein Veblen (1899) em seu clássico *A teoria da classe ociosa*. As ideias de Veblen sobre a busca de *status* constituem um arquétipo importante para a compreensão do lazer nos Estados Unidos de hoje (Scott, 2010, 2013). Um ponto central em *A teoria da classe ociosa* é que as pessoas estão conectadas com a ideia de elevar sua posição social aos olhos de seus pares. Veblen utilizou a expressão *emulação pecuniária* para descrever um motivo profundamente arraigado, que compele as pessoas a buscar comparações favoráveis (ou simplesmente *status*) em relação a outras. Um método importante utilizado pelos norte-americanos que lutam por *status* é dedicar-se ao que Veblen chamou de consumo conspícuo. Isso significa que compram bens e serviços e os exibem para mostrar sua riqueza e posição social. Embora muitos dos bens e serviços que os norte-americanos compram tenham valor prático e lhes proporcionem conforto,

Veblen afirma que muitas dessas mesmas compras significam façanha, *status* e prestígio. Essa expectativa ajuda a explicar a atração por roupas de grife e equipamentos de recreação de alta tecnologia, a contratação dos serviços de nutricionista pessoal, esteticista de animais de estimação e babás, e a opção por tirar férias num hotel cinco estrelas. Esses e outros bens e serviços de luxo ajudam os norte-americanos a exibir sua posição social tanto para os seus pares quanto para os que estão abaixo deles socialmente.

Os bens e serviços que os norte-americanos rotineiramente consomem têm uma qualidade garantida. A maioria deles não é especialmente introspectiva sobre seus hábitos de consumo e não está plenamente consciente de que se dedica a um consumo conspícuo. Na verdade, muitos deles provavelmente veem os bens e serviços que consomem como necessidades e não como luxo. Como observou Veblen (1899), quando as pessoas alcançam um padrão de vida específico, esse padrão assume a forma de hábito e elas relutam em retroceder. Esse ponto de vista é alimentado pela certeza de que uma boa vida nos Estados Unidos depende de comprar e de se cercar de bens (de Graaf, Wann e Naylor, 2014). De fato, muitos norte-americanos compram toda uma gama de produtos e serviços de luxo como se suas vidas dependessem disso.

As opiniões dos norte-americanos sobre moda e consumo conspícuo tomam forma desde a infância e já estão bem estabelecidas quando eles entram na fase adulta. Schor (2009) observou que técnicas sofisticadas de *marketing* chegam aos jovens de modo a torná-los "repositórios de conhecimento e consciência de consumidor" (p. 11). Ela destacou ainda que os mundos sociais das crianças "são cada vez mais construídos em torno de consumo, pois marcas e produtos passam a determinar quem está 'por dentro' ou 'por fora', quem está 'na moda' ou não, quem merece ter amigos ou *status* social" (p. 11). Hoje em dia, muitos norte-americanos crescem sentindo-se no direito de possuir uma infinidade de bens, serviços e oportunidades que dificilmente estavam disponíveis para gerações anteriores. Como já mencionei em outro lugar (Scott, 2010), meus alunos da faculdade aceitam sem questionar o fato de ter suas próprias picapes, seus computadores e seus telefones celulares. Também não acham extraordinário ter cartões de crédito em seu nome, morar em condomínios de luxo e possuir dinheiro suficiente para comprar cafés caros no Starbucks. Muitos deles têm cães com *pedigree*, frequentam academias privadas de ginástica, pagam para ter manicures e viajam para fora do estado durante as férias de primavera. Tenho certeza de que meus alunos sentiriam dificuldades se passassem pela faculdade com menos.

Poucos norte-americanos parecem felizes com seus bens e serviços atuais. Veblen (1899) afirmou que os padrões de emulação evoluem continuamente, o que dá origem a uma gradual insatisfação com o estilo de vida atual: "Mas assim que uma pessoa faz novas aquisições e se acostuma com a riqueza resultante, o novo padrão deixa imediatamente de proporcionar uma satisfação consideravelmente maior do que o padrão anterior" (p. 31). Assim, meus alunos da faculdade graduaram-se para obter mais automóveis luxuosos, casas, sistemas de entretenimento, clubes de golfe e destinos de férias e agora depreciam os mesmos bens e serviços dos quais antes não conseguiam prescindir.

Schor (1991) observou que em 1990 os trabalhadores nos Estados Unidos conseguiam reproduzir o padrão de vida de 1948 em metade do tempo. Ela concluiu que os norte-americanos poderiam trabalhar menos de 20 horas por semana e ainda manter o mesmo padrão de vida que tinham apenas algumas gerações atrás. No entanto, ressaltou que os estilos de vida nos Estados Unidos são orientados para um "ciclo insidioso de trabalho e gasto" (p. 127). Mas a verdade é que os norte-americanos preferem bens e serviços em vez de tempo de lazer. A meu ver, esses cidadãos em geral acreditam que seu *status* entre os pares será julgado com base nas aparências e não pelas habilidades e prazer que obtêm durante o seu tempo de lazer. Manter as aparências faz com que os norte-americanos acreditem que precisam de todos os bens e serviços que o dinheiro pode comprar.

03   excesso de trabalho e aceleração do tempo

Até agora argumentei que o consumo e a busca de *status* são essenciais para a compreensão do lazer nos Estados Unidos de hoje. Aqui volto minha atenção para um segundo conjunto de ideias que fornecem *insights* sobre o lazer dos norte-americanos: a aceleração do tempo. Uma característica marcante dos Estados Unidos é o ritmo acelerado da vida cotidiana. De fato, estar sempre atarefado descreve a vida de muitos norte-americanos e tornou-se uma poderosa expectativa cultural (Schulte, 2016). Estar ocupado é uma fonte de orgulho e virtude, e seu oposto – ociosidade, ou pior, preguiça – é algo suspeito e repreensível. O excesso de trabalho, porém, tem cobrado um custo, pois os norte-americanos muitas vezes se sentem sobrecarregados e estressados por não terem tempo suficiente durante o dia para fazer todas as coisas que gostariam. Como mostrarei a seguir, a aceleração do tempo faz com que os norte-americanos busquem o lazer sem perder de vista a maximização do rendimento do tempo.

Antes de prosseguir, é importante identificar os fatores que alimentaram a aceleração do tempo nos Estados Unidos. Talvez o fator mais importante esteja ligado ao padrão de vida e ao insaciável apetite material. Como mencionei acima, poucos norte-americanos consideram suficientes os bens e serviços de que dispõem. A doutrina "mais é melhor, maior é melhor e novo é melhor" soa verdadeira para muitos norte-americanos. Tudo isso se reflete no lazer, pois quanto mais bens e serviços são adquiridos, maior a demanda de tempo para consumi-los. Como inteligentemente observado por Staffan Linder (1970) em seu clássico *The Harried Leisure Class* [A classe do lazer apressado, em tradução livre], o consumo toma tempo. Quanto mais bens e serviços os norte-americanos compram, mais problemático fica dedicar tempo suficiente para desfrutar de tudo. O consumo e o excesso de tarefas estão, de fato, estreitamente ligados.

Outro fator envolvido é que os Estados Unidos têm testemunhado uma proliferação de tecnologia que aumentou a quantidade de informação disponível e a velocidade com que ela é disseminada. A internet e a televisão a cabo, em especial, bombardeiam os norte-americanos com notícias de todo o mundo e uma avalanche de opções sobre como podem gastar seu tempo e dinheiro. Embora toda essa informação tenha tornado-os mais conscientes dos problemas do mundo, muitos se sentem sobrecarregados com a quantidade de informações que inevitavelmente encontram. Gleick (2000) retratou esse sentimento num livro intitulado *Acelerado: a velocidade da vida moderna*. Ele observa ironicamente que a "Era da informação nem sempre significa informação em nossos cérebros... Às vezes sentimos que significa informação passando assobiando por nossos ouvidos à velocidade da luz, rápido demais para ser absorvida" (p. 87). Ser um cidadão e consumidor bem informado nos Estados Unidos de hoje exige um investimento crescente em tempo e energia.

Um terceiro fator que tem contribuído para a aceleração do tempo é a tendência dos norte-americanos a maximizar a eficiência. Rifkin (1987) argumentou que a eficiência é um valor dominante nos Estados Unidos e tem "penetrado em nossas vidas econômica, social e cultural e até mesmo em nossa vida pessoal e religiosa" (p. 127). Nos últimos trinta anos, inovações tecnológicas associadas aos computadores reduziram a quantidade de tempo para a conclusão de tarefas rotineiras e, portanto, aceleraram os padrões norte-americanos em relação à pontualidade. Eles passaram a esperar resultados rápidos em praticamente tudo, incluindo internet e *e-mail*, compras, rotina de exercícios, culinária, viagens aéreas, serviços postais e até mesmo relacionamentos. Ao se deparar com longas filas e atrasos, as pessoas geralmente ficam ansiosas e sentem o tempo se esvaindo.

Por fim, a aceleração do tempo nos Estados Unidos decorre do fato de que a quantidade de tempo de lazer nas últimas décadas mudou pouco. Durante a maior parte do século XX, os norte-americanos em geral observaram, de fato, um aumento no tempo de lazer e uma semana de trabalho reduzida (Aguiar e Hurst, 2006; de Grazia, 1962; Robinson e Godbey, 1997). No final do século XX e início do XXI, os ganhos no tempo de lazer estagnaram. De acordo com as estatísticas divulgadas pela American Time Use Survey, em 2014 os norte-americanos utilizaram diariamente em média 5,3 horas em lazer e esportes. Essa estatística é quase idêntica à média relatada na pesquisa de 2004 (5,2 horas). Schor (1991) relatou que os norte-americanos que tinham empregos em período integral realmente sentiram uma erosão do tempo de lazer na última parte do século XX. Ela atribuiu essa diminuição a jornadas semanais mais longas, ao aumento no tempo de deslocamento para o trabalho e à diminuição nas folgas remuneradas. Schor concluiu que os norte-americanos estavam realmente trabalhando mais do que em décadas anteriores. Muitos sonham com uma vida de lazer e sem a pressão constante do trabalho e das obrigações. Esse sonho parece ilusório. É justo dizer que o tempo de lazer não acompanhou o ritmo de suas próprias demandas crescentes.

Agora volto minha atenção para como o excesso de trabalho e a aceleração do tempo afetaram o lazer nos Estados Unidos. De modo geral, com a aceleração do tempo os norte-americanos passaram a se dedicar ao que Linder (1970) chamou de consumo acelerado. Ou, de forma mais simples, diante do excesso de trabalho, as pessoas procuraram aumentar o rendimento do tempo de lazer tornando-o mais produtivo e eficiente. Os norte-americanos fazem isso pelo menos de três maneiras.

Uma das maneiras de acelerar o consumo é adotando o que Linder (1970) chamou de comportamento de uso intensivo de bens. Além de terem valor por proporcionar *status*, os bens ampliam o rendimento do tempo porque aumentam o tempo de lazer. Dispositivos tecnológicos que podem ser manuseados são particularmente úteis e passaram a ser os recursos básicos para uso do tempo de lazer pelos norte-americanos. *Smartphones*, por exemplo, podem servir para tirar fotos ou gravar vídeos de uma noitada, que então são compartilhados com outras pessoas por mensagens de texto e pelas redes sociais. Da mesma forma, as televisões inteligentes permitem aos usuários baixar filmes, acessar programas a cabo e jogar *online* em grandes telas de plasma. As atividades de recreação ao ar livre podem se tornar mais produtivas com a incorporação de equipamentos e tecnologia de ponta, incluindo lunetas de reconhecimento, rastreadores GPS, barracas com energia solar, detectores de metal, carregadores de celular com energia solar e fornos portáteis de propano. Esses e outros objetos são valorizados pelos norte-americanos porque tornam as atividades de lazer mais produtivas e aumentam o rendimento do tempo dedicado a ele.

Uma segunda maneira pela qual as pessoas procuram maximizar o rendimento do lazer é praticando o que Linder (1970) chamou de consumo simultâneo. Como o próprio nome sugere, isso ocorre "quando o consumidor tenta desfrutar de mais de um item de consumo ao mesmo tempo" (p. 79). Vários exemplos do cotidiano dos Estados Unidos indicam que essa forma de consumo acelerado é frequentemente praticada. Os norte-americanos costumam fazer exercícios em academias utilizando equipamentos caros, ao mesmo tempo que leem ou assistem à televisão. O prazer de uma família que visita o zoológico pode ser ampliado tirando fotos e/ou enviando mensagens de texto para parentes e amigos. Conheço poucos norte-americanos que realmente ouvem música sem fazer outras coisas ao mesmo tempo, incluindo cozinhar, socializar, dirigir e correr. O consumo simultâneo é parte integrante da organização de eventos esportivos de massa. Como já mencionei em outro lugar (Scott, 2013), "Organizadores [...] incorporam apresentações de música e dança, brindes, concursos e uma variedade de outras atividades auxiliares que ajudam os espectadores a sentirem que estão extraindo o máximo de sua participação" (p. 114).

Linder (1970) previu que as atividades de lazer que facilitam o consumo simultâneo tendem a se tornar mais populares que os passatempos que não o fazem. A onipresença da televisão nos Estados Unidos reforça essa premissa. Mais da metade do tempo de lazer de todos os norte-americanos em 2014 foi gasta assistindo à televisão (American Time Use Survey, 2014). A penetração da televisão nos Estados Unidos decorre do fato de requerer atenção relativamente baixa e permitir que os usuários façam outras coisas ao mesmo tempo. Enquanto assistem à televisão, as pessoas conseguem "vestir-se, barbear-se, fazer suas refeições, fumar, tricotar, dobrar roupas, fazer palavras cruzadas, falar ao telefone, navegar na internet, enviar mensagens de texto e passar um 'tempo de qualidade' com amigos e familiares" (Scott, 2013, p. 114).

O declínio de um jogo de cartas popular nos Estados Unidos, o *bridge*, pode estar relacionado com a aceleração do tempo. Destaquei em outro lugar (Scott, 1991) que o número de jogadores de *bridge* nos Estados Unidos começou a diminuir (drasticamente) após os anos 1950. A diminuição deve-se em grande parte ao fato de os *baby boomers* e as gerações seguintes não terem aprendido ou não quererem jogá-lo. Minha conclusão foi que o jogo não é intensivo no uso de bens, requer muito tempo para ser aprendido e dominado, e não se presta ao consumo simultâneo. Hoje o bridge é jogado principalmente por adultos mais velhos que aprenderam a jogar décadas atrás, quando estavam em seus anos de formação.

Finalmente, o excesso de trabalho resulta em norte-americanos acelerando o tempo necessário para praticar atividades de lazer (Rifkin, 1987; Robinson e Godbey, 1997). Esse comportamento pode implicar a busca de atividades de lazer de menor duração. Por exemplo, restaurantes de *fast food* e jantares de micro-ondas reduziram o tempo para preparar e consumir uma refeição. Esportes profissionais e recreativos impuseram limites na duração do jogo, o que diminuiu a quantidade de tempo necessária para assistir ou jogar. Uma empresa chamada getAbstract© ajuda os assinantes a se instruir oferecendo resumos de livros em cinco páginas, que podem ser lidos em dez minutos. Os resumos são comercializados como o caminho mais rápido para ampliar seus conhecimentos de negócios.

Como destaquei em outro lugar (Scott, 2013), a tecnologia tem desempenhado um papel importante na aceleração do lazer nos Estados Unidos. Há duas décadas, os leitores de CDs quase eclipsaram os toca-discos e os toca-fitas como veículos para ouvir música. Enquanto os sistemas de entretenimento mais antigos necessitavam de frequentes trocas de discos ou fitas, os *CD-players* podiam ser pré-programados de forma a eliminar o tempo necessário para trocar a seleção de músicas. Os aparelhos de mídia portáteis de hoje levaram os leitores de CDs a parecer antiquados. As seleções de canções estão disponíveis literalmente na ponta dos dedos e reduziram o tempo necessário para consumir música. Avanços tecnológicos semelhantes reduziram o tempo para assistir a programas de televisão e filmes. Os antigos gravadores de videocassete (VCRs) permitiram que as pessoas gravassem programas de televisão e os assistissem numa fração do tempo, acelerando os comerciais. Os DVDs e o *streaming* digital agora eclipsaram os VCRs em razão de sua capacidade de abreviar o tempo requerido para baixar programas de televisão e filmes desejados.

04 conclusões

Neste capítulo procurei explicar o lazer dos norte-americanos em termos de consumo e de aceleração do tempo. Esses dois fatos são tão disseminados que influenciam os cidadãos independentemente de gênero, raça e etnia, classe social, idade, orientação sexual e religião. Existe uma ligação tão estreita entre lazer e consumo nos Estados Unidos que me pergunto se muitos de meus compatriotas têm a capacidade de aproveitar plenamente seu tempo de lazer sem bens e serviços. Também me pergunto se eles conseguem desfrutar de experiências e apreciar a simplicidade da contemplação silenciosa. Não há indicação, no entanto, de que as pessoas estejam dispostas a mudar seu comportamento de lazer intensivo no uso de bens. As tendências dos norte-americanos em manter as aparências e as pressões de tempo que os estimulam a maximizar o rendimento do tempo livre significam que o consumo e o lazer continuarão inexoravelmente ligados nos Estados Unidos. Como observei na introdução, a preocupação dos norte-americanos com o *status* e o excesso de trabalho comprometem sua capacidade de aproveitar mais plenamente os benefícios do lazer. Isso também tem impactos devastadores sobre a saúde do nosso planeta.

05   referências

Aguiar, M. e Hurst, E. (2006). "Measuring Trends in Leisure: The Allocation of Time Over Five Decades". *Quarterly Journal of Economics*, 122, 969-1006.

American Time Use Survey (2001). "Table A-1. Time Spent in Detailed Primary Activities and Percent of the Civilian Population Engaging in Each Activity, Averages per Day by Sex, 2014 Annual Averages". Retirado de: <http://www.bls.gov/tus/tables/a1_2001.pdf>.

Antonio, R. J. (2013). "Plundering the Commons: The Growth Imperative in Neoliberal Times". *The Sociological Review*, 61(S2), 18-42.

De Graaf, J. e Batker, D. K. (2011). *What's the Economy For, Anyway? Why It's Time to Stop Chasing Growth and Start Pursuing Happiness*. Nova York: Bloomsbury Press.

De Graaf, J., Wann, D. e Naylor, T. H. (2014). *Affluenza: How Consumption is Killing Us – and How We Can Fight Back* (3. ed). São Francisco: Barrett-Koehler Publishers.

De Grazia, S. (1962). *Of Time, Work and Leisure*. Nova York: The Twentieth Century Fund.

Dickey, J. (1º jun. 2015). "Save Our Vacation". *Time*, 44-49.

Gleick, J. (2000). *Acelerado: a velocidade da vida moderna*. Rio de Janeiro: Elsevier.

Glover, T. (2011). "Where does Growth for Growth's Sake Lead Us? Peak Oil, Climate Change, and the Challenge of Sustainability". Em: Paisley, K. e Dustin, D. (org.). *Speaking Up and Speaking Out: Working for Social and Environmental Justice through Parks, Recreation, and Leisure Studies* (pp. 105-15). Urbana, IL: Sagamore.

Hunnicutt, B. (1988). *Work without Ends: Abandoning Shorter Hours for the Right to Work*. Filadélfia: Temple University Press.

Linder, S. B. (1970). *The Harried Leisure Class*. Nova York: Columbia University Press.

Molotch, H. (1976). "The City as a Growth Machine: Toward a Political Economy of Place". *American Journal of Sociology*, 82, 309-32.

Molotch, H. e Logan, J. (1984). "Tension in the Growth Machine". *Social Problems*, 31, 483-99.

Pieper, J. (1952). *Leisure: The Basis of Culture*. Nova York: Mentor Books.

Rifkin, J. (1987). *Time Wars: The Primary Conflict in Human Society*. Nova York: Henry Holt.

Ritzer, G. (2010). *Enchanting a Disenchanted World: Continuity and Change in the Cathedrals of Consumption* (3. ed.). Los Angeles: Sage Publications.

Robinson, J. P. e Godbey, G. (1997). *Time for Life: The Surprising Ways Americans use Their Time*. University Park, PA: The Pennsylvania State University Press.

Scheer, R. e Moss, D. (2012). "Use It and Lose It: The Outsize Effect of U.S. Consumption on the Environment". Retirado de: <http://www.scientificamerican.com/article/american-consumption-habits>.

Schor, J. B. (1991). *The Overworked American: The Unexpected Decline of Leisure*. Nova York: Basic Books.

Schor, J. B. (2009). *Nascidos para comprar*. São Paulo: Gente.

Schulte, B. (2016). *Sobrecarregados*. São Paulo: Figurati.

Scott, D. (1991). "A Narrative Analysis of a Declining Social World: The Case of Contract Bridge". *Play & Culture*, 4(1), 11-23.

Scott, D. (2010). "Research Reflection: What would Veblen say?". *Leisure Sciences*, 32, 288-94.

Scott, D. (2013). "The Leisure Class: From Veblen to Linder to MacCannell". Em: Blackshaw, T. (org.). *The Routledge Handbook of Leisure Studies* (pp. 110-19). Londres: Routledge.

Veblen, T. (1899). *The Theory of the Leisure Class: An Economic Study of Institutions*. Nova York: Macmillan.

lazer em gana:
de onde e para onde?

aaron yankholmes
instituto de estudos do turismo (macau)

Este capítulo lança luz sobre as experiências de lazer vividas pelos ganenses e contribui para a literatura esparsa e limitada sobre estilos de vida no país. Procuro demonstrar como os ganenses dão sentido ao fenômeno do lazer e como esses significados diferem e mudam no espaço e no tempo. Argumento que embora os estilos de vida venham sendo afetados pelas forças da globalização com os avanços nas telecomunicações e na tecnologia, muitas implicações e aplicações do fenômeno do lazer continuam quase desconhecidas. Primeiramente, destaco o contexto ganense para permitir uma avaliação de alguns dos problemas.

Gana (5°33'N 0°12'W) é um país anglófono na África Ocidental, imprensado entre três países francófonos: Burkina Faso ao norte, Costa do Marfim ao oeste e Togo ao leste. O golfo da Guiné forma a fronteira sul. Gana foi o primeiro país africano ao sul do Saara a conquistar a independência da Grã-Bretanha em 1957. Na época da independência, a economia de Gana parecia em boas condições, com produto interno bruto (PIB) semelhante ao da Malásia e da Coreia do Sul (Werlin, 1994). A Costa do Ouro, como Gana era conhecida antes da independência, tinha a maior renda *per capita* da África ocidental e era descrita como colônia modelo (Buah, 1998). No entanto, como a maior parte da África subsaariana, na década de 1980, em função de golpes e contragolpes, o país mergulhou em turbulência política e crise econômica, no que ficou conhecido em toda a África como as *décadas perdidas*. As brilhantes perspectivas de Gana na independência descarrilaram. Muito importante nesse desdobramento é o preço inerentemente volátil e imprevisível dos principais produtos de exportação do país: ouro e cacau. Quando as receitas de exportação diminuem como resultado do declínio das exportações, sucessivos governos sucumbem às políticas econômicas neoliberais ditadas pelas instituições de Bretton Woods (ou seja, Banco Mundial e Fundo Monetário Internacional – FMI), com consequências desastrosas para o padrão de vida dos cidadãos.

Gana compartilha muitas semelhanças com a maioria dos países da sub-região africana com relação às condições sociais, econômicas e ambientais. As rendas são baixas enquanto os níveis de desemprego e de subemprego são elevados. Os habitantes rurais com diplomas de educação básica dirigem-se diariamente às cidades em busca de empregos inexistentes, o que agrava ainda mais a pobreza urbana. De acordo com os dados do censo populacional de 2010, 50,9% dos ganenses vivem em áreas urbanas (Ghana Statistical Service, 2013). A maioria da população vive nos grandes centros urbanos de Acra, Kumasi, Tamale, Sekondi-Takoradi, Cape Coast e Ho. Quase metade dos moradores em cidades vive em Acra e Kumasi, a capital nacional e a segunda maior cidade, respectivamente. Essas duas cidades juntamente com várias outras metrópoles têm a maior parte das comodidades sociais, como água potável, eletricidade, ensino médio e prestação de serviços de saúde. A disponibilidade de instalações na área urbana (principalmente em Acra e Kumasi) tem levado a um crescimento das periferias, colocando uma enorme pressão nos serviços básicos e na infraestrutura, com a maior preocupação sendo a expansão física da zona rural para áreas periurbanas (Simon, McGregor e Nsiah-Gyabaah, 2004; Yeboah, 2003).

Apesar do caos e das realidades deprimentes, as condições de vida são muito melhores que as do campo. Poucos habitantes rurais têm acesso à eletricidade e à água potável. A natureza predominantemente agrária da economia rural significa que o desemprego sazonal é generalizado e que os salários são baixos. O efeito combinado desse tráfego unidirecional chamado de migração rural-urbana tem gerado níveis incontroláveis de urbanização.

Mais pronunciado é o desequilíbrio espacial no desenvolvimento socioeconômico entre o norte e o sul do país, frequentemente atribuído à politica colonial (Langer, 2009). No entanto, apesar das melhores intenções dos sucessivos governos pós-coloniais de industrializar o país por meio da modernização da agricultura, as desigualdades regionais (isto é, a divisão norte-sul) permaneceram praticamente inalteradas até hoje (Songsore, 2003). O sul continua a atrair investimentos industriais por causa da infraestrutura de transporte disponível, enquanto o norte permanece predominantemente agrário, carente e marginalizado. Por conseguinte, as áreas rurais no sul têm maior probabilidade de crescimento econômico do que as do norte.

A grande disparidade no desenvolvimento socioeconômico entre o norte e o sul tem trazido restruturação social, especialmente no sul rural, onde a proporção de domicílios chefiados por mulheres continua crescendo em um ritmo alarmante (Ghana Statistical Service, 2014). Isso, por sua vez, tem atrapalhado os caminhos tradicionais, tornando cada vez mais difícil para as crianças e os jovens atingirem a sociabilidade da fase adulta (Langevang, 2007). Embora os adultos venham impondo as atividades domésticas e externas das crianças, como lavar pratos e tarefas na fazenda, o local de criação desempenha um papel importante na forma como as crianças vivenciam a vida social mais tarde (Esia-Donkoh e Mariwah, 2011).

01 definição de lazer em gana

Este contexto sobre Gana fornece uma base para discutir as principais mudanças sociais e econômicas que afetaram o comportamento de lazer. Etimologicamente, o lazer existe na língua ganense. A palavra *afoufi*, do idioma akan, parece ser derivada de *afaum*, significando cultivar. Dessa ideia surgiu a expressão *ofiri afoum* (originalmente significando retornar do cultivo). Essas palavras estão relacionadas – implicando o elo dialético entre o trabalho e o início do tempo de lazer (Akyeampong e Ambler, 2002). Os ganenses dificilmente mencionam o tempo de lazer, a menos que as exigências de trabalho, alimentação e sono tenham sido satisfeitas. Consequentemente, qualquer período não gasto atendendo as necessidades básicas da vida é considerado frívolo para uma população moral e religiosamente consciente. Assim, levando-se em conta as circunstâncias socioeconômicas prevalecentes em Gana, o trabalho é considerado o maior valor da vida e o lazer, o mais baixo.

O crescente recurso a essa visão clássica do lazer entre os ganenses sobreviveu apesar das mudanças e transformações políticas provocadas pelo colonialismo, pelo pós-colonialismo e pelo desenvolvimento do capitalismo. Em primeiro lugar, a política colonial de desenvolver a metade sul do país trouxe estilos de vida e padrões de consumo cosmopolitas. A maioria dos assentamentos costeiros com colonizadores importantes, como Cape Coast, Sekondi e Acra, foi influenciada pelos estilos de vida e comportamentos europeus. Assim, quase 60 anos depois da independência, são evidentes as disparidades nas condições de vida entre o sul, que teve predominante presença colonial, e o norte, que não teve. As experiências diferenciadas com as culturas europeias ocidentais resultaram em ganenses com grau de instrução intermediário, como advogados, escriturários, comerciantes e trabalhadores semiqualificados domiciliados no sul que possuíam bens materiais e que podiam, portanto, se dar ao luxo de tirar férias e praticar atividades recreativas. Os poucos nortistas educados, por outro lado, consideravam os estilos de vida recém-adquiridos dos sulistas merecedores de imitação. Os administradores e comerciantes coloniais, porém, incentivavam atividades de lazer após o trabalho e nos feriados nacionais, e não toleravam tipos de músicas locais, danças e bebidas alcoólicas, pois estas levavam à devassidão (Plageman, 2013).

Não obstante a proibição, os nativos do país pertencentes à classe trabalhadora lotavam os vários bares, clubes e salas de concertos e danças, reforçando a imagem que os nortistas tinham dos sulistas como pessoas sem preocupações e que só pensam em se divertir. Do ponto de vista do lazer, o norte oferecia um bem-vindo retiro utópico do ritmo frenético de trabalho do sul e subsequente estratificação social baseada em educação, classe, linhagem e associações. Durante os tempos coloniais, principalmente, as sociedades do norte eram predominantemente de famílias rurais vivendo em conjuntos de moradias, cuja vida social era organizada em um cenário local e definida pela cultura local. A esse respeito, o norte espelhava o estilo de vida ganense ideal, que parecia ausente no sul de Gana.

Quando veio a independência em 1957, muitas pessoas esperaram e aspiraram a um estilo de vida que abrangesse tanto o trabalho quanto o lazer nas proporções corretas, mas isso nunca se concretizou. As fortes disparidades nas oportunidades de lazer (ou seja, instalações e atividades relacionadas) entre as áreas urbanas e rurais impactam na forma como os indivíduos passam seu tempo livre e em suas atitudes quanto ao lazer. As áreas urbanas geralmente têm instalações de lazer relativamente melhores que as áreas rurais. A simples existência de instalações de lazer – mesmo em formas rudimentares – é importante para distinguir os que têm lazer daqueles que não têm lazer. Embora Gana sempre tenha sido predominantemente rural até o último censo de 2010, lazer como tempo livre de responsabilidades relacionadas com o trabalho é principalmente um fenômeno urbano.

A cultura tradicional ganense sempre esteve ligada à ruralidade. A narrativa de histórias, a poesia e a música folclórica tiveram origem na zona rural. Porém, desde os tempos coloniais, os estilos de vida urbanos são vistos como superiores aos das áreas rurais. Os moradores urbanos são os primeiros a adquirir novas posses materiais, como automóveis, rádios e aparelhos de televisão, e a experimentar novos estilos de vida modernos. As pessoas urbanas não apenas ganham prestígio social por poderem pagar tais comodidades, como também essa associação mostra evidências de uma vida de lazer.

Existem vários relatos de diferentes aspectos do estilo de vida urbano (Plageman, 2013). Embora eu não consiga abordar todos eles neste espaço, forneço uma visão geral de como o significado de lazer evoluiu. Conforme mencionei anteriormente, as desigualdades estruturais na sociedade ganense muitas vezes ditam a forma como as pessoas descobrem o significado de lazer, seu potencial de lazer e a importância do lazer em suas vidas. Portanto, o *status* socioeconômico, especialmente os níveis de renda e educação, é o principal determinante da definição do lazer. Para as pessoas que lutam para sobreviver, o lazer é uma arena de marginalização social, em forte contraste com os ganenses da classe média baixa e da classe trabalhadora que sentem que a viagem de lazer é um luxo em seu tempo livre. Além de não pegar férias, uma tendência estabelecida desenvolveu-se quando funcionários públicos, incluindo altos funcionários e operários em áreas urbanas, renunciam às férias anuais em troca de pagamento.

Para os ganenses sem uma casa de classe média (ou seja, casas com TVs de tela plana, equipamentos de DVD e móveis luxuosos), beber ao ar livre com amigos e familiares tornou-se um passatempo nacional, especialmente nas cidades e vilas. Esse hábito se espalhou na última década como parte da crescente popularidade dos jogos de futebol europeus. Tanto entusiastas do futebol quanto torcedores fanáticos de times de futebol europeus se amontoam em torno de telas de televisão gigantes do lado de fora dos bares, bem como em áreas rurais apertadas, para torcer e discutir sobre o jogo.

Os poucos cidadãos da classe alta e da classe média alta, em sua maioria, vão às compras em enormes lojas de departamento e shopping centers, que em anos recentes tornaram-se parte integrante da paisagem urbana de Acra e Kumasi. Eles costumam patrocinar as artes e a se envolver em passatempos exclusivos e de *status* elevado, e, às vezes, atividades decadentes como apadrinhar prostitutas, festas extravagantes, exagerar em álcool/drogas, sexo extraconjugal e postar vídeos pornográficos nas mídias sociais. Algumas pessoas usam carros particulares para fugir das grandes cidades e ir para spas nas proximidades. Esse grupo tem maior probabilidade de se envolver ativamente em passatempos de recreação e férias no exterior. Férias no exterior têm pouco a ver com lazer e recreação diários, mas refletem o bem-estar econômico dos viajantes e sua capacidade de ganhar prestígio social.

02 tempo livre e participação no lazer

Questões culturais, sociais, econômicas e ambientais, tais como valores sociais, religião, renda pessoal e tecnologia, afetam o comportamento de lazer. Apesar do aparente aumento de importância da recreação, dos esportes e do entretenimento nas vidas de alguns ganenses, pouco se sabe empiricamente sobre o lazer. A falta de dados em uma ampla gama de fenômenos como saúde, habitação, educação e atividade econômica é surpreendente. Mesmo quando existem, os dados são muitas vezes enganosos e irrelevantes em relação a uma compreensão prática e teórica do lazer. Talvez o lazer não seja suficientemente importante para justificar o custo da coleta de tais informações pelo Ghana Statistical Service (GSS), que é o órgão legal responsável pelo censo populacional, cálculo das taxas de inflação mensal e anual, padrões de vida e outras estatísticas oficiais. Por exemplo, o Censo de População e Habitação de 2010 coletou dados sobre dias e horas trabalhados pelos empregados do setor formal. No entanto, não foram feitas perguntas sobre a disposição ou disponibilidade de trabalhar mais horas. Em geral, a semana de trabalho de

40 horas é a norma, especificada em acordos coletivos e outros regulamentos trabalhistas. A aplicação do limite de 40 horas por semana às informações coletadas permitiu obter uma indicação dos prováveis níveis de subemprego entre a população ocupada. O relatório mostrou que menos de um décimo (9%) da mão de obra trabalhava menos de 20 horas por semana; na verdade, apenas um quinto (21%) trabalhava menos de 30 horas.

De longe, a fonte de informação mais importante sobre as condições de vida, incluindo atividades de lazer, é a Pesquisa de Padrões de Vida de Gana (*Ghana Living Standards Survey* – GLSS; Ghana Statistical Service, 2014). De acordo com as estatísticas, viajar para visitar amigos e familiares continua a ser o principal objetivo para viagens domésticas e ao exterior entre os ganenses, especialmente em Acra e arredores. Diferenças de gênero no comportamento de viagem também foram observadas no relatório GLSS. Uma proporção maior de homens fez uma viagem ao exterior no mesmo dia, em comparação com as mulheres. Mais mulheres do que homens fizeram de 1 a 4 viagens com pernoite. Mais homens viajaram por razões profissionais e de negócios. Mulheres, mais do que homens, tendem a viajar para fora da cidade para visitar familiares e amigos, e participar de funerais. Dado que os ganenses não viajam a lazer ou recreação, existem evidências que parecem sugerir que as expectativas de papel social influenciam esse tipo de viagem. Tradicionalmente, a participação em funerais ou visitas a familiares e amigos são obrigações costumeiras (Akyeampong, 1996). Assim, os preparativos e o trabalho exigido para esse tipo de viagem não é realmente lazer.

Embora governos sucessivos tivessem demonstrado interesse em aspectos do lazer como esportes e recreação física, entretenimento e turismo, nenhum esforço foi feito para coletar dados quantitativos em nível macro sobre estilos de vida de lazer. Por exemplo, no último relatório da GLSS, a avaliação da participação em lazer e recreação foi limitada a algumas poucas observações sobre turismo doméstico (GSS, 2014). Várias questões importantes foram deixadas de fora. Por exemplo, não foi dada prioridade para o lazer em casa. As atividades domésticas mais populares, como assistir televisão/vídeo, relaxar e não fazer nada, não foram incluídas na pesquisa. Não houve inclusão de conversas ao celular, embora o relatório tivesse observado que quatro em cada cinco domicílios do país possuíam um telefone móvel. Mesmo as atividades sociais e culturais que ocorrem fora de casa, atividades religiosas, idas a bares e atividades de manutenção da forma física também estavam faltando. Nenhum dado foi relatado sobre lojas de varejo e comparecimento a espetáculos, artes e esportes. Entre as atividades esportivas, o futebol – de longe a atividade mais popular entre os jovens – não foi coletado no relatório.

Desde os tempos coloniais, os ganenses têm um talento especial para o futebol. Embora sem se classificar para a Copa do Mundo da FIFA até 2006, o país é uma potência no continente e foi o primeiro a vencer por quatro vezes a Copa das Nações Africanas. A história do futebol de Gana também se reflete em sua forte liga nacional, que produziu jogadores de destaque nas principais ligas internacionais de futebol da Europa (Darby e Solberg, 2010). O país também sediou a Copa das Nações Africanas em 2008, o que levou a melhorias na infraestrutura e aumento do turismo (Amenumey & Amuquandoh, 2010).

Entretanto, não se encontram disponíveis dados sobre o tempo de trabalho diário, o tempo de folga diário e o tempo de trabalho anual semanal para a classe trabalhadora, principalmente no setor privado. Relatos orais de amigos e parentes, observação casual e indícios empíricos formaram a base para muitas das minhas opiniões expressas neste capítulo.

03 educação para o lazer

Dados a respeito do tempo livre e da participação no lazer têm sido limitados, assim como as bolsas de estudo sobre lazer. Em geral, os cientistas sociais ganenses, incluindo acadêmicos com interesse específico em estudos sobre lazer e turismo, não tiveram acesso a recursos para conduzir pesquisas empíricas em grande escala. Perante um cenário de aumento do déficit orçamentário e de maior custo do ensino superior, o apoio do governo às universidades públicas, principalmente para pesquisa básica, ficou estagnado nos últimos anos. Na década de 1970, o governo encomendou três relatórios de estudo inovadores que analisaram as ofertas e oportunidades turísticas do país no mercado internacional. O motivo da iniciativa do governo foi o desafio representado pelo grande déficit da balança de pagamentos. Naquela época, a economia havia sido atingida por uma queda acentuada no valor da moeda nacional. Para resgatar a economia em crise, o governo militar na época achou que a existência de alojamentos e instalações esportivas e de entretenimento poderiam atrair visitantes da Europa Ocidental, da América do Norte e do Japão.

A pesquisa acadêmica sobre participação no lazer entre os ganenses é um fenômeno bastante recente. Um motivo é a conotação negativa desse tema na sociedade. Outra razão poderia ser o nível de sensibilidade e a natureza da informação; questões relativas a acesso e disponibilidade de instalações de lazer eram consideradas politicamente inadequadas para estudar ou discutir abertamente, especialmente quando todas as questões socioeconômicas eram vistas por meio de lentes político-partidárias. Dependendo de qual partido político eles apoiam ou simpatizam, muitas vezes com base na etnia, os ganenses não admitem tratar de dificuldades econômicas quando seu partido político está no poder (Fridy, 2007). Após o trabalho pioneiro de Adu-Febiri (1988), demorou 12 anos para que surgisse outro trabalho seminal, de Akyeampong (1996), sobre questões relacionadas com as férias domésticas. Na última década, estudos identificaram padrões de comportamento de lazer (por exemplo, Adam, 2014; Zeleza e Veney, 2003), mas esses trabalhos têm sido muito poucos.

Uma característica dos estudos realizados é que eram principalmente dissertações de mestrado ou doutorado, que tendem a ser mais descritivos. No entanto, esses estudos fornecem um instantâneo da proporção da população envolvida em lazer e atividades culturais, e de variações da participação entre diferentes grupos. Outra característica é que poucos projetos de pós-graduação têm tratado das atitudes e preferências da população em geral (Abugbire, 2013). Os padrões de lazer dos estudantes universitários são considerados mais ativos, pois se beneficiam das diversas atividades de lazer oferecidas nos campi (Yankholmes e Lin, 2012; Adam, Hiamey e Afenyo, 2015). Uma terceira característica importante é que esses estudos focaram os segmentos letrados e profissionais da sociedade. Ao concentrar-se nas populações alfabetizadas e de classe média, os autores talvez esperassem reduzir os casos em que a falta de renda pudesse ser mencionada como motivo para o não envolvimento em atividades de lazer. Por fim, esses estudos utilizaram questionários para coletar informações sobre a participação das pessoas em atividades de lazer ao longo de um período especificado de tempo. Uma nova tendência pós-moderna, especialmente na Europa, é evitar o método de pesquisa e utilizar uma abordagem qualitativa mais abrangente para estudar o fenômeno do lazer. No caso de Gana, as pesquisas são um veículo para coleta de dados empíricos na ausência de um grande esforço nacional de coleta de dados. Além disso, falta uma investigação sobre o papel da deficiência física na participação em lazer, mas Adam (2015) preencheu essa necessidade com sua pesquisa de doutorado realizada na Universidade de Cape Coast (UCC) em Gana.

Como um campo de estudo, os cursos coligados de lazer e turismo são tratados em Gana como diferentes esferas de atividade, e a integração das duas áreas é rara. Na realidade, porém, lazer e turismo são indissociáveis (Smith e Godbey, 1991). O turismo apareceu pela primeira vez como disciplina de graduação em 1996 na UCC. Anteriormente, o governo havia criado o Hotel, Catering, and Tourism Training Institute (HOTCATT) para fornecer formação vocacional em habilidades básicas destinadas a "desenvolver e aprimorar recursos humanos qualificados na indústria do turismo" (Akyeampong, 2007, p. 192). O HOTCATT juntou-se inicialmente com três instituições politécnicas na década de 1990 e atualmente todas as dez instituições politécnicas em Gana oferecem turismo ou hotelaria em nível de graduação. Como o turismo tornou-se popular e foi declarado um setor prioritário para o desenvolvimento por sucessivos governos, houve também um aumento proporcional na popularidade de instituições públicas e privadas de ensino superior oferecendo cursos de turismo ou áreas afins, como administração hoteleira, operações de turismo e agência de viagens. No entanto, a maioria das instituições de educação superior que oferecem programas de turismo não dá muita ênfase a lazer, recreação e áreas afins em seus currículos, apesar de várias novas influências e tendências. Como ex-estudante de turismo na UCC, tive somente três cursos relacionados com o lazer em todo o meu programa de graduação e pós-graduação: lazer e deficiência física, aspectos sociais e psicológicos do comportamento de lazer, e turismo e recreação. Por causa da prioridade na formação em turismo, havia poucos livros didáticos e artigos de revistas sobre lazer sob a perspectiva de Gana. Mesmo quando existiam, eram de autores ocidentais e não ofereciam análises sobre os padrões de participação no lazer entre os ganenses.

Digno de nota ainda é que os currículos de educação física baseados no esporte não estão integrados aos programas de turismo. Tradicionalmente, e educação física é obrigatória nas escolas de ensino fundamental e médio, e incorpora vários esportes e atividades físicas, como futebol, atletismo, basquetebol, netball, hóquei, tênis de mesa e condicionamento físico. Uma boa quantidade de indícios sugere que muitas crianças levam a escola a sério por causa da oportunidade de participar em esportes e jogos em equipe. Por várias décadas, os homens e mulheres esportivos que vestiram as cores nacionais em competições internacionais foram recrutados nas escolas de ensino médio. Talvez a falta de diversificação no currículo de turismo em incorporar lazer e áreas afins tenha levado a um uso mais passivo do tempo de lazer entre os jovens após a conclusão de sua formação escolar.

04 oferta pública de lazer

A prestação de serviços públicos de lazer e seu impacto na cidadania é um assunto fortemente politizado. No entanto, os estudiosos da área de lazer não se intimidaram com a disputa política. A relação entre política e lazer tem recebido atenção acadêmica (por exemplo, Henry, 2001). O foco tem sido geralmente a disponibilidade de serviços de lazer que atendam às necessidades das áreas urbanas e rurais ou os gastos do setor público com serviços de lazer. Dado que o direito ao lazer está consagrado na Declaração Universal dos Direitos Humanos das Nações Unidas (Artigo 27), os governos são obrigados a oferecer oportunidades de lazer para seus cidadãos e garantir que estes otimizem suas experiências de lazer. A justificativa dada é que o lazer contribui significativamente para a melhoria do bem-estar dos indivíduos e das comunidades.

Nas circunstâncias de Gana, predomina a ênfase no turismo em função do patrocínio dado pelos sucessivos governos antes da administração colonial.

Dada sua orientação capitalista, a administração colonial evitou o envolvimento direto no fornecimento de infraestrutura de turismo para a população local. No entanto, chalés de campo foram construídos quando administradores e pessoas da classe média buscaram os benefícios do relaxamento e da recreação. Cabe ressaltar que a intenção de construir os chalés foi mais para os administradores do que para o turismo.

A era logo após a independência de Gana testemunhou a expansão do nacionalismo econômico, que preparou o terreno para o envolvimento do Estado no desenvolvimento do turismo. O governo construiu pousadas em todas as capitais regionais do país. Como seus predecessores coloniais, o objetivo principal era construir infraestrutura para auxiliar o trabalho administrativo, que entre outras coisas envolvia a administração da justiça, a coleta de impostos, o recebimento de petições e a supervisão de governantes locais. O primeiro grande investimento estatal na indústria do turismo foi a construção do Hotel Ambassador em 1956 para hospedar os dignitários esperados na cerimônia de independência. O investimento público na indústria do lazer cresceu até meados da década de 1980, quando empresas estatais foram colocadas à venda após a implementação no país do programa de Ajuste Estrutural proposto pelo Banco Mundial e FMI (Akyeampong, 2009). Os programas foram executados em duas fases (1984-1986 e 1987-1992) pela junta militar no âmbito do Programa de Recuperação Econômica para atrair investimento direto e revitalizar a economia. Atualmente, o investimento na indústria é de empresas nacionais e estrangeiras, com o governo nacional fornecendo o ambiente favorável à formulação e implementação de políticas, bem como criando marcos regulatórios que assegurem um desenvolvimento justo, transparente e sustentável. O governo nacional também se une às autoridades locais na promoção de produtos turísticos. O exemplo mais recente é o Festival de Parapente nas montanhas do distrito Kwahu da região leste, que se tornou um enorme sucesso atraindo grande número de turistas do país. Os pilotos são trazidos de todo o mundo pelo governo.

Esses desdobramentos recentes levantam a questão de saber se o governo agora tem um incentivo para renegar o seu compromisso de melhorar a qualidade de vida da população em geral por meio do lazer, uma vez que pode satisfazer demandas políticas por mais participação público-privada na economia sem atender às necessidades de serviços sociais da população. Questões sobre se o governo deve em geral tornar-se menos intervencionista têm aumentado nas últimas três décadas. Persiste, no entanto, um flagrante subfornecimento de instalações de lazer e recreação tanto nas áreas urbanas quanto rurais.

Em minha opinião, é vital que se criem instituições públicas para administrar políticas sobre vários aspectos do lazer e da recreação para melhorar as oportunidades de lazer. Aumentar os padrões de habitação em áreas urbanas e periurbanas e melhorar os ambientes de lazer em casa e perto de casa são temas recorrentes. As iniciativas na área de turismo esportivo serão necessárias não apenas para as cidades mais pobres, mas também para populações de baixa renda nas áreas urbanas, para que seja estimulada uma maior participação no turismo. As áreas rurais também carecem de recursos ao ar livre para recreação ativa. Incentivar as pessoas da classe trabalhadora a tirar férias anuais e as pessoas ricas a passar suas férias dentro do país poderia contribuir para melhorar as condições precárias dos terminais de transporte. Dado que o turismo doméstico tem a ver com visitar parentes e amigos, o espaço habitacional em geral e os padrões de qualidade devem estar ligados ao turismo para proporcionar melhores experiências de lazer.

05 conclusões

O clima político relativamente pacífico e os ganhos modestos no desenvolvimento socioeconômico em Gana durante as últimas duas décadas não devem encobrir as necessidades não atendidas ou o acesso restrito às atividades de lazer entre a maioria dos ganenses. O desafio do século XXI é aumentar a dignidade humana por meio do fornecimento de oportunidades de lazer para toda a população do nosso país.

A necessidade de o governo basear o desenvolvimento e a avaliação de políticas em bons dados quantitativos sobre o tempo livre e a participação no lazer deve ser sempre enfatizada. Além de atender as necessidades da comunidade de pesquisa, os dados também ajudariam e estimulariam as ações do setor público/privado no sentido de aumentar os investimentos no fornecimento de instalações de lazer que garantissem experiências de qualidade. Assim, um dos principais objetivos da pesquisa futura deveria ser o de esclarecer o papel do lazer (isto é, cultura, esportes, recreação, turismo) entre os ganenses. Um segundo objetivo deve ser o de prestar mais atenção à dinâmica das práticas de lazer em ambientes específicos como colégios internos e campi universitários. É fundamental que seja feita uma análise melhor sobre as intervenções de lazer (por exemplo, políticas públicas e estratégias para o lazer), principalmente em relação a como a prestação de serviço público nas áreas de esportes e educação física poderia ser utilizada para combater as atividades relacionadas com o vício entre os jovens. Por último, deve haver uma ênfase maior em examinar a natureza e o desenvolvimento de experiências, escolhas e comportamentos de lazer.

06 referências

Abugbire, J. A. (2013). "Recreational Behaviour of Public Sector Workers in the Bolgatanga Municipality" (dissertação de mestrado não publicada). Department of Hospitality and Tourism Management. Cape Coast, Gana: Universidade de Cape Coast.

Adam, I. (2014). "Gendered Perspectives of Leisure Patterns and Constraints of University Students in Ghana". *Leisure/Loisir*. DOI: 10.1080/14927713.2014.985475.

Adam, I. (2015). "Leisure Participation among People with Disabilities in the Kumasi Metropolis, Ghana" (tese de doutorado não publicada). Department of Hospitality and Tourism Management. Universidade de Cape Coast.

Adam, I., Hiamey, S. E. e Afenyo, E. A. (2015). "Leisure Constraints in the University Setting in Ghana". *Annals of Leisure Research*, 18(1), 145-158.

Adu-Febiri, F. (1988). "Leisure Travel Among Affluent Urban Ghanaians: An Exploratory Sociological Study of Incipient Domestic Tourism" (dissertação de mestrado não publicada). Department of Sociology and Anthropology. Simon Fraser University.

Akyeampong, O. A. (1996). *Tourism and Regional Development in Sub-Saharan Africa: A Case Study of Ghana's Central Region* (tese de doutorado). Department of Human Geography. Universidade de Stockholm.

Akyeampong, O. A. (2007). *Tourism in Ghana: The Accommodation Sub-sector.* Acra, Gana: Janel Publications Limited.

Akyeampong, O. A. (2009). "Structural Adjustment and Tourism Development in Ghana (1985-2005)". *Ghana Social Science Journal*, 5/6(1/2), 1-26.

Akyeampong, E. e Ambler, C. (2002). "Leisure in African History: An Introduction". *International Journal of African Historical Studies*, 35(1), 1-16.

Amenumey, E. K. e Amuquandoh, F. E. (2010). "Residents' Perceptions of the 2008 Confederation of African Cup (CAN 2008) Event". *Journal of Travel & Tourism Research*, 10(1/2), 38-57.

Buah, F. K. (1998). *A History of Ghana*. Londres, UK: Macmillan.

Darby, P. e Solberg, E (2010). "Differing Trajectories: Football Development and Patterns of Player Migration in South Africa and Ghana". *Soccer & Society*, 11(1-2), 118-130.

Esia-Donkoh, K. e Mariwah, S. (2011). "Work and Happiness: Children's Activities in Ghana". *Social Biology and Human Affairs*, 76(1), 15-33.

Fridy, K. S. (2007). "The Elephant, Umbrella, and Quarrelling Cocks: Disaggregating Partisanship in Ghana's Fourth Republic". *African Affairs*, 106/423, 281-305.

Ghana Statistical Service (2013). *2010 Population and Housing Census: National Analytical report*. Ghana Statistical Service.

Ghana Statistical Service (2014). *Ghana Living Standards Survey Round 6: Main Report*. Ghana Statistical Service.

Henry, I. P. (2001). *The Politics of Leisure Policy* (2ª ed.). Houndmills, Basingstoke, Hampshire, UK: Pelgrave.

Langer, A. (2009). "Living with Diversity: The Peaceful Management of Horizontal Inequalities in Ghana". *Journal of International Development*, 21(4), 534-546.

Langevang, T. (2007). "Movements in Time and Space: Using Multiple Methods in Research with Young People in Accra, Ghana". *Children's Geographies*, 5(3), 267-281.

Plageman, N. (2013). *Highlife Saturday Night: Popular Music and Social Change in Urban Ghana*. Bloomington, IN: Indiana University Press.

Simon, D., McGregor, D. e Nsiah-Gyabaah, K. (2004). "The changing Urban-rural Interface of African Cities Definitional Issues and an Application to Kumasi, Ghana". *Environment and Urbanization*, 16(2), 235-247.

Smith, S. e Godbey, G. C. (1991). "Leisure, Recreation and Tourism". *Annals of Tourism Research*, 18(1) 85-100.

Songsore, J. (2003). *Toward a Better Understanding of Urban Change: Urbanization, National Development and Inequality in Ghana*. Acra, Gana: Ghana Universities Press.

Werlin, H. (1994). "Ghana and South Korea: Explaining Development Disparities: An Easy in Honor of Carl Rosberg". *Journal of Asian and African Studies*, XXXIX (3-4), 205-225.

Yankholmes, A. e Lin, S. (2012). "Leisure and Education in Ghana: An Exploratory Study of University Students' Leisure Lifestyles". *World Leisure Journal*, 54(1), 58-68.

Yeboah, I. E. A. (2003). "Demographic and Housing Aspects of Structural Adjustment and Emerging Urban Form in Accra, Ghana". *Africa Today*, 50(1), 107-119.

Zeleza, P. T. e Veney, C. R. (eds.) (2003). *Leisure in Urban Africa*. Trenton, NJ: African World Press.

o caso holandês

jan w. te kloeze
universidade e centro de pesquisa wageningen

Os padrões de tempo livre disponível diferem de um grupo social para outro. A disponibilidade de tempo de lazer talvez não seja o tópico mais discutido nas negociações entre patrões e empregados. No entanto, numa sociedade em que o mercado de trabalho aponta para (o medo da) a robotização (ou seja, a substituição do trabalho das pessoas por máquinas) e a flexibilização (ou seja, o processo de tornar mais flexível o mercado de trabalho), o tempo livre exigirá atenção no futuro. Pesquisas sobre o uso do tempo são importantes a esse respeito, assim como a investigação das mudanças na percepção e no significado do lazer. Uma justa distribuição de tempo livre, trabalho remunerado, cuidados com a saúde e recursos financeiros contribui para a qualidade de vida numa sociedade sob pressão. Neste capítulo apresento dados extraídos principalmente de meus estudos sobre lazer familiar, incluindo o lazer das pessoas e seus significados, e de pesquisas nacionais sobre o uso do tempo desde 1975.

01 os significados de recreação, jogos, esportes, turismo, artes culturais, natureza e atividades ao ar livre relacionados com o lazer

Para começar, analisamos cinco estudos que fornecem informações sobre a maneira como os holandeses de várias origens definem o tempo livre. Esses estudos incluem famílias, donas e donos de casa holandeses, famílias turcas e imigrantes muçulmanos na Holanda, assim como jovens protestantes ortodoxos holandeses.

01.1   famílias holandesas incluindo maridos e esposas

Em 1993 e 1994 realizaram-se pesquisas sobre o significado mútuo de família e lazer em relação à questão do controle que os atores nas famílias holandesas tinham sobre seu lazer e a forma como o usavam (Te Kloeze, 1996). Os entrevistados também foram solicitados a definir lazer.

As dimensões do lazer obtidas com base nas entrevistas foram divididas em cinco categorias: relacionadas ao trabalho (oposto ou adicional), relacional, qualidade do lazer, voltado para si mesmo e social/moral. Os entrevistados mencionaram principalmente palavras relativas à qualidade de vida (por exemplo, "relaxamento", "diversão", "reanimar-se" e "carregar as baterias"), além de palavras que indicavam auto-orientação e autorrealização (por exemplo, "tempo para si próprio"). Essas categorias foram acompanhadas por palavras vinculadas ao trabalho, voltadas para as relações e, finalmente, por termos sociais e morais. Ao levar em conta o gênero, surpreendentemente o "relaxamento" predominou entre as esposas, sobretudo as de áreas urbanas, em detrimento dos maridos. Em relação à localidade, "relaxamento" teve uso equivalente tanto na cidade quanto no povoado rural, enquanto a autorrealização foi considerada mais importante na cidade que no povoado. Finalmente, a condição socioeconômica fez a diferença, uma vez que as palavras do tipo "relação" (por exemplo, parceiro, filhos, família, fazendo coisas juntos) foram mais citadas nos estratos mais baixos. Nos estratos mais altos foi mais frequente o uso da palavra "relaxamento". Termos ligados à religião não foram mencionados. Curiosamente, poucos entrevistados mencionaram espontaneamente atividades e férias com a família.

01.2   donas e donos de casa holandeses

Para os donos de casa, fazer coisas com os filhos é menos importante que administrar a casa e cuidar dos filhos, enquanto as donas de casa viam essas atividades como recreação e lazer determinadas por seu papel de mães (Te Kloeze, 1990). Os donos de casa estabeleceram limites para a recreação decorrente de seu papel. Para eles, algo só é lazer se a pessoa pode escolher, se os filhos também consideram divertido, se a pessoa gosta de fazer e se significa união e sociabilidade.

Os donos de casa pareciam traçar uma linha bem nítida entre administrar a casa e a recreação determinada pelo papel, e entre a recreação determinada pelo papel e a recreação intrínseca. Eles conseguiam distinguir os diferentes tipos de recreação melhor que as donas de casa. Especialmente para eles, o lazer tinha um significado intrínseco.

01.3 famílias turcas na holanda

Homens e mulheres, por meio de sua cultura, trazem consigo determinados pressupostos que implicam um equilíbrio de poder distorcido (Te Kloeze, 2001). A assimetria estava claramente presente nos casais turcos. A relação entre homens e mulheres turcos casados era determinada pelas relações tradicionais de poder, que pareciam estar mais fortemente prescritas nas normas, nos valores e nas tradições da cultura turca do que na cultura holandesa.

A desigualdade de poder também esteve presente na forma como o tempo livre era usado. A ideia de que as mulheres casadas têm direito a tempo livre não era forte entre as mulheres turcas. Os homens turcos, porém, achavam que tinham tal direito e que podiam usar esse tempo para praticar seus *hobbies* no fim de semana ou para ficar no bar ou na mesquita. As mulheres turcas, por sua vez, sentiam-se obrigadas a cumprir as tarefas domésticas e manter as crianças ocupadas.

01.4 imigrantes muçulmanos na holanda

Pesquisa realizada por VandeSchoot et al. (2004) examinou os significados de lazer de imigrantes muçulmanos que vieram para a Holanda. As ideias refletem a diversidade como podemos ver nas seguintes citações sobre o significado do lazer:

- Mulher da Indonésia: tempo livre para relaxar e para *hobbies*; atividades que acalmam e relaxam a mente durante o tempo livre.
- Homem do Iêmen: tempo em que você vai descansar depois de terminar todas as suas obrigações e trabalhos para com parentes, amigos, pessoas, governo e outros.
- Homem do Marrocos: fazer ou participar de atividades esportivas fora do horário de trabalho e depois de cumprir as obrigações do dia a dia.

Esses entrevistados aplicaram o termo "obrigação" a suas atividades religiosas que eram privadas e importantes em seus deveres cotidianos, e claramente diferenciam o lazer da obrigação relativa à religião. Uma mulher somali não via as festas religiosas (por exemplo, casamento) como lazer, e sim como obrigação religiosa. No entanto, um paquistanês via como lazer as obrigações e os rituais religiosos diários, como as orações. Ele disse: "Isso me dá satisfação, alivia o estresse, ajuda a me animar. Não sinto isso como um fardo".

Em todo o conjunto de dados de imigrantes muçulmanos, havia um grau significativo de diferença na forma como as pessoas concebiam a ideia de lazer e a importância deste em suas vidas. Algumas vezes enfatizava-se o significado da religião, outras vezes, não.

01.5 jovens protestantes ortodoxos holandeses

A fé tinha um efeito estimulante nas atividades dos jovens protestantes ortodoxos holandeses (ou seja, protestantes rígidos), que descreveram a frequência à igreja e outros deveres religiosos como a prática do "tempo silencioso" (Te Kloeze, 1993). As crenças religiosas tinham um efeito seletivo no esporte (por exemplo, ao levar à recusa de praticar esportes competitivos, aos domingos ou destinados à elite). Além disso, os protestantes ortodoxos não admitiam discotecas ou atividades aos domingos e restringiam o entretenimento, deixando de frequentar bares, ir ao cinema ou ver TV. De acordo com um entrevistado, o tempo silencioso correspondia ao período "no qual a pessoa está conscientemente concentrada em Deus e na Revelação de Deus". Esse tempo era praticado de várias maneiras, mas a maioria dos jovens dedicava-se a ler a Bíblia, orar, ficar em silêncio e meditar. No estudo de Te Kloeze o tempo silencioso também se referia a:

> Busca pelo semblante de Deus. Pedir a bênção de Deus. Ficar em silêncio. Realmente em silêncio. Ler a Bíblia e coisas assim. Apenas contato e relacionamento. Ficar em silêncio e meditar na Palavra. Refletir em ser totalmente silencioso. Receber orientação e força. Ficar em silêncio para ouvir a voz de Deus também. Eu acho que deveria fazer isso com mais frequência. Ouvir é difícil para mim. Muitas vezes os pensamentos giram em torno da mente.

As atividades do jovem protestante ortodoxo revelaram claramente suas muitas características distintivas, diferentes das de seus pares não religiosos ou de outras religiões.

Alguns desses jovens religiosos não podiam se satisfazer com as atividades seculares, e reagiram contra elas ou se recusaram a participar delas. Esses jovens não iam a bares, discotecas ou cinemas. Não ouviam música contemporânea, nem assistiam a muita televisão. Muitos não praticavam esportes. De acordo com eles, quase todas essas atividades eram voltadas para o homem e deixavam Deus em segundo plano.

Além de um significado implícito de lazer (Kelly, 1987), um significado transcendente (ou seja, o objetivo está em Deus) foi identificado na amostra. Para esses jovens, o tempo gasto em lazer era uma atividade mais transcendente ou social do que intrínseca. O significado do lazer para jovens protestantes ortodoxos ficava entre as normas e os valores tradicionais cristãos da igreja e da família, e a cultura jovem da escola e da mídia.

Analisando em retrospectiva, esses estudos mostram as variações das qualificações de lazer. As diferenças são marcantes quando os fatores dominantes são posição na administração da casa, gênero, condição socioeconômica, religião e etnia. Esse lazer também era influenciado pela história.

02 uma breve história da evolução do lazer na holanda

Pouco se sabe, porém, sobre a história do lazer na Holanda. Uma famosa pintura de Jan Steen, *Het vrolijke huisgezin* (A família feliz), mostra a vida cotidiana no século XVII. É uma cena animada, beirando o caos e a lascívia, a ponto de haver um provérbio holandês, *"een huishouden van Jan Steen"*, (uma casa de Jan Steen) para designar uma situação caótica ou um lugar bagunçado.

Simon Schama (1992) escreveu sobre essa "época de ouro" em *O desconforto da riqueza*. Ele retratou a importância das festas (por exemplo, o carnaval), enquanto o clero calvinista convocava para a penitência. Todos os tipos de brincadeiras infantis foram examinadas (por exemplo, aros, andar de perna de pau), a maioria acompanhada por um tom moral proferido pelos autores daquela época. Infelizmente, Schama não explicou por que os holandeses ficaram tão ricos graças ao colonialismo.

No século XIV, quando os canais estavam congelados, eles gostavam de bater numa bola com uma longa vara no gelo. São bem conhecidos os quadros com esquiadores (por exemplo, um famoso de Hendrick Averkamp, pintado aproximadamente em 1608).

Outro exemplo é a prática de ginástica. O primeiro clube de ginástica na Holanda foi fundado em 1930. Pode-se dizer que a recreação começou por volta de 1900. O primeiro letreiro em forma de cogumelo da ANWB (Touring Clube Real Holandês) foi inaugurado em 1919.

Desde 1975, o Instituto Holandês de Pesquisa Social tem investigado o uso do tempo na Holanda. A Tabela 1 mostra a distribuição do tempo entre 1975 e 2011.

tempo obrigatório, tempo pessoal e tempo livre
população com mais de 12 anos de idade, 1975-2005 e 2006-2011 (horas por semana)

	1975	1980	1985	1990	1995	2000	2005	2006	2011
OBRIGATÓRIO	40,7	40,8	40,7	42,0	42,6	43,9	44,3	42,8	41,2
PESSOAL	76,3	76,8	75,3	75,5	75,0	76,6	76,2	76,9	77,7
LIVRE	47,9	47,0	49,0	47,2	47,3	44,8	44,7	46,9	47,8

O uso obrigatório do tempo incluía as atividades realizadas pelas pessoas no contexto da educação, do trabalho remunerado, da administração da casa ou do cuidado dos filhos. O uso pessoal do tempo incluía cuidar das próprias necessidades físicas (por exemplo, dormir, comer, tomar banho, vestir-se). O tempo livre incorporava uma série de atividades como mídia e uso de tecnologia da informação e comunicação (TIC), contatos sociais, atividades recreativas e relaxamento e participação social.

Com base nessa tabela pode-se concluir que os holandeses usaram um pouco menos de tempo em obrigações em 2011 do que em 2006. O uso de tempo pessoal aumentou ligeiramente ao passo que o do tempo livre permaneceu praticamente inalterado. Os homens tiveram mais tempo livre que as mulheres porque estas despenderam mais tempo com cuidados pessoais e não com obrigações. "A maior redução no tempo gasto em tarefas obrigatórias verificou-se em lares com crianças pequenas. Além disso, as pessoas com empregos de meio período e as que não tinham trabalho remunerado, em especial, reduziram a quantidade de tempo dedicado às tarefas domésticas" (Cloïn, 2013, p. 193).

A Tabela 2 mostra a distribuição do tempo livre por tipos de usos. O uso de mídia e de TIC aumentou constantemente, enquanto o tempo com contatos sociais diminuiu. Entre 2006 e 2011, gastou-se mais tempo assistindo à TV (12,7 para 14 horas, com o aumento devido sobretudo aos adultos mais velhos) e, relativamente falando, o uso de mídias sociais foi maior (2,8 para 4 horas, com o aumento devido sobretudo aos jovens). Recreação e relaxamento, assim como participação social, mostraram um padrão estável. As mulheres tiveram tempo ligeiramente menor para atividades recreativas do que os homens.

distribuição do tempo livre por tipo de uso
População com mais de 12 anos de idade; 1975-2005 e 2006-2011 (horas por semana)

	1975	1980	1985	1990	1995	2000	2005	2006	2011
USO DE MÍDIA + TIC	18,5	17,8	19,0	18,8	18,8	18,7	18,9	19,6	20,9
CONTATOS SOCIAIS	11,3	11,0	10,0	9,8	9,3	8,5	7,5	8,6	7,2
RECREAÇÃO E RELAXAMENTO	13,7	14,0	15,2	13,7	14,0	12,9	13,1	13,3	13,5
PARTICIPAÇÃO SOCIAL	2,0	2,0	2,2	2,1	2,2	1,8	1,8	2,0	2,3
MOBILIDADE EM TEMPO LIVRE	2,6	2,3	2,9	2,9	3,2	3,0	3,5	4,0	3,6

Além disso, a proporção de pessoas oferecendo ajuda informal caiu acentuadamente nos últimos anos e os que efetivamente ofereceram ajuda dedicaram mais tempo a tal atividade. Talvez tenha havido uma intensificação da ajuda fornecida aos outros por um grupo menor de pessoas. Talvez pessoas atípicas (por exemplo, as que se importam muito com não integrantes de sua própria família) acrescentem um peso considerável a essa modesta categoria de uso do tempo. Seja como for, o quadro não se alterou: as mulheres prestam mais ajuda informal do que os homens, e esse tipo de ajuda geralmente fica a cargo de pessoas com mais de 50 anos de idade. Pessoas sem emprego também ofereceram ajuda informal com mais frequência e por mais tempo que a média. Idosos e não trabalhadores, grupos que se sobrepõem mutuamente, também dedicaram mais tempo que a média ao trabalho voluntário (Cloïn, 2013).

Várias preferências de lazer tiveram grande expansão na Holanda durante os últimos cinco anos. Essas preferências incluem as seguintes:

- Assistir a *shows* de música *pop*.
- Uso de bicicletas elétricas não apenas por idosos, mas mais por jovens.
- Visitas a museus (por exemplo, Rembrandt; Van Gogh; Hieronymus Bosch).

Embora a patinação no gelo tenha sido (conforme os quadros da época de ouro) e ainda seja uma das atividades esportivas favoritas, muitos holandeses relembram com nostalgia o "The Elfstedentocht" (*Tour* das onze cidades) na província de Friesland, antes dos recentes invernos amenos.

Outros exemplos de cultura e lazer regionais são o *kaatsen* (um antigo jogo de bola frísio comparável ao *jeu de pelote* na Bélgica ou ao handebol norte-americano – não em ambientes fechados, mas ao ar livre) e a organização do *Paasvuur* (fogueira da Páscoa no leste do país). Também são populares as bandas regionais de *rock*, os grupos *pop* e os cantores que desempenham um papel importante estimulando a cultura regional e a autoconsciência. Eles provêm do leste (Normaal, Skik) e do sul (Bløf, Rowwen Hèze) do país.

03 uma reflexão sobre o papel do governo na promoção do lazer

A política de recreação foi introduzida em 1941. Na década de 1970, criou-se o Ministério da Cultura, Recreação e Bem-Estar Social. O atual Ministério da Educação, Cultura e Ciência é o nome mais relacionado ao lazer.

Na realidade, porém, não existe política de lazer (tempo livre) na Holanda. O Estado não interfere na forma como os cidadãos usam o seu tempo livre, desde que respeitem a lei (Mommaas, 2000). No âmbito municipal, o exemplo da cidade de Utrecht é surpreendente. Em primeiro lugar, usa-se a expressão *leisurevoorzieningen* (instalações de lazer). Aparentemente não veio à mente um termo totalmente em holandês. Em segundo lugar, a ênfase é em projetos de grande escala, tanto comerciais quanto não comerciais, em parcerias público-privadas incluindo esportes e recreação, cultura, bem-estar, entretenimento em geral e atrações (Dienst Stadsontwikkeling, 2003).

No âmbito nacional, a política de emancipação é uma exceção à falta de política. Ela trata do emprego entre as mulheres e da flexibilização dos horários de trabalho. A quantidade de trabalhadores em tempo integral diminuiu enormemente ao longo dos últimos dez anos. No final de 2015, o número de funcionários regulares era inferior a 5 milhões de pessoas, e o número de pessoal temporário era de 1,9 milhão (Central Bureau of Statistics, 2016). Nesse processo, conhecido como flexibilização do mercado de trabalho, os empregados são considerados artigos descartáveis.

Desde a crise financeira, o governo holandês tem influenciado indiretamente o tempo livre dos holandeses ao introduzir a ideologia do Estado participativo. O orçamento foi submetido a muitas medidas de austeridade, acompanhando a retirada do papel do Estado. Nesse meio-tempo, mais responsabilidade tem sido transferida, incluindo uma carga maior para as mulheres em especial. Famílias jovens estão tendo dificuldades em administrar o conflito entre trabalho, cuidados pessoais e tempo livre.

Em 2006, 35% da população (acima de 12 anos de idade) participava em trabalho voluntário, comparados com 40% em 2011. Os mais populares foram clubes esportivos (11% para 14% de 2006 para 2011), encontros (por exemplo, para organizações de saúde, de 8% para 9%), atividades para organizações religiosas e afins (de 8% para 9%) e atividades para instituições de ensino (de 7% para 8%).

O cuidado informal, que não é considerado lazer sério, é um grande problema. Embora as mudanças sejam relativamente pequenas, os números representam o envolvimento de centenas de milhares de pessoas. O governo admite que os cidadãos holandeses passaram a assumir o cuidado dos outros no lugar do Estado. Alguns grupos de pessoas, como as que trabalham em tempo integral, têm suas vidas mais ocupadas, ao contrário da tendência geral na sociedade. Assalariados que passam muitas horas no trabalho também reservam menos tempo para o voluntariado e para prestar apoio informal. Espera-se que as pessoas mais velhas continuem a trabalhar por mais tempo. "À luz da necessidade do governo de cidadãos engajados que contribuam ativamente para o cuidado e bem-estar dos outros, esses desdobramentos levantam a questão de saber se as pessoas são capazes de atender a todas as expectativas que o governo lhes impõe" (Cloïn, 2013, p. 198).

Na Tabela 3 podemos ver como as pessoas sentem a pressão. Quatro em cada dez holandeses sentiram-se pressionados pelo menos um dia por semana em 2011. As mulheres relataram que se sentem mais pressionadas que os homens por uma margem de mais de 10 pontos percentuais (mulheres,

46%; homens, 35%). Pais com um filho mais novo, com menos de quatro anos de idade, relataram esses sentimentos com mais frequência.

pressão sentida
População com mais de 12 anos de idade, 2000-2005 e 2006-2011 (porcentagem)

	2000	2005	2006	2011
TODOS	47	48	31	40
MULHERES	50	53	32	46
HOMENS	43	43	29	35

Os acumuladores de tarefas (ou seja, pessoas que passam pelo menos 12 horas por semana em trabalho assalariado e em tarefas domésticas/cuidando de crianças) não se sentiam substancialmente mais pressionados do que pessoas que não acumulavam tarefas. Por outro lado, as pessoas ocupadas e os acumuladores de tarefas sentiam mais a insuficiência de tempo livre. Aproximadamente 25% sentiam-se pressionados e com falta de tempo livre. Apesar de ser uma minoria da população, ainda afeta muita gente (Cloïn, 2013). Além disso, Pronk (2016) constatou que mais de 43% da população entre 16 e 64 anos de idade sofreu um distúrbio mental em algum momento de sua vida. Parece que as pessoas sentem que o tempo, inclusive o tempo de lazer, está se acelerando.

Sentindo-se pressionadas ou não, 10 mil pessoas ofereceram-se como voluntárias ao Conselho Holandês pelos Refugiados (2015-2016) desde o enorme afluxo de refugiados da Síria. Isso ocorreu mesmo após os acontecimentos da véspera de Ano Novo em Colônia e em outras cidades europeias, em que jovens refugiados do norte da África mostraram sua própria interpretação de lazer ao assaltar e estuprar mulheres que festejavam, fazendo com que a popularidade do Partido Populista de direita na Holanda subisse às alturas, o que também é um exemplo das consequências políticas não intencionais do lazer, ou do assim chamado lazer.

04 significado econômico da indústria do lazer e turismo

Várias estatísticas sinalizam o significado econômico da indústria do lazer em 2013, incluindo 400 mil empregos e um volume de negócios de 37 bilhões de euros[1] (Bureau Stedelijke Planning, 2016). Na Holanda, não existe um Ministério do Lazer nem do Turismo. O turismo fica a cargo do Ministério

---

1 Equivalentes a aproximadamente R$ 151 bilhões pela cotação do câmbio de 4 abr. 2018. [N. T.]

de Assuntos Econômicos, sendo um subdepartamento desse órgão. A política de turismo abrange três pilares:

- Atração de mais turistas para a Holanda.
- Empreendedorismo.
- Sustentabilidade.

A importância econômica do setor de hotelaria é enfatizada. Por exemplo, uma carta ao parlamento do ministro de Assuntos Econômicos confirmava o enorme valor do setor hoteleiro, com um impacto econômico de 68 bilhões de euros[2] e 600 mil pessoas empregadas (Ministerie van Economische Zaken, 2015).

As mais novas tendências no turismo incluem elementos de segurança e aventura, o conceito de que "viajar sozinho é moderno", ecologia e *lifelogging* (ou seja, com *selfies* e *braggies*; Havermans, 2016). Em 2016 previa-se que os turistas holandeses gastariam 16,5 bilhões de euros[3]. Esse novo estilo turístico é seguido principalmente por pessoas com dupla carreira, condição socioeconômica (SES, na sigla em inglês) elevada, que lidam com tarefas domésticas, demandam uma vida de lazer e sentem que têm pouco tempo livre em comparação com pessoas desempregadas, de baixa SES, que ficam em casa durante o tempo livre e dispõem de bastante tempo livre. Alguns destes últimos sofrem com a robotização e a flexibilização do mercado de trabalho.

05   conclusões

Caso se deseje uma forma impressionista de buscar semelhanças e diferenças entre uma cultura e outra e no interior de cada uma delas, então este capítulo pode ser útil. O aspecto mais marcante na Holanda talvez não seja a grande importância atribuída ao relaxamento e à autorrealização como noções centrais de lazer, e sim o aspecto religioso em algumas subculturas do país.

É interessante observar que o significado religioso dominante de lazer difere não apenas entre as culturas, mas também dentro delas. Não existe *a* cultura holandesa – será que alguma vez existiu? A percepção do lazer varia nas subculturas domésticas, socioeconômicas e religiosas. De certo modo, uma análise mais profunda do significado do lazer revela que há mais semelhanças entre culturas do que dentro delas. A individualização desempenha

---

2   Equivalentes a aproximadamente R$ 279 bilhões pela cotação do câmbio de 4 abr. 2018. [N. T.]
3   Equivalentes a aproximadamente R$ 67 bilhões pela cotação do câmbio de 4 abr. 2018. [N. T.]

um papel importante, o que pode explicar a predominância da autorrealização, enquanto a globalização e a ocidentalização dificilmente desempenham um papel na vida dos austeros jovens protestantes holandeses e dos imigrantes muçulmanos.

Além da cultura em termos de estilos de vida, o gênero é um fator decisivo. Os donos de casa holandeses e os maridos turcos na Holanda não definem o lazer da mesma maneira que as donas de casa holandesas e as esposas turcas. Além disso, a localidade e a condição socioeconômica foram aspectos relevantes no estudo sobre maridos e esposas holandeses. Quando se observa a localidade, o *relaxamento* teve a mesma pontuação na cidade e no povoado rural, ao passo que a autorrealização foi considerada mais importante na cidade que no povoado. Finalmente, a condição socioeconômica também fez diferença. Palavras vinculadas ao *relacionamento* (por exemplo, parceiro, filhos, família, fazer coisas juntos) foram mencionadas com mais frequência nos estratos mais baixos, enquanto nos estratos mais elevados geralmente se enfatizou o *relaxamento*.

As atuais medidas governamentais de austeridade ficaram visíveis na Pesquisa de Uso do Tempo realizada em 2016. Além disso, falta uma clara política de lazer em âmbito nacional, embora seja evidente a importância econômica desse setor. Em relação à indústria do turismo e à popularidade dos museus, cidades como Amsterdã estão enfrentando superlotação de turistas.

Quanto ao problema de se sentir pressionado, é preciso saber se esse sentimento é típico de uma cultura caracterizada por uma afirmação calvinista como "a ociosidade é a mãe do vício" que, paradoxalmente, também frequenta *workshops* sobre a ociosidade (ou seja, filosofa sobre lazer e relaxamento) ou mesmo sobre a *nova ociosidade* como um indicativo de um estilo de vida alternativo. Além disso, estariam as pessoas na Holanda com medo do tédio (Devisch, 2016; Hormann, 2015; Koops *et al.*, 2013)? Estaríamos falando de uma *classe de lazer atormentado* (Linder, 1970), que apoia a ideia de que é preciso tempo para desfrutar os bens de consumo? Ou será que as pessoas estão lidando com o enfado das atividades comuns de consumo por meio da excitação e da provação do trabalho construtivo (Phelps, 1973)? Seja como for, as sociedades ocidentais, inclusive a Holanda, também estão enfrentando o *sufocamento da posse*[4] (Wallman, 2016), o oposto do *consumo conspícuo* (Veblen, 1899). O consumo conspícuo é o gasto de dinheiro e a aquisição de bens e serviços de luxo para ostentar o poder econômico em relação à renda ou à riqueza acumulada do comprador. Para o consumidor conspícuo, essa demonstração pública de poder econômico discricionário é um meio de alcançar ou

---

4 *Stuffocation*, no original. Trata-se de um neologismo que expressa a sensação de se sentir sufocado com o acúmulo de bens materiais. [N. T.]

manter determinado *status* social. O "sufocamento da posse" significa viver mais com menos. Poderia ser o início de um novo estilo de vida alternativo.

Além disso, os holandeses dedicam mais tempo livre (21 horas por semana) às mídias (ou seja, assistindo à TV, navegando na internet e usando o computador), seguidas de atividades recreativas (13,5 horas) e contatos sociais (7 horas), embora estes últimos estejam diminuindo. Cerca de duas horas por semana são reservadas para a participação social.

06 minhas perspectivas

Estou *feliz* com esses números? A resposta depende do *conteúdo* dessas atividades. Algumas pessoas reclamam que já não têm tempo para ler jornais, o que é peculiar, uma vez que a quantidade de tempo livre disponível praticamente não mudou ao longo das últimas quatro décadas. Não estou feliz com o conteúdo de muitos programas oferecidos pelas empresas comerciais de radiodifusão, em contraste com alguns programas públicos. Como as pessoas lidam com a superficialidade e a vulgaridade? O uso de mídias sociais é enorme, como podemos ver no grande número de pessoas que olham para a tela de seus *smartphones* enquanto caminham, andam de bicicleta ou até mesmo dirigem carros.

Estou muito feliz com o grande entusiasmo pelos esportes (tanto ativos quanto passivos), embora algumas manifestações em estádios de futebol sejam repugnantes (por exemplo, ruídos de selva quando jogadores negros estão com a bola, gritos antissemitas). Não posso deixar de mencionar o nome de Johan Cruyff (1947-2016), que morreu em 24 de março de 2016. Ele é o holandês mais conhecido no exterior e um dos melhores jogadores de futebol de todos os tempos. Ele criou a Fundação Johan Cruyff, que promove o estabelecimento de Cruyff Courts em várias partes do mundo. Hoje mais de 200 desses conjuntos de quadras podem ser encontrados na Bélgica, no Japão, na Holanda, na Polônia, na Espanha, no Reino Unido e nos Estados Unidos. Johan também lutou para a inclusão de "brincar ao ar livre" nos currículos escolares.

Descrevi o sucesso dos museus em virtude ou apesar da política holandesa. Os detentores de cartões de museu podem entrar gratuitamente na maioria deles, o que estimula as visitas. Infelizmente, o perfil social dos visitantes não contempla toda a população holandesa. As minorias étnicas estão sub-representadas, o que não se aplica apenas às visitas a museus, mas a todos os tipos de oportunidades culturais. O lazer como espaço e tempo não é igualmente compartilhado por autóctones (nativos) e alóctones (imigrantes). O lazer separa. O mesmo tipo de separação – ou o mesmo conflito

– é observado no trabalho voluntário (por exemplo, em benefício dos refugiados). O egoísmo ou o medo parecem lutar contra a solidariedade.

Descrevi a robotização e a flexibilização. Acho que o papel que o lazer pode desempenhar a esse respeito é desconhecido. Este problema é um grande desafio para o futuro próximo, tanto para geração de renda quanto para uso do tempo. Após essas observações, quero finalizar mencionando algumas características que devem definir o lazer em termos de máxima expressão da qualidade de vida: criatividade, variedade, liberdade, sociabilidade, físico, emocional, alegria de viver, igualdade, diversidade, ponto de encontro para baixa e alta cultura e uma arena, de fato, com palavras, não com armas.

07 referências

Bureau Stedelijke Planning (2016). "Vrijetijdsmarkt groeit razendsnel" [Mercado de lazer cresce rapidamente]. Retirado de: <http://www.stedplan.nl>.

Central Bureau of Statistics (2016). *Positie werkkring en arbeidsduur: aantal vaste werknemers verder gedaald* [Posição no emprego e jornada de trabalho: o número de empregados permanentes diminuiu]. Haia: Central Bureau of Statistics.

Cloïn, M. (2013). *Met het oog op de tijd. Een blik op de tijdsbesteding van Nederlanders* [Com um olho no tempo. Uma análise de como os holandeses usam o seu tempo]. Haia: Sociaal en Cultureel Planbureau.

Devisch, I. (2016). *Rusteloosheid. Pleidooi voor een mateloos leven* [Inquietude. Um apelo por uma vida sem moderação]. Amsterdã/Antuérpia: De Bezige Bij.

Dienst Stadsontwikkeling, Economische Zaken (2003). *Ontwikkelings-en toetsingskader grootschalige leisurevoorzieningen gemeente Utrecht* [Sistema para o desenvolvimento e a verificação de instalações de lazer de grande escala no município de Utrecht]. Utrecht: Gemeente Utrecht.

Havermans, O. (2016). "Vakantie moet veilig én avontuurlijk" [As férias devem ser seguras e cheias de aventuras]. *Trouw*: 13 jan. 2016.

Hormann, G. (2015). *Het Nieuwe Nietsdoen. Ontdek het geheim van een heerlijk simpel Leven* [A nova ociosidade. Descubra o segredo de uma maravilhosa vida simples]. Meppel, Holanda: Just Publishers.

Kelly, J. R. (1987). "A Revised Paradigm of Leisure Choices". *Leisure Sciences*, 1, 345-63.

Koops, B. J. et al. (2013). *Engineering the Human: Human Enhancement between Fiction and Fascination*. Berlim: Springer.

Linder, S. B. (1970). *The Harried Leisure Class*. Nova York: Columbia University Press.

Ministerie van Economische Zaken (2015). *Voortgangsrapportage Gastvrijheidseconomie* [Relatório de progresso da economia hoteleira]. Haia: Ministerie van Economische Zaken.

Mommaas, H. (2000). *De vrijetijdsindustrie in stad en land: een studie naar de markt van Belevenissen* [A indústria do lazer na cidade e no campo: um estudo sobre o mercado de experiências]. (Wetenschappelijke Raad voor het Regeringsbeleid, voorstudies en achtergronden, V109). Haia: Sdu.

Pronk, I. (2016). "Weg met dat geheim, eindelijk" [Abaixo o segredo, finalmente]. *Trouw*, 22 jan. 2016, p. 6.

Phelps, E. S. (1973). "The Harried Leisure Class: A Demurrer". *The Quarterly Journal of Economics*, 87(4), 641-45.

Schama, S. (1992). *O desconforto da riqueza: a cultura na época de ouro – uma interpretação*. São Paulo: Companhia das Letras.

Te Kloeze, J. W. (1990, July). "Housewives' and Househusbands' Leisure: A Study of the Experience and Perception of Leisure among Women and Men Who Stay Home to Run the House". Trabalho apresentado no XII World Congress of Sociology of the International Sociological Association em Madri, Espanha.

Te Kloeze, J. W. (1993). "I Waited Patiently for the Lord: A Study on Young Orthodox Protestants' Leisure". Em: Stoffels, H. C. (org.). *Bevindelijk gereformeerden. Religieuze Bewegingen in Nederland* (pp. 97-114). Amsterdã: VU Uitgeverij.

Te Kloeze, J. W. (1996). "Control over Leisure and Leisure Activities in Dutch Families: A Theoretical Framework for an Empirical Study". *Loisir et Société*, 19, 41-64.

Te Kloeze, J. W. (2001). "Integration through Leisure? Leisure Time Activities and the Integration of Turkish Families in Arnhem and Enschede in the Netherlands". *World Leisure*, 43(1), 52-61.

VandeSchoot, L. et al. (2004). "Leisure & Migrants: Post-arrival Leisure Patterns of Muslim Immigrants in the Netherlands". *Social-Spatial Analysis Chair Group*. Wageningen: Wageningen University.

Veblen, T. (1899). *The Theory of the Leisure Class: An Economic Study of Institutions*. Nova York: Macmillan.

Wallman, J. (2016). *Stuffocation. Living More with Less*. Londres: Penguin.

voces de hong kong

lazer na cidade mundial da ásia:
vozes de hong kong

atara sivan
universidade batista de hong kong

gertrude siu
universidade aberta de hong kong

O processo de escrita deste capítulo envolveu uma reflexão pessoal e colaborativa. Como acadêmicas e profissionais, temos nos dedicado ao estudo e à prática de lazer em Hong Kong por algumas décadas, graduando-nos nessa área e atuando como membros da Organização Mundial de Lazer – Seção Hong Kong (WLOHK, na sigla em inglês). No entanto, quando nos perguntam sobre o significado de lazer, precisamos parar e refletir, durante aquela pausa que chamamos de momento de lazer. O conteúdo do capítulo baseia-se em nossas experiências pessoais e sociais, investigando o contexto local e compartilhando com outros profissionais da área voltados para atividades relacionadas com o lazer na academia e na comunidade profissional.

Talvez a melhor maneira de começar seja compartilhando nossa experiência recente como membros da WLOHK. Nossa seção tem como objetivo promover práticas e educação para o lazer e veicular conhecimento e informações relativas ao lazer em Hong Kong. Temos um grupo de membros dedicados que se esforçam para alcançar esses objetivos e, para tanto, temos realizado uma série de reuniões para discutir as estratégias a serem adotadas. Embora tenhamos várias ideias, ao final de cada discussão sentimos que precisávamos de mais tempo para divulgar a noção de lazer antes de nos voltar para as atividades específicas da WLOHK. Se alguém se juntasse à nossa discussão, ouviria frases como: "Por que as pessoas praticariam essas atividades?"; "O que elas conseguiriam obter com isso?"; "Elas têm tempo para participar?"; "As pessoas em Hong Kong estão sempre ocupadas e não participarão de nada a não ser que vejam benefícios tangíveis".

Numa reunião recente perguntamos: "O que o lazer significa para você?", e a resposta inicial foi: "Isso é interessante, pois temos experiências diferentes, e o significado de lazer para mim pode não ser o mesmo que para os outros". A discussão prosseguiu, tratando de renda, trabalho e moradia, resultando numa conversa séria sobre o alto custo de vida em Hong Kong e sobre as dificuldades das pessoas em trabalhar e driblar suas demandas e compromissos pessoais, familiares e sociais. Essa conversa não foi de forma alguma um compartilhamento de lazer ou no lazer, pois não envolveu o relaxamento ligado a ele, mas foi uma discussão sobre a pressão da vida nessa cidade. Existe ou já existiu lazer em Hong Kong? Qual é o significado de lazer e como ele é praticado, percebido e facilitado?

Tentamos responder a essas perguntas analisando as diferentes tendências e desdobramentos no meio sociocultural de Hong Kong e recorrendo a nossas experiências, estudos e conhecimento. Como nossas opiniões talvez não representem os pontos de vista de todos os habitantes locais, nosso capítulo trará algumas vozes que poderiam esclarecer melhor o lazer em Hong Kong, que há anos tem sido chamada de "A Pérola do Oriente", e que agora traz como marca o nome "Cidade Mundial da Ásia".

01 significado e práticas de lazer em hong kong

O lazer em Hong Kong refere-se ao tempo livre sem obrigações. Quanto mais investigamos o significado de lazer, mais descobrimos que ele não é definido como um conceito isolado, mas como algo relacionado com o trabalho e/ou o estudo. Apesar do aumento do tempo livre nas últimas décadas, Hong Kong ainda é famosa por suas longas jornadas de trabalho. Portanto, se for definido puramente como tempo livre de obrigações, então o lazer não existe para os que trabalham em tempo integral. Por outro lado, ao longo da última década alude-se à necessidade de equilibrar o trabalho com algo mais, mas esse algo mais não foi chamado de lazer e sim de vida. A noção de equilíbrio entre trabalho e vida pessoal tem sido defendida em *workshops* realizados por instituições e organizações, em que as referências ao tempo livre são vinculadas ao melhor equilíbrio da pesada carga de trabalho das pessoas. Essas iniciativas foram motivadas pela necessidade de "colher os benefícios empresariais que essa abordagem de equilíbrio [trabalho-vida] pode trazer" (*Community Business*, 2014, p. 1).

O custo de vida em Hong Kong é elevado e o custo de moradia é o mais alto do mundo. Para sobreviver e ter casa própria, as pessoas precisam de dinheiro. Portanto, direcionam seus recursos mentais, físicos e seu tempo para ganhar dinheiro, ficando com pouco tempo e energia mental para se dedicar a atividades de lazer. Ao contrário de muitos lugares em que o lazer é considerado um valor importante, em Hong Kong o trabalho duro e a eficiência são tidos como um meio de gerar dinheiro e usá-lo para ganhar a vida.

A noção de lazer como algo oposto ao trabalho está presente nas respostas de nossos alunos à pergunta: "Qual é a primeira coisa que vem à sua mente ao ouvir a palavra lazer?". A maioria das respostas se refere ao oposto do trabalho. As respostas incluem "atividade fora do trabalho", "sem estresse" e "menor pressão de trabalho". Essas afirmações foram seguidas por "algo de que você desfruta e gosta", "relaxando, sem pressão", "sem tensão", "nossa escolha", "qualquer coisa que gostamos de fazer", "felicidade" e "liberdade". Uma pesquisa num amplo território sobre atitudes de lazer das pessoas de Hong Kong indicou ainda que os principais objetivos das atividades de lazer eram relaxar e descansar, divertir-se e entreter-se, e "ser livre para fazer as coisas que eu quero" (Sivan, 2000). Essas definições adicionais assemelham-se às definições existentes de lazer, e ainda assim as pessoas em Hong Kong não chamam o lazer pelo nome. Como afirma um membro de nosso comitê executivo da WLOHK, "as pessoas aqui gostam de coisas tangíveis e o lazer não é tangível".

O lazer como conceito não é necessariamente valorizado, mas as pessoas efetivamente se envolvem com atividades que nós, pesquisadores e profissionais do lazer, consideramos atividades de lazer. Estudos abrangendo as últimas décadas indicaram a popularidade de atividades com uso de tela (com a TV sendo a mais popular), fazer compras, comer fora e atividades sociais (Sivan, Robertson e Baker, 2004). Para muitas pessoas de Hong Kong que moram em pequenos apartamentos, sair para os *shoppings*, especialmente em dias úmidos, é uma maneira de se refrescar, passear e fazer refeições com amigos e familiares. Aos domingos, não é incomum ver membros da família sentados ao redor de grandes mesas tomando o chá da tarde (*Yum Cha* 飲茶) e conversando. Embora muitas atividades populares sejam sedentárias, os jovens jogam basquete depois da escola, as pessoas caminham nos parques municipais e os adultos mais velhos praticam o tradicional *tai chi* chinês no início da manhã nos parques públicos ou perto de seus conjuntos habitacionais. Para os pesquisadores e profissionais de lazer em Hong Kong, o lazer é o círculo mais amplo que inclui recreação, esportes, turismo e cultura. No entanto, em Hong Kong, as pessoas referem-se a essas quatro áreas específicas, em vez de usar o termo lazer. Hong Kong sedia grandes eventos esportivos, incluindo o "Rugby Sevens", um dos eventos esportivos anuais mais populares na Ásia, e o "Hong Kong Dragon Boat Carnival", que representa uma mistura de Ocidente e Oriente e atrai participantes e espectadores do próprio lugar e do mundo. Um festival anual de arte oferece uma variedade de apresentações de artistas locais e internacionais. Além disso, chamada de Cidade Mundial da Ásia, Hong Kong apresenta-se como uma cidade que nunca dorme, um lugar com contrastes fascinantes do Oriente e do Ocidente, urbana e natural, moderna e antiga, valorizada por oferecer experiências únicas e um estilo de vida cosmopolita (Hong Kong Tourism Board, 2016). Seus habitantes desfrutam de feriados internacionais e locais. Em média, têm direito a 17 feriados oficiais por ano, que são usados para o lazer. Celebrações dos feriados locais em unidades familiares em torno da cultura e tradição chinesas desempenham um papel importante.

02 política de lazer e envolvimento: da sublimação à facilitação

A história e o contexto sociocultural único de Hong Kong têm moldado seu lazer. De acordo com Mak e Chan (2013), sob o domínio britânico no final da década de 1880, o povo chinês local aderiu ao entretenimento tradicional da China, como a dança do dragão e do leão e a ópera chinesa ao ar livre, durante algumas feiras do templo e festivais tradicionais. Gradualmente, formas estrangeiras de entretenimento, como corridas de cavalos e futebol, tornaram-se populares e construíram-se instalações para acomodar essas atividades. A urbanização trouxe consigo o entretenimento moderno, incluindo filmes e programas de rádio que atingiam um público crescente.

Desfrutando de estabilidade política e social durante os anos 1950, Hong Kong atraiu artistas e intelectuais chineses que fugiam da agitação política da República Popular da China (Clarke, 1996). Essa tendência impulsionou o engajamento em atividades de literatura, arte e pintura em clubes privados. A concentração em áreas urbanas e a industrialização em meados da década de 1950 levaram à formação dos chamados *dai daat dei* (大撻地), mercados que funcionavam como centros de entretenimento para passar o tempo depois do trabalho, frequentados por pessoas da recém-formada classe trabalhadora. O mercado tornou-se um centro para a participação em atividades que hoje chamaríamos de lazer, mas que na época não eram definidas como tal. Os mercados incluíam compra e venda de produtos com boa relação custo-benefício, jantar fora e algumas outras atividades tradicionais chinesas, como cartomancia, leitura de mãos e rostos, e ouvir canções cantonesas. Pela sua natureza, o mercado servia para atividades depois do trabalho e abria do fim da tarde até a meia-noite. Independentemente de sua finalidade, o mercado não era uma iniciativa formal do governo (Recreation and Culture Branch, 1993). Somente a partir de 1962, com a criação da Prefeitura de Hong Kong, é que o governo passou a apoiar atividades culturais. Construída como um complexo multiúso pelos padrões internacionais, a Prefeitura poderia ser vista como uma entidade oficial de lazer para facilitar atividades culturais no lazer (Recreation and Culture Branch, 1993).

Recuando um pouco na história até a década de 1960, observa-se que o lazer organizado pelo governo britânico foi um meio de ocupar os jovens e manter a estabilidade social (Mak e Chan, 2013). Em geral, a década de 1960 foi um período de crescente descontentamento com o domínio colonial britânico, e Hong Kong assistiu a uma crescente agitação em relação a diversas questões sociais, desde condições de trabalho nas fábricas, disparidades de renda e proteção social limitada para a classe mais baixa até uma insatisfação geral com o governo colonial (Ho, 2009). Essa agitação manifestou-se com protestos de jovens, que ameaçavam a estabilidade social. O governo respondeu com iniciativas para acelerar o ritmo do desenvolvimento do bem-estar social, principalmente em serviços voltados para a juventude. Uma das iniciativas que teve um efeito direto no lazer dos jovens (na época não definido como lazer) foi a oferta de mais atividades recreativas, incluindo alguns bailes em grande escala em espaços abertos para que os jovens pudessem aproveitar e canalizar sua energia. Logo em seguida, o governo passou a realizar um evento anual chamado "Festival de Hong Kong", que também serviu para divulgar a cidade mundialmente e reconstruir sua imagem como a "Pérola do Oriente".

A partir da década de 1970, Hong Kong passou por grandes mudanças, que afetaram a maneira como as pessoas usufruíam o seu tempo livre. O nível de escolaridade da população e o emprego de mulheres aumentaram. Mudanças na estrutura ocupacional e crescimento da automação dos escritórios vieram com a mudança da manufatura para uma sociedade de serviços (Ng, 1986). Paralelamente a essas mudanças, houve um aumento no número de iniciativas governamentais para facilitar o desenvolvimento de esportes e recreação em Hong Kong. Criaram-se órgãos governamentais para prestar serviços nessas áreas, incluindo a construção de instalações recreativas comunitárias, *playgrounds*, salões de jogos e piscinas, especialmente em novos estabelecimentos fora das áreas urbanas, em regiões menos densamente povoadas.

Com o aumento do nível educacional, a redução da semana de trabalho e o desenvolvimento da economia, o povo de Hong Kong passou a exigir mais atividades culturais. Essas demandas resultaram em ofertas de atividades artísticas na forma de festivais de arte e cinema, que ainda existem, com sucesso.

O Departamento de Recreação e Cultura (Recreation and Culture Department – RCD), o primeiro do gênero, foi criado em 1981 para promover a recreação. Foram formulados padrões e diretrizes de planejamento para instalações e espaços abertos de recreação. O governo reconheceu que a recreação era uma necessidade básica e que seria preciso disponibilizar oportunidades para atender a tais necessidades. Nesse contexto, recreação indica atividades "que variam desde entretenimento doméstico, como jogar *mahjong* e assistir à televisão, passando por atividades passivas como passear e praticar *tai chi* pela manhã, até jogos ativos e esportes competitivos"

(*Planning Department*, 2015, p. 1). Embora o RCD incluísse as palavras Recreação e Cultura, seu foco era principalmente o esporte – uma tendência amplamente incentivada na década de 1990 para estimular jovens atletas e promover esportes nas escolas.

Em 2000, a palavra *lazer* foi oficialmente utilizada para dar nome a um departamento pela primeira vez na história de Hong Kong, quando foi criado o Departamento de Serviços de Lazer e Cultura (Leisure and Cultural Services Department – LCSD). O principal objetivo desse departamento era, e continua sendo, o de assumir a responsabilidade geral pela prestação de serviços de lazer e cultura ao público. O departamento gerencia e desenvolve instalações recreativas e esportivas, planeja e administra locais de apresentações e programas culturais e de entretenimento, além de promover a conservação da natureza. O termo lazer, quando usado no contexto formal local, designa principalmente esportes, atividades físicas ou culturais, bem como a melhoria do ambiente com paisagismo, programas de embelezamento e preservação de árvores (Hong Kong Development and Strategy Research Centre Ltd., 2011).

03   estudo e educação para o lazer

A elevação do número de instalações e clubes de recreação em Hong Kong levou ao aumento da demanda por cursos de gestão profissional. Eles são oferecidos principalmente em cursos de especialização, como parte de programas do tipo "Gestão de Recreação e Lazer", "Gestão de Recreação, Lazer, Turismo e Hospedagem" e "Gestão de Lazer e Turismo". O foco desses programas está no desenvolvimento da capacidade de gestão dos alunos. Alguns programas fazem a divisão entre estudos de lazer com foco em "Projeto e Gestão de Instalações de Lazer", "Saúde e Condicionamento Físico" e "Estudos de Turismo". Os cursos típicos oferecidos nesses programas são: "Introdução à Gestão de Lazer e Turismo", "*Marketing* de Lazer e Turismo" e "Gestão de Recursos Humanos em Lazer e Turismo". Programas de graduação também são oferecidos nas faculdades de Educação Física, com foco semelhante na gestão de negócios. Em níveis de mestrado e doutorado, o foco passa a ser psicologia esportiva e condicionamento físico, e raramente inclui estudos do lazer.

Espera-se que o governo forneça instalações e serviços para facilitar o envolvimento das pessoas nas atividades escolhidas durante o seu lazer. No entanto, num lugar onde se dá mais importância ao trabalho que ao lazer, tal fornecimento pode ser insuficiente. Isso aumenta a necessidade de educação para o lazer. É interessante observar que a otimização do lazer e o enriquecimento da vida cultural das pessoas têm constituído objetivos específicos da educação escolar de Hong Kong (Education Commission, 1999). No papel, sempre se enfatizou o desenvolvimento do conhecimento e do interesse na apreciação da arte e da cultura, bem como a criatividade e a consciência estética nas escolas (Education Commission, 1999). No ensino superior, a prática de lazer saudável é vista como o caminho para a obtenção do bem-estar físico e cultural. Em particular, como preconiza o sistema de educação formal, o lazer parece estar mais relacionado com o desenvolvimento cultural e físico.

Ao observar mais atentamente o currículo escolar de Hong Kong, percebe-se que o lazer é incluído como "Educação Física" nas escolas do ensino médio (Physical Education Section, Curriculum Development Institute, 2014). No currículo, define-se o lazer como "uma atividade de descanso que realizamos durante o tempo livre" (p. 7). Isso é ensinado como parte de uma unidade chamada "Educação física, esporte, recreação, lazer e bem-estar: história e desenvolvimento recente". Esse arranjo revela o objetivo da Educação Física em geral e sua relação com esporte, recreação e lazer. Independentemente da maneira como é discutido, na educação formal o lazer limita-se a atividades de descanso. Reformas educacionais recentes também defendem a aprendizagem por toda a vida na forma das chamadas "Outras atividades de aprendizagem" no currículo, enfatizando o desenvolvimento integral da pessoa. Embora o uso do lazer não tenha sido ressaltado nas reformas curriculares, um estudo recente (Sivan e Chan, 2012) revelou canais implícitos por meio dos quais se implementou a educação para o lazer nas escolas.

Como educadores de lazer, acreditamos que, por serem agentes primários de socialização, os pais deveriam assumir um papel mais ativo na educação para o lazer. No entanto, em virtude da competição na aprendizagem e do fenômeno predominante da "mãe-tigre", que denota uma educação infantil rígida e exigente, especialmente em assuntos acadêmicos, as crianças em idade escolar de Hong Kong ficam sobrecarregadas por aulas particulares suplementares, amplamente conhecidas como "educação-sombra" (Bray e Lykins, 2012, p. X). A "educação-sombra" também pode ser inerente à tradição confucionista chinesa, que valoriza a realização educacional e considera as qualificações educacionais um caminho importante para o desenvolvimento pessoal (Kwok, 2001). No entanto, isso deixa as crianças com muito pouco tempo livre para outras atividades, incluindo o lazer.

Tanto os educadores como as agências de proteção infantil mostram-se preocupados com os danos que o excesso de atividades acadêmicas pode causar à saúde das crianças, alertando para o direito que elas têm de brincar e relaxar (Lui citado em Yau, 2009). Eles argumentam ainda que Hong Kong está produzindo robôs que se destacam nos exames, mas têm pouco tempo para atividades não acadêmicas (Bray citado em Cheng, 2012). Curiosamente, essas vozes aludiram sutilmente ao lazer, utilizando palavras como *brincar, relaxar* e *atividades não acadêmicas*, mas novamente não chamaram o lazer pelo nome.

04 observações finais

O lazer em Hong Kong refere-se ao tempo livre do trabalho e das obrigações. A cidade oferece uma variedade de atividades recreativas, esportivas e culturais para as pessoas realizarem em seu tempo livre. Embora não chamem o lazer pelo nome, as pessoas praticam atividades em seu tempo livre. A importância do lazer é formalmente reconhecida nos objetivos da educação escolar e os programas acadêmicos oferecem cursos sobre gestão do lazer. Apesar do crescimento de várias atividades entre as pessoas e da criação de departamentos governamentais para supervisionar questões ligadas ao tema, ele não é valorizado por si mesmo em Hong Kong. A necessidade de ganhar a vida num lugar com o maior custo de moradia do mundo acarreta a excessiva ênfase na acumulação de dinheiro obtida por intermédio de excelentes resultados acadêmicos e da consequente carreira profissional lucrativa. Os educadores para o lazer enfrentam o desafio de aumentar a conscientização das pessoas em relação a estilos de vida saudáveis e de incutir elementos de lazer em suas vidas por meio da argumentação e da educação.

05 referências

Bray, B. e Lykins, C. (2012). *Shadow Education: Private Supplementary Tutoring and its Implications for Policy Makers in Asia*. Mandaluyong, Filipinas: Asian Development Bank.

Cheng, J. (2012, May 19). "Mass Tutoring Churning Out Robot Pupils". *South China Morning Post*. Retirado de: <http://www.scmp.com/article/1001371/mass-tutoring-churning- out-robot-pupils>.

Clarke, D. (1996). *Art & Place: Essays on Art from a Hong Kong Perspective*. Aberdeen, Hong Kong: Hong Kong University Press.

Community Business. (2014). *The State of Work-Life Balance in Hong Kong Survey- Happiness and the Impact of Work-Life Balance, Summary of Research Findings*. Sheung Wan, Hong Kong: Community Business Limited.

Education Commission (1999). "Education Commission's Revised Draft Proposal on Aims of Education". Retirado de: <http://www.e-c.edu.hk/eng/online/on4_1st1.html#1>.

Ho, O. H. K. (2009). "China: The Process of Decolonization in the Case of Hong Kong". Em: Gassert, P. e Klimke, M. (org.). *Memories and Legacies of a Global Revolt* (pp. 79-82). Washington, DC: German Historical Institute.

Hong Kong Development and Strategy Research Centre Ltd. (2011). *A Review Study on Cultural Audit: The Landscape of Hong Kong's Cultural Infrastructure*. Tamar, Hong Kong: Central Policy Unit.

Hong Kong Tourism Board (2016). "Hong Kong Asia's World City: Our Brand". Retirado de: <http://www.discoverhongkong.com/eng/about-hktb/our-brand.jsp>.

Kwok, P. (2001). "Local Knowledge and Value Transformation in East Asian Mass Tutorial Schools". *International Education Journal*, 2(5), 86-97.

Mak, R. K. S. e Chan, S. S. (2013). "Icons, Culture and Collective Identity of Postwar Hong Kong". *Intercultural Communication Studies*, 22(1), 158-173.

Ng, P. T. P. (1986). *Recent Trends in Work and Leisure in Hong Kong and Higher Education's Response*. Occasional Paper n. 13. Hong Kong: The Chinese University of Hong Kong, Centre for Hong Kong Studies.

Physical Education Section, Curriculum Development Institute (2014). *Physical Education – Part I: Physical Education, Sport, Recreation, Leisure and Wellness: History and Recent Development*. Hong Kong: Education Bureau. Retirado de: <http://www.edb.gov.hk/attachment/en/curriculum-development/kla/pe/news/PE_C_A_Guide_e_final_2014. pdf>.

Planning Department (2015). "Recreation, Open Space and Greening". *Hong Kong Planning Standards and Guidelines*. Retirado de <http://www.pland.gov.hk/pland_en/tech_doc/ hkpsg/full/ch4/pdf/ch4.pdf>.

Recreation and Culture Branch (1993). *Consultation Paper: Arts Policy Review Report*. Hong Kong: Government Secretariat.

Sivan, A. (2000). "Leisure in Hong Kong: Perceptions and Participation". *Journal of the International Council for Health, Physical Education, Recreation Sport and Dance*, 36(4), 28-32.

Sivan, A. e Chan, W. K. D. (2012). "Leisure Education in Schools from Students' Perspectives: The Case of Hong Kong". *World Leisure Journal*, 54(1), 26-37.

Sivan, A., Robertson, W. R. e Walker, S. (2005). "Hong Kong". Em: Cushman, G., Veal, A. J. e Zuzanek, J. (org.). *Free Time and Leisure Participation: International Perspectives* (pp. 127-140). Oxfordshire: CABI Publishing.

Yau, E. (17 dez. 2009). "10-Hour School Days come Under Fire". *South China Morning Post*. Retirado de: <http://www.scmp.com/article/701499/10-hour-school-days- come-under-fire>.

desenvolvimento do lazer na hungria a partir de diferentes perspectivas

miklos banhidi
universidade szechenyi

No início do século XX, a palavra recreação (em húngaro *rekreáció*) foi amplamente usada na Hungria para descrever a cultura do tempo livre das pessoas. Um famoso dicionário húngaro, *Révai Lexikon* (1924), definiu recreação como uma palavra de empréstimo dos países ocidentais, que incluía descanso, férias, férias escolares, prazer e diversão. Ao longo das mudanças políticas do regime comunista para uma sociedade democrática, a palavra desapareceu do vernáculo.

O termo recreação voltou a ser mencionado na década de 1990, focalizando a importância de atividades saudáveis no tempo livre. As estatísticas de saúde da população húngara estavam abaixo das dos países mais ricos e indicavam um estilo de vida sedentário e pouco saudável. Em meados da década de 1980, as taxas de mortalidade de homens na Hungria eram tão elevadas quanto as dos países da Europa Ocidental no início dos anos 1950 (Forster e Józan, 1990). Quando o governo lançou várias campanhas para mudar a situação, o papel da recreação na melhoria da saúde tornou-se importante. Os cientistas do esporte introduziram o termo *esporte recreativo*, que se referia a programas de atividade física para todos (Nádori, 1983). Uma das campanhas mais populares foi chamada *Para a Juventude Capacitada* (Gáldi, 1997). O significado de recreação adquiriu nova força com o acréscimo de ideias sobre ar livre, melhoria da saúde e recreação de aventura e experiencial (Nádori et al., 2011). Refletindo tendências internacionais, os acadêmicos húngaros passaram a definir recreação numa perspectiva holística, incluindo questões ambientais e elementos do estilo de vida (Fritz, 2006).

A palavra *lazer* traduzida para o húngaro é *lezser*, que significa comportamento negligente, descuidado e desleixado, e tem uma conotação negativa.

O uso do lazer não era aconselhável para os húngaros. Quando começou o programa de formação em recreação e promoção da saúde nas universidades, foi necessário um novo termo. Passamos a empregar a palavra *rekreologia* ("recreologia"), que indicava o compromisso de envolver diferentes disciplinas científicas em nossos programas de educação (Banhidi, 2016). Como acadêmico, estou convencido de que as descobertas científicas em psicologia, geografia, história e pedagogia podem contribuir para o desenvolvimento de áreas e programas de recreação. Na Hungria, a *rekreologia* continua a ser uma subdisciplina das ciências do esporte, mas a nova abordagem requer independência para utilizar o conhecimento de outras disciplinas.

Os interessados em estudar recreação dispõem de três níveis. As pessoas que concluíram o ensino médio podem iniciar uma formação de dois anos em Liderança do Programa de Movimento de Recreação, que permite que os graduados trabalhem em centros de esporte e recreação organizando programas de atividade física para diferentes grupos-alvo. As universidades também oferecem programas de bacharelado e mestrado em Gestão de Recreação. O bacharelado em Ciências, de três anos, é voltado para a prática, o que dá qualificações para o trabalho e a liderança em comunidades, ONGs e associações culturais e esportivas, visando à melhoria do ambiente e da qualidade de vida dos cidadãos. São necessários pelo menos mais dois anos para concluir um programa de mestrado em recreação, que tem como foco a pesquisa, a gestão e a inovação. O principal objetivo desse programa é a formação de líderes para as áreas de recreação. Os diplomados são chamados "recreologistas", embora este ainda não seja um termo comum. Presumimos que tenham as habilidades para coordenar instituições e projetos de recreação nacional e regionalmente e que possam incorporar as recomendações de diferentes disciplinas científicas.

Os programas húngaros de gestão de recreação diferem dos de muitos países (por exemplo, Estados Unidos e Holanda). Nosso currículo privilegia temas de ciências humanas e naturais (por exemplo, anatomia, fisiologia e biologia humana), em detrimento de temas sociais. Acredito que às vezes ensinamos mais que o necessário sobre o corpo humano e não o suficiente sobre habilidades de planejamento estratégico, liderança e gestão.

01 perspectivas históricas

A mudança de estilos de vida ao longo dos anos permite compreender a recreação e o lazer na Hungria. Na segunda metade do século XIX, como parte da monarquia austro-húngara, a passagem do feudalismo para o capitalismo e o rápido crescimento da industrialização geraram uma grande mudança para os cidadãos. O crescimento econômico gerou uma classe média que criou um novo estilo de vida. Na época, uma família média tinha pelo menos uma casa ou um apartamento de três dormitórios e as famílias maiores dispunham até de oito aposentos. Em 1906, em Budapeste, 24% de todos os apartamentos tinham três ou mais dormitórios, e 16% das famílias tinham pelo menos um criado (Gergely, 1971). Muitas famílias, principalmente nas cidades, empregavam um ou mais criados, que organizavam a casa, preparavam as refeições e educavam as crianças, permitindo aos membros da família a escolha entre as crescentes ofertas de lazer.

A aristocracia latifundiária dominava a sociedade. O estilo de vida de certas áreas do Império Habsburgo não sofreu mudanças em relação à vida rural tradicional. A pobreza grassava nessas regiões. O poder da Igreja era evidente sobretudo nas regiões rurais (Culpin e Henig, 1997). A maioria da população era cristã e seguia as regras das igrejas. Todos eram obrigados a ir à missa e celebrar os feriados religiosos (o Natal e a Páscoa, por exemplo). Esses rituais tornaram-se parte importante da cultura húngara.

No setor rural, muitos agricultores tentavam vender seus produtos para obter mais lucro. Eles precisavam de um transporte melhor e desenvolveram áreas de mercado. Várias cidades tornaram-se entrepostos comerciais, o que favoreceu a economia, bem como as atividades de recreação. Os agricultores que transportavam seus produtos usavam roupas diferentes, retratando principalmente a cultura folclórica. Antes do advento do transporte motorizado, eles precisavam viajar vários dias e ficar mais tempo nas cidades para negociar seus produtos. Durante esse período, construíram-se inúmeras hospedarias, que serviram de hotéis para acomodar os viajantes. Muitas estalagens, chamadas *csarda* [tsharda], ofereciam hospedagem, assim como comida tradicional e diversão. Nessas instalações nasceu um estilo de vida único, com a música cigana, as tradicionais danças *csardas* e os diferentes tipos de pratos culinários (por exemplo, o *goulash* húngaro). Quando o sistema de transporte mudou, as *csardas* perderam importância.

Durante a revolução industrial nas cidades em crescimento, os cidadãos foram em busca de um melhor padrão de vida e de outras oportunidades de recreação. Na vida privada, porém, mantinham os valores aristocráticos, as tradições e as celebrações. Antes de as famílias se mudarem para as cidades, os empregados precisavam de força física. Com o desenvolvimento industrial, por sua vez, os trabalhadores precisavam ter boas habilidades cognitivas. Portanto, era necessário um ensino público melhor, com professores altamente qualificados. Novos currículos foram introduzidos, incluindo arte e educação física. Essas tendências influenciaram o estilo de vida da população, com a incorporação de novos *designs* e arte para suas casas. Além disso, esportes modernos como o futebol, para cidadãos das classes média e baixa, bem como esgrima e equitação, para as classes mais altas, difundiram-se por todo o país.

A recreação ao ar livre também tem uma longa história na Hungria. No final do século XVII, surgiram relatos das primeiras trilhas, que ainda hoje continuam a ser destinos populares de recreação. As férias de inverno foram organizadas pela primeira vez em High Tatras, onde médicos construíram áreas de recreação. Os médicos descobriram que a altitude elevada e o ambiente com neve eram excelentes terapias. Os ricos recursos geotérmicos também permitiram o início de um rápido desenvolvimento de uma cultura de balneários (Bender, Balint e Balint, 2002). Para recreação urbana foram construídos parques, que ainda continuam a ser os locais de encontro favoritos dos cidadãos (Dobay e Bánhidi, 2012). Para os esportes tradicionais, como a equitação, a primeira arena hípica nacional foi construída em 1987 e também abrigou o primeiro clube de esgrima em Budapeste. As guerras do século XX causaram graves crises na sociedade húngara. O país perdeu territórios, população e infraestrutura. A economia atingiu o nível mais baixo e o país foi governado primeiro pela ditadura nazista e mais tarde, pela comunista. A população foi submetida a normas e regras rígidas, com pouca liberdade. O ídolo humano comunista foi o principal objetivo em todas as áreas da sociedade (Bali, 2009). Os trabalhadores eram valorizados quando ficavam mais tempo em seus locais de trabalho e quando produziam mais do que a média. Somente eram apoiadas oportunidades de lazer que demonstrassem a filosofia comunista (Böröcz, 1990). Uma das principais plataformas para alcançar a filosofia comunista era a dos esportes em que a Hungria tivesse uma chance de vencer disputando contra atletas ocidentais. O governo também oferecia acesso barato a teatros e cinemas, mas somente para assistir a produções feitas em países comunistas. Além disso, foram construídos vários *resorts* estatais de férias, mas nem todos tiveram a oportunidade de frequentá-los. Em 1951, apenas 1,2% da população pôde passar as férias nos 350 *resorts*, onde os programas eram controlados (Tóth, 2010). A possibilidade de frequentar esses *resorts* de férias só aumentou um pouco nos anos seguintes (por exemplo, em 1959, 4,7%, e em 1983, 3,8% da população tiveram acesso a eles). O resto do povo procurava outras oportunidades de férias, e a maneira mais fácil era comprar um pequeno terreno barato e construir uma casinha. Não era fácil obter permissão do Estado para construir, pois durante o regime comunista geralmente não se permitia a propriedade privada. Ainda me lembro de quando meus pais e muitas outras pessoas compraram terras, escolhendo locais agradáveis perto da natureza. Era difícil comprar materiais de construção, mas as pessoas trabalhavam com entusiasmo para erguer suas próprias casas, que haviam sido tomadas anteriormente. A partir de meados dos anos 1970, essas casas foram alugadas para turistas estrangeiros que buscavam acomodações baratas, embora as construções nem sempre fossem da melhor qualidade.

O governo contribuiu para o rápido desenvolvimento no setor esportivo, construindo ginásios e estádios por todo o país. O principal objetivo era demonstrar a grandeza do regime político comunista e vencer competições contra esportistas ocidentais. Os atletas que alcançavam melhores resultados obtinham apoio privilegiado do governo. Eles podiam usar apartamentos de graça, comprar carros sem esperar vários anos e atravessar as fronteiras com o Ocidente sem dificuldade. Os atletas tornaram-se heróis nacionais, o que era visto como positivo, pois eles atraíam pessoas para a participação esportiva. Infelizmente, o sistema não tinha capacidade de oferecer serviços de esportes para as massas. No país, o regime comunista censurava toda a mídia e os programas culturais, de modo que se permitiu pouco acesso à cultura internacional. A mudança política em 1989 abriu as fronteiras e permitiu que as pessoas viajassem e entrassem em contato com outras culturas. O estilo de vida e o lazer do país foram afetados pela globalização. As pessoas precisavam trabalhar com afinco e, depois do trabalho, o lazer tornou-se importante para se recuperar e relaxar para o dia seguinte. As oportunidades de lazer cresceram rapidamente e foram aceleradas pelo processo de privatização. No início, muitos clubes esportivos desapareceram porque o apoio estatal foi congelado. No entanto, o novo setor privado ofereceu padrões mais elevados para novos clubes esportivos.

Para o mercado consumidor, construíram-se centenas de *shopping centers* para atender aos desejos dos cidadãos. Na década de 1990 construíram-se mais praças em Budapeste do que em qualquer outro lugar da Europa. Para garantir mais espaço, muitos dos novos *shoppings* foram erguidos principalmente na periferia, ofertando produtos mais baratos e afastando os compradores do centro da cidade. O horário de funcionamento também foi ampliado para atrair os cidadãos que só tinham tempo livre depois do trabalho. A maior quantidade de bens de consumo nos mercados teve uma influência significativa nos gastos das famílias. A maioria dos compradores tem atualmente entre 15 e 35 anos de idade, e 80% deles levam em torno de 30 a 60 minutos para gastar cerca de 10 a 30 euros (Mediapiac, 2014).

O desenvolvimento do lazer foi influenciado por famosos inventores húngaros. Anyos Jedlik produziu a primeira água gaseificada em 1826, o que tornou mais agradável beber água pura, refrigerante ou vinho. Talvez a Coca-Cola não existisse sem a invenção de Jedlik. Na produção de automóveis, Jozsef Galamb desempenhou um papel importante na construção do Ford Modelo T e na importação dos primeiros carros para a Hungria. Outras famosas invenções húngaras influenciaram os estilos de vida em todo o mundo, incluindo o helicóptero, a máquina de jogar xadrez e o cubo mágico de Rubik para a indústria de jogos. Além disso, muitos húngaros tiveram um papel importante na mídia, nas artes e na indústria cinematográfica, como Imre Reiner (pintor, escultor, ilustrador), Géza Anda (aclamado pianista), Imre Kálmán (o último grão-mestre da opereta vienense), Georges Cziffra (mundialmente famoso e lendário pianista de concertos), Sir Georg

Solti (famoso maestro), Johnny Weissmuller (artista), Vincent Korda (diretor de arte de filme vencedor do Oscar), André Kertész (aclamado fotógrafo) e Adolph Zukor (fundador da Paramount Filmes).

02 perspectivas ambientais

A recreação e o lazer podem ser caracterizados pelo relacionamento com vários ambientes. O ambiente inclui três influências principais: recursos naturais, socioeconômicos e infraestrutura.

02.1 recursos naturais

Os recursos naturais oferecem locais agradáveis para lazer na Hungria. Há espaços para a vida cotidiana e para o lazer. O território atual da Hungria é de 93.028 quilômetros quadrados, semelhante aos tamanhos de Portugal, República Tcheca ou Grécia. O país tem um clima continental, incluindo verões quentes com baixos níveis de umidade geral, mas chuvas frequentes, bem como invernos levemente frios, com neve. A temperatura máxima média no verão é de 23 a 28 °C, oferecendo um ambiente agradável para o turismo de esportes aquáticos. A temperatura mínima média no inverno não garante neve ou gelo suficiente para esportes de inverno. Portanto, a maioria das atividades ao ar livre é feita do final da primavera até o início do outono.

Os destinos de lazer favoritos dos húngaros incluem rios (por exemplo, Danúbio, Tisza), lagos (por exemplo, Balaton, Ferto, Velence), e riachos ideais para a prática de esportes aquáticos, como natação, canoagem, vela, surfe e polo aquático (Banhidi et al., 2015). Os clubes de esportes aquáticos oferecem infraestrutura e serviços de alta qualidade para cidadãos locais e turistas.

Na Hungria, há mais de 1.280 fontes de águas termais e cerca de 150 balneários termais foram construídos para oferecer serviços exclusivos de lazer e cura. Eles se transformaram nas principais atrações turísticas e em lugares favoritos para bem-estar e terapias.

A topografia da Hungria difere dos países vizinhos. A maioria das áreas é de planícies cercadas pelos Alpes e montanhas dos Cárpatos. O terreno predominantemente plano ou suavemente montanhoso é ideal para explorar de bicicleta, e o interior é cortado por estradas e pistas tranquilas. Há uma rede de ciclovias em todo o país, incluindo mais de 200 quilômetros em Budapeste. Infelizmente, não é seguro andar de bicicleta nessa cidade. Os lugares populares para pedalar incluem as margens do Danúbio, as colinas de Buda e as ciclovias que circundam lagos maiores (por exemplo, Velence, Balaton). Uma das áreas mais bonitas para pedalar é a fronteira oeste do país, do lago Fertő, no norte, até a região sudoeste (Őrség). O terreno também é propício para passeios a cavalo. Inúmeras escolas oferecem desde aulas introdutórias de equitação para crianças até passeios de aventura para cavaleiros experientes.

Embora a Hungria tenha várias cadeias de montanhas moderadamente elevadas, as que atingem altitudes de 300 metros ou mais cobrem menos de 2% do país. Aproximadamente 19% do país são ocupados por florestas dominadas por carvalhos e faias, que tornam essas áreas únicas em comparação com as florestas de pinheiros dos países vizinhos. As áreas de baixas montanhas com trilhas bem demarcadas atraem muitos caminhantes. Elas incluem a primeira trilha de caminhada de longa distância da Europa, a Trilha Azul (National Blue Trail), que foi criada em 1938 e segue uma rota aproximadamente circular por grande parte do país. A trilha tem pouco mais de 1.100 km de extensão.

02.2 ambiente socioeconômico

O ambiente socioeconômico desempenha um papel importante na maneira como os húngaros utilizam o lazer. Fortes tradições históricas misturam-se com a globalização. Os festivais, por exemplo, apresentam não apenas música folclórica tradicional, mas também os mais novos sucessos da música *pop*. Comida tradicional, como *langosh* (massa frita), é encontrada em festivais assim como hambúrgueres.

A condição socioeconômica tem um impacto sobre as oportunidades de lazer. A capacidade da economia húngara é inferior à média europeia. A renda *per capita* líquida domiciliar ajustada é de U$ 15.442[1] por ano. Há menos dinheiro disponível para grandes investimentos nas áreas de lazer. Além disso, existe uma diferença considerável entre os mais ricos e os mais pobres; os 20% mais ricos da população dispõem de cinco vezes mais renda do que os 20% mais pobres (OECD, 2015), o que influencia o mercado de lazer.

Uma pesquisa sobre orçamento do tempo analisou a relação entre consumo cultural, especificamente leitura de livros, e estratificação social. Os resultados mostraram que *status*, educação e renda eram as três principais bases para a estratificação no consumo cultural (Bukodi, 2007). Numa de nossas pesquisas sobre consumo de lazer, constatamos que aproximadamente 71% das restrições à participação em atividades de lazer envolvendo viagens eram decorrentes da falta de tempo e de recursos financeiros (ver Banhidi, 2016). A baixa adesão a atividades relacionadas com um estilo de vida saudável mostrou um risco maior entre os adultos menos escolarizados, de

---

[1] Equivalentes a aproximadamente R$ 51.400 pela cotação do câmbio de 28 mar. 2018. [N. T.]

baixa renda e mais velhos vivendo em pequenos povoados (Keller e Robert, 2011; Paulik *et al.*, 2010).

02.3 ambiente de infraestrutura

O ambiente de infraestrutura também tem desempenhado um papel importante nos serviços de lazer húngaros. Pode-se considerar que as primeiras instalações de recreação *indoor* foram as igrejas, onde as pessoas se reuniam, ficavam sabendo das novidades e cantavam juntas. Outras áreas *indoor* eram as escolas, que também ofereciam programas culturais e de atividade física para as comunidades. Estádios e ginásios *indoor* foram construídos principalmente nas cidades maiores. Após a mudança política do comunismo, o governo construiu ginásios para as escolas aprimorarem o nível da educação física. Os sistemas escolares introduziram a educação física diária, o que ainda existe hoje. Um enorme projeto imobiliário incluiu a construção de inúmeros *spas* em todo o país. As instituições multifuncionais servem como centros de recreação e de promoção da saúde.

Atualmente, quase todos os povoados possuem centros culturais que oferecem locais para apresentações e encontros sociais. A maioria das áreas *indoor* para esportes fica nas escolas, que abrigam também a maioria dos clubes esportivos locais. Para o esporte mais popular, campos de futebol foram construídos em quase todos os povoados e cidades. As áreas tradicionais de lazer, como regiões e praias naturais, têm infraestrutura básica, mas novos projetos estão conectados com serviços de bem-estar e esportes.

03 outras perspectivas húngaras

Os gestores de lazer fazem três perguntas principais: os cidadãos necessitam de todos os serviços de lazer que lhes são oferecidos? Eles sabem se estão tendo uma vida saudável? Existe demanda por serviços de lazer?

A Hungria apresenta um bom desempenho em apenas algumas medidas de bem-estar em comparação com a maioria dos outros países no Índice para uma Vida Melhor da Organização para Cooperação e Desenvolvimento Econômico (OECD, 2015). O país está acima da média em equilíbrio trabalho-vida pessoal e segurança pessoal. Está abaixo da média em conexões sociais, renda e riqueza, moradia, empregos e salários, bem-estar subjetivo e condição de saúde. A satisfação média dos húngaros sobre sua qualidade de vida é menor do que a média da OECD, mas 65% acreditam que coisas mais positivas que negativas acontecem com eles. Alguns fatores negativos do estilo de vida incluíam: tabagismo, hábitos alimentares inadequados e sedentarismo.

Um levantamento nacional constatou que poucas pessoas tinham estilos de vida saudáveis porque muitas tinham desvantagens demográficas, sociais e econômicas (Rurik e Antal, 2005).

As famílias húngaras preferem passar férias na praia, às margens do lago e nas montanhas. Durante as férias, suas prioridades são ter boas acomodações (86,3%), ficar junto com a família (80,5%) e estar com os amigos (75%; Laczkó e Bánhidi, 2015).

A maioria dos cidadãos diz que gostaria de comprar alimentos com pouca gordura e poucas calorias, mas seus hábitos alimentares são bastante tradicionais, já que as comidas são gordurosas e apimentadas, e eles comem poucos vegetais e frutas, especialmente quando produtos nacionais mais baratos não estão disponíveis. Os alimentos favoritos, como salsichas de porco, têm 80% de gordura, e o *goulash* tem 36% de gordura, que é mais do que uma típica salsicha alemã (28,3%) e menos do que um hambúrguer americano (48%; Fatsecret, 2016). Em 2013, o consumo médio de alimentos por habitante foi 33,1 kg de gorduras e óleos, 58,6 kg de batatas, 214 ovos e 59,2 kg de carne (20 kg a mais do que em 1960) (KSH, 2015).

Restaurantes ocidentais importados de *fast food* mudaram as expectativas e os horários das refeições. Desde que abriu 89 restaurantes na Hungria, o McDonald's já atendeu quase 80 milhões de consumidores por ano (McDonald's, 2013). Um terço dos cidadãos faz refeições de forma irregular e a principal refeição passou a ser o jantar em vez do almoço. Os alimentos mais populares são pão branco, café e sopas tradicionais (Kozák, 2009).

04 resumo e recomendações

Este capítulo resumiu o lazer húngaro a partir de diferentes pontos de vista. A localização do país oferece várias oportunidades em função das tradições culturais e dos recursos geográficos ideais. A população rural média adaptou-se às suas condições e geralmente segue o estilo de vida dos pais e avós. As pessoas religiosas ainda obedecem às regras das igrejas e os agricultores mantêm as tradições do estilo de vida rural no cultivo de seus alimentos e na criação de animais. Os pequenos povoados não dispõem de recursos e instalações suficientes para satisfazer às expectativas dos cidadãos. Os moradores precisam viajar para comunidades maiores para frequentar restaurantes, teatros, cinemas e instalações esportivas.

Os habitantes das áreas urbanas têm acesso mais fácil a serviços de lazer, mas apenas algumas cidades podem arcar com as demandas desse setor. Embora existam serviços de lazer mais estruturados e bem organizados, muitas pessoas têm estilos de vida pouco saudáveis (Keresztes, Pluhár e Pikó, 2006), como reunir-se com os amigos, ficar em casa, assistir à TV ou ir a *pubs* baratos. Nas últimas décadas, as comunidades têm constatado um crescente mercado de lazer, mas poucas incluem o desenvolvimento de lazer em suas estratégias. No entanto, uma quantidade maior de especialistas do lazer está disponível graças aos programas de educação em gestão de recreação. Espera-se que esses novos profissionais possam ajudar a mudar a situação atual e aumentar o número e a qualidade dos serviços de lazer.

Nossa visão de futuro é que os gestores de recreação vão liderar as estratégias nacionais, regionais e locais de lazer. Sua atuação se concentrará em como assegurar um desenvolvimento sustentável para o ambiente e as atividades de lazer. Além disso, os mercados de lazer serão mais bem atendidos, com foco nas expectativas dos consumidores. A população, então, entenderá quais os recursos e as atividades de que necessita para melhorar sua qualidade de vida.

05 referências

Bali, J. (2009). *Falusi életmód és társadalom a Kádár-korszakban. Néprajzi diakron vizsgálat 1960-1990* [Sociedade e cultura rural húngara durante a era Kadar, 1960-1990]. Munkabeszámoló Research Report. Budapeste: OTKA.

Bánhidi, M. (2016). *Rekreológia*. Budapeste: Hungarian Sport Science Association.

Bánhidi, M. et al. (org.) (2015). *Youth Leisure around the World*. Sopron, Hungria: Universidade da Hungria Ocidental.

Bender, T., Balint, P. V. e Balint, G. P. (2002). "A Brief History of Spa Therapy". *Annals of the Rheumatic Diseases*, 61(10), 949-950.

Böröcz, T. (1990). "Hungary as a Destination 1960-1984". *Annals of Tourism Research*, 17(1), 19-35.

Bukodi, E. (2007). "Social Stratification and Cultural Consumption in Hungary: Book Readership". *Poetics*, 35(2-3), 112-131.

Culpin, C. e Henig, R. (1997). *Modern Europe: 1870-1945*. Harlow, UK: Longman Advanced History.

Dobay, B. e Bánhidi, M. (2012). "Sport Tourism Development in Slovakia". *Palestrica of the Third Millennium Civilization and Sport*, 1, 19-22.

Fatsecret (2016). "Food Search". Retirado de: <https://www.fatsecret.com/calories- nutrition/>.

Forster, D. P. e Józan, P. (1990). "Health in Eastern Europe". *The Lancet*, 335(8687), 458-460. Retirado de: <http://www.ncbi.nlm.nih.gov/pubmed/1968180>.

Fritz, P. (2006). *Mozgásos rekreáció* [Recreação física]. Szeged, Hungria: Bába Publisher.

Gáldi, G. (1997). *A sportedző (sport rekreáció szakágon) szakképesítés központi programja* [O programa central de formação de treinadores]. Budapeste: OTSH.

Gergely, A. (1971). "Települések, lakások és lakóik a századforduló Magyarországon" [Assentamentos, casas e cidadãos durante a virada do século]. *Történelmi Szemle*, 3(4), 406-441.

Keller, T. e Robert, P. (2011). "Structural Components of Lifestyle and Beyond: The Case of Hungary". *Studies of Transitions States and Societies*, 3(1), 55-68.

Keresztes, N., Pluhár, Z. e Pikó, B. (2006). "Fiatalok életmódja és egészsége lakóhelyük tükrében". *Új Pedagógiai Szemle*, 6, 36-47.

KSH (2015). *Household Income and Food Consumption (1960-2014)*. Hungarian Central Statistic Office. Retirado de: <https://www.ksh.hu/docs/eng/xstadat/xstadat_long/h_zhc001.html>.

Kozák, J. (2009). "Táplálkozás, fogyasztás és életmód a rendszerváltás utáni Magyarországon" [Nutrição, consumo e estilo de vida após a mudança política na Hungria]. *Élelmiszer, Táplálkozás és Marketing*, 6(1-2), 19-23.

Laczkó, T. e Bánhidi, M. (2015). *Sport és egészségturizmus alapjai* [Noções básicas de turismo esportivo e de saúde]. Pécs, Hungria: Universidade de Pécs.

McDonald's (2013). *Negyedszázada mekizünk* [Frequentamos o McDonald's por um quarto de século]. Retirado de: <http://www.mcdonalds.hu/cikk/153>.

Mediapiac (2014). "Átlagosan egy órát plázázunk". [Em média passamos uma hora em praças]. Retirado de: <https://www.mediapiac.com/marketing/atlagosan-egy-orat-plaza-zunk/18333/#sthash.KMPrULhT.dpuf>.

Nádori, L. (1983). *Sportlexikon*. Budapeste: Sport Publisher.

Nádori, L. *et al.* (2011). *Sportelméleti ismeretek* [Conhecimento teórico esportivo]. Budapeste: Digitális Tankönyvtár Pécs: Dialóg Campus Publisher-Nordex Kft.

OECD (2015). *OECD Better Life Index*. Retirado de: <http://www.oecdbetterlifeindex.org/countries/hungary/>.

Paulik, E. *et al.* (2010). "Determinants of Health-Promoting Lifestyle Behaviour in the Rural Areas of Hungary". *Health Promotion International*, 25(3), 277-288.

Révai Lexikon (1924). *Révai Testvérek irodalmi intézet részvénytársaság*. Budapeste: Révai Publisher.

Rurik, I. e Antal, M. (2005). "Nutritional Habits and Lifestyle Practice of Elderly People in Hungary". *Acta Alimentaria*, 32(1), 77-88.

israel, o lazer e a reinvenção de uma antiga nação

elie cohen-gewerc
faculdade beit berl

Apesar de seu crescente papel na vida das pessoas, o lazer em Israel é visto sobretudo como uma pausa intermediária para descanso e distração, e as atividades de lazer são muito influenciadas pelos costumes, pelas crenças e pelo contexto social. Israel é um caso interessante nesse sentido, em virtude de sua dinâmica histórica e do mosaico de sua diversidade étnica e cultural.

A fundação do Estado de Israel, declarada em 15 de maio de 1948, foi a realização concreta de uma ideia e de um projeto político e conceitual nascido como uma síntese híbrida entre a busca dos judeus por uma identidade nacional, pela soberania territorial e pelo socialismo e uma visão do século XIX de uma sociedade perfeita. Algumas pessoas declararam que o novo Estado judaico foi concebido para receber o Novo Judeu. Muitos movimentos sionistas na Europa Oriental haviam criado centros especiais de treinamento para preparar aqueles novos judeus antes que aderissem ao projeto de reinvenção da antiga nação judaica.

É fundamental enfatizar que a criação dessa nova realidade implicou a negação da antiga. Duas mudanças básicas eram necessárias para atender aos critérios de renovação judaica: as pessoas precisavam aprender a falar hebraico e a cultivar a terra. Naquela época, acusar alguém de ter uma mentalidade de diáspora era uma grave ofensa! No entanto, em função das circunstâncias políticas na Europa durante as décadas de 1920 e 1930, muitos imigrantes vieram diretamente para Israel sem treinamento especial, falando os idiomas de suas respectivas diásporas, e optaram por viver em cidades e ganhar a vida perpetuando o tradicional ofício judaico de trabalhar no comércio. Os pioneiros puros consideravam fatal a combinação de diáspora com burguesia.

Segundo os ideólogos pioneiros, esse pessoal sem treinamento estava destinado a se tornar a geração do deserto, uma alusão à geração que saiu do Egito, mas não chegou à Terra Prometida. Para a atual geração de imigrantes sem treinamento, encontrou-se uma solução: as crianças passariam pelo caldeirão sionista (Gorny, 2001), por meio de escolas e serviço militar, e se transformariam no canônico Novo Judeu, como retratou uma caricatura dos anos 1950 (Stern, 1999, p. 9). As atividades de lazer integravam a experiência do caldeirão e constituíam um fator substancial que contribuía para a desejada transformação mental. Mas, numa realidade em constante mudança em virtude da afluência de novas populações despreparadas, como os líderes da Revolução Judaica poderiam ter certeza de que seu realismo utópico (Gorny, 2015) teria sucesso? Tal afluência não poderia perturbar o equilíbrio frágil e temporário dessa mistura de recém-chegados de mais de 130 países, criando uma população que falava dezenas de idiomas e era moldada por diversas mentalidades? Na época, a população de Israel aumentava exponencialmente. De fato, desde a fundação do Estado de Israel até hoje, ela aumentou dez vezes, principalmente por causa da imigração (de 872.700 pessoas em 1948 para 8.296.900 em maio de 2014; Central Bureau of Statistics, 2015).

O objetivo deste curto capítulo é demonstrar a maneira como mudou o conceito de lazer, bem como seu volume crescente e suas práticas, em paralelo com as mudanças por vezes dramáticas pelas quais a sociedade israelense passou desde a criação do Estado de Israel.

01   o período pré-estado chamado *yishuv*: criação de uma pátria judaica soberana

Inspirados na ascensão do Estado-nação na Europa (ou seja, a *Primavera das Nações*), nas últimas décadas do século XIX houve uma profusão de projetos destinados a encontrar uma solução nacional para o povo judeu, especialmente após o dramático massacre de judeus na Rússia entre 1881 e 1884. Essa solução nacional também abrangia novas visões da sociedade, da mentalidade e dos comportamentos. Em qualquer revolução, o novo mundo precisa se levantar contra o mundo antigo e até mesmo negá-lo.

Na realidade idealizada pelos movimentos pioneiros na Palestina no início do século XX, os Novos Judeus tinham que trabalhar com as mãos, ser produtivos e ser dignos da nova hierarquia de valores. Todos eles viviam em assentamentos chamados *Yishuv*, que se caracterizavam por certa ligação com a terra natal. Depois de concluir seu turno de trabalho físico, os trabalhadores voltavam para seus livros no tempo livre e, depois de um longo dia comunicando-se apenas em hebraico, conseguiam encontrar alento em suas bibliotecas pessoais, que incluíam clássicos em russo, alemão ou francês.

A *pièce de résistance* na modesta sala de estar do imigrante era a biblioteca, e a leitura era uma atividade de lazer popular. A leitura levava a outra ocupação de lazer muito valorizada: o debate. A vida, na época, só existia como vida coletiva. Uma das canções mais famosas naqueles anos era "Viemos para o país para construir e ser construídos". Compartilhar os momentos de lazer fazia parte desse programa, que era essencialmente uma epopeia coletiva (ou seja, a criação de uma nova sociedade homogênea de pessoas abertas para o mundo exterior). Muitas vezes, à noite, ocorriam discussões fundamentais em torno de uma fogueira, seguidas pelo canto comunitário de canções da Terra de Israel. O conceito de união era essencial e toda a vida era um esforço em comum para a realização coletiva da futura nova nação. Essa narrativa oficial manifestava-se plenamente nas aldeias agrícolas, especialmente nos *kibutzim*. A narrativa aceita servia como ideal mais elevado, mesmo entre a maioria dos habitantes das cidades, suspeitos de ser burgueses e ligados à diáspora.

Nas cidades – e especialmente em Tel Aviv, a metrópole surgida ao norte da antiga cidade de Jaffa –, as pessoas tentavam viver como na Europa. O lazer, portanto, era sinônimo de música, teatro e balé, como uma emanação da cultura da Europa Central e Ocidental, também presente nos cafés e salões de baile, sinais flagrantes da burguesia da diáspora. Esse período pré-Estado sob o amplo guarda-chuva do projeto sionista, além do esforço de falar o hebraico renascido e de compartilhar *slogans* pioneiros, mostra como as várias comunidades de imigrantes tendiam a perpetuar sua percepção particular de lazer e a se envolver em suas atividades favoritas antes de se tornarem parte da pátria judaica. As particularidades étnicas e culturais podiam ser expressas na forma de atividades de lazer, que ainda eram moldadas pelas convenções culturais e pelos costumes coletivos. Ao final do dia, cada mae cantava para seu filho as cantigas de ninar que ouvira durante sua própria infância.

O âmbito do lazer desempenhava o duplo papel de promover a narrativa nacional do Novo Judeu e, ao mesmo tempo, proporcionar um espaço comunitário em que particularidades culturais podiam sobreviver. Tel Aviv, a futura metrópole, era um exemplo concreto desse processo.

A cidade de Tel Aviv, fundada em 1909, com 3.600 habitantes em 1914 e 248.600 em 1948, ilustra o excepcional dinamismo dos eventos históricos e a reunião dos diferentes recém-chegados, que foram divididos conforme suas respectivas visões do sionismo. Em 1948, na véspera da fundação do Estado, Tel Aviv era uma espécie de Torre de Babel, com dezenas de idiomas, culturas e hábitos de lazer. O hebraico era uma ponte fundamental entre as várias comunidades. Escolas e instituições de arte, lideradas principalmente por imigrantes europeus e fruto de iniciativas pessoais, lançaram as bases para uma cultura comum. Como um país mediterrâneo com poucas distrações em casa além de ler e de ouvir a única estação de rádio em hebraico, as pessoas passavam o tempo ao ar livre. Os bancos públicos e as portas de entrada eram os pontos de encontro populares, assim como os pequenos cafés com cadeiras do lado de fora. As crianças iam diretamente da escola para reuniões dos movimentos juvenis, que misturavam atividades de lazer com instrução ideológica. Escolas e movimentos juvenis eram afiliados a partidos políticos. Atividades coletivas, como esportes e excursões, faziam parte do projeto abrangente de lançar as bases para uma nova sociedade nacional. Os Novos Judeus deveriam forjar um vínculo emocional com a pátria, marchando, conhecendo e sentindo cada acre de terra. As atividades esportivas eram uma parte fundamental do treinamento pré-militar para defendê-la.

O projeto sionista, que por si só não era monolítico, incluía dois aspectos principais, e por vezes contraditórios. Por um lado, estava em curso um esforço para criar e estabelecer os elementos essenciais da nova nação antiga por meio da educação e da introdução de novas atividades de lazer oficiais. Por outro lado, com exceção de alguns grupos de jovens engajados que enfatizavam sua ruptura com todos os aspectos da existência na diáspora, a maioria dos recém-chegados manifestava um impulso compreensível de perpetuar as tradições e os hábitos de sua cultura de origem.

Os líderes reconhecidos tinham consciência de que esse movimento utópico realista estava "totalmente voltado para a realidade concreta, não em um esforço para se ajustar a ela, como fazem as pessoas sensatas, mas para controlá-la e moldar a partir dela um novo modo de ser" (Katznelson, em Gorny, 2015, p. 494). Durante esse período, pequenos grupos, comunidades e, muitas vezes, indivíduos empreenderam iniciativas em todos os domínios, incluindo as atividades de lazer. No entanto, após a fundação do Estado em 1948, com um governo legal e um parlamento eleito assumindo em janeiro de 1949, um novo período começou.

02 as duas primeiras décadas

A declaração de independência, transmitida ao vivo pelo rádio, gerou um evento espontâneo de lazer em massa. Milhares de pessoas tomaram as ruas e dançaram a *hora*, o símbolo oficial de lazer dos pioneiros (embora não declarado). Dançar a *hora* era uma atividade que podia englobar e conter todas as diversas comunidades, culturas e idiossincrasias judaicas. Contudo, era não apenas expressão de alegria espontânea, mas também um sinal de ansiedade. A ameaça de aniquilação dizia respeito a todos, independentemente da descendência étnica ou da língua materna. Sentir a união e transcender rapidamente esta Torre de Babel parecia ser um objetivo compartilhado. Diante da ameaça, a união e a solidariedade tornaram-se um objetivo comum, simples e uniformemente desejado. Em um novo país frágil ameaçado de aniquilação, as diferenças sociais e culturais tinham que permanecer nos bastidores.

A transmissão da língua não era meramente um esforço para ensinar o hebraico aos novos imigrantes. Era o processo de levá-los a romper com seu passado na diáspora. Um fator operacional para avançar nesse objetivo, pertinente ao lazer, foi o movimento juvenil, que, ao ocupar e controlar o tempo livre após a escola, deu continuidade ao processo de socialização sionista. Durante esse período, a noção de tempo livre e lazer pessoal era uma raridade para a maioria das pessoas. Os indivíduos viam a si mesmos como parte do coletivo nacional e, eventualmente, de alguma subdivisão deste. Mesmo nas canções e nos poemas, que geralmente são veículos para expressar sentimentos íntimos, o pronome mais comumente usado era *nós* em vez de *eu*. A sensação básica era, como em qualquer período épico, que a existência de alguém só poderia adquirir legitimidade fazendo parte do empreendimento coletivo. As atividades de lazer, como a atividade altamente reverenciada de caminhar por todo o país, apesar dos perigos do terrorismo, eram a expressão de um desejo coletivo de normalidade.

Nessas duas primeiras décadas após a fundação do Estado de Israel, o *shabat* era observado de forma muito parecida com os domingos da era vitoriana. Nenhuma forma de entretenimento público e nenhum café, cinema ou espetáculo funcionavam aos sábados. O transporte público também era suspenso nesse dia, exceto na cidade de Haifa. As exceções incluíam ônibus especiais para as praias e jogos de futebol. Os jovens ficavam tentados a abandonar as sinagogas e a tomar os ônibus que os levariam aos estádios ou à praia, e também para longe das tradições de sua comunidade.

Ouvir o rádio não era tão somente lazer. As transmissões de rádio acompanhavam as pessoas não apenas em casa, mas também nos ônibus e em muitos locais de trabalho. Sob o controle direto do governo, *Kol Israel* (a Voz de Israel) era um importante instrumento para o desenvolvimento de uma identidade nacional, que deveria substituir, ou pelo menos ocultar, as culturas da diáspora que os imigrantes traziam consigo. As letras das músicas eram em hebraico e contavam a epopeia sionista, mas as melodias vinham da Europa e soavam como músicas folclóricas russas, refletindo a época em que a maioria dos pioneiros que lideravam a revolução judaica era da Rússia. Nos bastidores, cada comunidade mantinha suas próprias tradições particulares. Os sons orientais, por exemplo, continuavam a emocionar as pessoas originárias de países árabes ou dos Bálcãs. Cantores e compositores orientais atendiam a essa demanda e floresceram na década de 1960, com o surgimento do gravador de fita cassete. Esse entretenimento popular de lazer foi chamado de músicas de fita cassete e tornou-se uma alternativa à transmissão de música oficial na única estação de rádio nacional.

A vida, incluindo o que era visto como lazer, subordinava-se e era dedicada à ideologia. Até a Guerra dos Seis Dias em 1967, um ponto de virada que transformou a visão ideológica, o principal debate nesse âmbito era entre o socialismo, representado pelo ideal do *kibutz*, e o liberalismo, que valorizava a livre iniciativa e as conquistas individuais. No entanto, em ambas as ideologias, o lazer ainda era definido por um contexto de preocupação coletiva e nacional. Expressar desejos pessoais era descabido e politicamente incorreto. Amos Oz (2005), em seu romance autobiográfico, *De amor e trevas*, escreveu sobre esse período:

> A coisa que aquelas conversas telefônicas revelam para mim agora é como era difícil para eles – para todos, não apenas para meus pais – expressar sentimentos pessoais. Eles eram capazes de conversar por horas a fio em tom animado sobre Nietzsche, Stálin, Freud, Jabotinsky, [...] mas no momento em que tentavam dar voz a um sentimento íntimo, o que saía era algo tenso, seco, até mesmo assustado. (p. 11)

Esse período foi marcado também pela escassez de bens e suprimentos, em geral, e de lazer, em especial. Para resumi-lo, cito a história da instituição nacional chamada *Beith Havra'a* – literalmente uma casa de convalescentes ou sanatório que oferecia aos trabalhadores e empregados a oportunidade de relaxar durante uma semana inteira em hotéis modestos, porém decentes. O conceito de *Beith Havra'a*, semelhante às colônias de férias dos franceses, era uma nova forma de lazer para os israelenses da jovem nação, e proporcionava uma oportunidade de ficar frente a frente com a diversidade da sociedade de Israel.

Em razão da ameaça concreta nas fronteiras do novo Estado e da precária situação econômica, o principal esforço compartilhado por todos era a luta pela sobrevivência, o que não propiciava um terreno fértil para o desenvolvimento do lazer, nem conceitualmente, nem de forma prática. No entanto, a vida continuava, assim como os processos de desenvolvimento pessoal e social, embora invisíveis em sua maior parte. As implicações desses desenvolvimentos tornaram-se evidentes após a travessia da década seminal entre 1967 e 1977, desde a Guerra dos Seis Dias até a visita de Anwar Sadat, o presidente do Egito.

03 entrando no mundo liberal ocidental (e alguns pensamentos em retrospectiva)

O contexto geopolítico após duas grandes guerras (ou seja, a Guerra dos Seis Dias de 1967 e a Guerra do Yom Kippur de 1973) e o estabelecimento de um tratado de paz com o Egito ajudaram a dissipar gradualmente a sensação de ameaça e a necessidade de demonstrar força e concordância absoluta como uma nação socialmente homogênea. Um novo conjunto de conceitos substituiu o jargão épico da época. O *eu* passou a desafiar o canônico *nós* e o vício anterior de uma visão conjunta uniforme do futuro foi substituído por um forte impulso para alcançar o bem-estar já. A evolução do lazer foi parte desse processo. Sua expressão inicial assumiu a forma de um grande ato de consumo.

Os eventos históricos que levaram a sociedade a se abrir para influências adicionais, para sua própria diversidade e para um diálogo intensivo com o mundo ocidental como uma fonte de inspiração foram importantes. O famoso caldeirão tornou-se obsoleto, mas o objetivo declarado "não era uma confederação fraca de guetos, e sim um mosaico, cujas peças se unem e se enriquecem mutuamente num diálogo contínuo" (Sela e Katz, 1999). Vários aspectos são dignos de nota:

- O novo regime venceu as eleições graças aos votos das massas, as mesmas massas que tinham dificuldade em assumir a forma do Novo Judeu canônico. Agora tinham total legitimidade para ser eles mesmos, para se orgulhar de sua herança e exigir reconhecimento público de suas tradições e hábitos de lazer. O particularismo cultural e a adesão a um patriotismo simples, desprovido de precondições, passaram a ser um modo de vida viável.

- O lazer tornou-se a livre expressão de todas as particularidades. Com a visão liberal do novo governo, as pessoas podiam ter acesso a novas comodidades de consumo de lazer, como televisores coloridos a preços acessíveis, vídeos, carros e – que revolução! – viagens baratas para o exterior. Antes de 1977, essas comodidades eram consideradas itens de luxo, e as pessoas precisavam pagar impostos exorbitantes para comprá-las. A taxa impressionante e crescente de israelenses viajando para o exterior os expôs a mais atividades e serviços de lazer. A indústria do lazer oferecia uma variedade de meios de entretenimento, como novos *shoppings*, TV a cabo e diversos restaurantes e cafeterias.

- Na década de 1990, Israel recebeu mais de um milhão de imigrantes, representando quase 20% da população total do país. Essa geração de imigrantes, a única que não foi obrigada a abrir mão de suas peculiaridades, imediatamente fundou jornais em russo, além de um grupo teatral que apresentava peças em hebraico, o qual rapidamente adquiriu renome junto a todos os públicos. Esse fluxo de imigrantes favoreceu a demanda crescente de música clássica, ginástica artística e consumo de artes.

- O processo de envelhecimento neste país relativamente jovem está em andamento. Assim, pessoas mais velhas estão entrando no mercado de lazer. Sua presença é sentida em todas as áreas de lazer (Nimrod, 2007). Eles são grandes consumidores de TV e fãs de passeios e cruzeiros, bem como de esportes e *fitness*. Além disso, dedicam-se a atividades voluntárias em seu tempo livre.

- Hoje, em virtude dos pontos de contato e da maior familiaridade com as culturas da Europa e dos Estados Unidos, e do desenvolvimento do turismo israelense nessas regiões, o lazer é semelhante ao do mundo ocidental em muitos aspectos. O desenvolvimento da participação no lazer oferece um rico espectro de possibilidades, facilitadas pelo aumento do padrão de vida e pela relativa estabilidade econômica desde o final da década de 1980. A variedade de atividades de lazer disponíveis pode ser encontrada em várias publicações (Leitner e Leitner, 2014; Kaplan, 1991; Katz e Yanovitzky, 1999; Zadka, 2008).

Em seguida, forneço uma visão geral do lazer atualmente em Israel e seu papel nas lutas e nos processos que criaram uma sociedade capaz de prosperar, apesar de suas inúmeras e contraditórias partes. O desenvolvimento do conceito de lazer em Israel segue a trajetória das mudanças pelas quais o país passou em suas várias fases de desenvolvimento. Um dos aspectos de maior sucesso no projeto sionista, que vislumbrou a criação de um novo Estado e de novas pessoas, foi o renascimento do idioma hebraico. Por um bom tempo, o hebraico deveria ocultar e até mesmo anular as diferenças entre as várias comunidades de imigrantes. Agora, porém, ele transmite as diversas vozes que surgem do mosaico humano característico deste país no terceiro milênio.

O lazer desempenha um papel importante na criação de padrões de coexistência que têm evoluído entre judeus e árabes, comunidades religiosas e seculares, imigrantes do Oriente e do Ocidente, e imigrantes recentes e veteranos. Ele permite a expressão da diversidade em cada um desses grupos. No período de duas a três gerações desde 1948, o objetivo de criar uma nação homogênea a partir de uma população oriunda de vários continentes, países e culturas não foi alcançado, e a população não coincide com a imagem ideal promovida pelo antigo modelo pioneiro. No entanto, cada grupo ainda luta para ser reconhecido – também no campo do lazer – em seus próprios termos.

A história da música oriental em Israel ilustra a evolução específica de um grupo que veio a público após anos de existência semioculta. Nas últimas décadas, cantores e intérpretes desse estilo de música, os netos de imigrantes que chegaram a Israel durante os anos 1950 vindos dos países muçulmanos, floresceram. Com o desenvolvimento de estações de televisão comerciais e a importância dos índices de audiência, a música oriental tornou-se um meio de atrair um público mais amplo. Essa mudança permitiu que músicos anteriormente relegados a gravações em fita cassete assumissem o protagonismo. Hoje, a música oriental é amplamente veiculada, tem uma forte presença e é desfrutada por um público variado de fãs que apreciam sua expressão autêntica – nem todos são de ascendência oriental. Assim, essa música é uma forma popular de lazer, que fornece uma plataforma de interação entre vários grupos étnicos.

O campo do lazer permite a expressão de diferenças culturais e propicia um ponto de encontro entre culturas específicas. As influências mútuas das culturas podem ser comparadas à combinação de sabores no prato judaico *cholent*, que tradicionalmente é servido no *shabat*. Portanto, tem havido fascinantes colaborações interculturais, principalmente no campo da música.

A noção de lazer está associada a um sentimento de liberdade e à busca de novas experiências e interações, como ocorre em outros países ocidentais. Nesse sentido, o lazer já não constitui apenas um contraponto ao trabalho como uma oportunidade para descansar e recuperar as energias. Em vez disso, tornou-se um aspecto legítimo da vida e, por vezes, o mais importante. Com o advento da televisão comercial em Israel no final da década de 1990, bem como da internet e das redes sociais, aumentou a participação de mercado da indústria do lazer, que procura oferecer mais oportunidades. O consumo de várias atrações, que podem ser classificadas como lazer casual, segundo Stebbins (1997), tornou-se parte integrante do orçamento familiar, especialmente nas famílias de classe média. O consumo do lazer é visto como uma necessidade e não como um luxo. As áreas clássicas de lazer, incluindo leitura, teatro, esportes, viagens e outras atividades, estão disponíveis em todo o país. Israel não é diferente de outros países ocidentais, com exceção talvez da extensão e da intensidade das atividades oferecidas. A porcentagem de leitores e frequentadores de teatro é maior do que a média nos países ocidentais (Haze, 1999).

Em Israel, especialmente na classe média, tem aumentado o esforço de trabalhar mais para aumentar a capacidade de consumo de lazer. No entanto, uma tendência oposta inclui pessoas que procuram reduzir sua carga de trabalho para dispor de mais tempo livre, o que é chamado de tempo de qualidade.

A evolução da cultura de consumo tem sido parte desse impulso por mais lazer. Os *shoppings* em todo o país servem como centros para o lazer mais popular e de ponto de encontro para todo o espectro do mosaico social israelense.

De especial interesse é o processo que acontece nos setores de judeus ultraortodoxos e de árabes, que normalmente sempre tiveram uma relação complexa com a noção de lazer. Esses dois setores, conhecidos por seu isolamento social, pouco a pouco vêm sendo permeados e influenciados pela vitalidade e atividade presentes na sociedade.

Nas sociedades árabes, enquanto os homens aumentam sua participação em jogos esportivos, *spas* de saúde e confraternização em bares com amigos, a revolução vem sendo conduzida pelas mulheres. Elas estão encontrando o caminho legítimo que leva ao mundo exterior por meio da educação e da procura de empregos fora de suas aldeias. Embora a educação normalmente não seja considerada uma atividade de lazer, passar um tempo fora da aldeia e no *campus* constitui uma forma de lazer por favorecer a autodescoberta e o empoderamento feminino.

Nas comunidades ultraortodoxas, as mulheres também estão atravessando as fronteiras, muitas vezes com o apoio silencioso de seus companheiros do sexo masculino. A participação das mulheres ultraortodoxas na música, no teatro, no canto, na pintura, no balé e na ginástica agora é considerada aceitável. Sem necessidade de qualquer demonstração ostensiva ou rebelião, as atividades de lazer dessas mulheres as expõem à sociedade e às influências do mundo moderno, que se infiltra na vida familiar e comunitária. Nos setores ultraortodoxo e árabe, os sinais palpáveis de uma maior abertura, ainda que frágil, podem ser associados à busca do lazer.

Israel também testemunhou um aumento na participação em lazer sério, um conceito cunhado por Stebbins (2014) para designar a "busca sistemática de uma atividade amadora, *hobby* ou voluntária. Deve ser suficientemente substancial, interessante e gratificante para que o participante encontre uma carreira ali, adquirindo e expressando uma combinação de suas habilidades especiais, conhecimento e experiências" (p. 4). Há uma crescente consciência da oportunidade de usar o lazer para investir em autoaperfeiçoamento com o objetivo de realizar sonhos pessoais e praticar habilidades pessoais não expressas no âmbito do trabalho.

No início do terceiro milênio, Israel participa da aventura de transcender fronteiras e superar obstáculos que caracterizam todo o mundo ocidental. No entanto, com essa abertura, aumenta a ansiedade em relação à possível perda de identidade e missão, o que leva a uma nostalgia do passado e à predominância de uma identidade claramente esculpida.

04   conclusão

Sem dúvida, no Israel contemporâneo, muitas pessoas sentem e vivenciam uma abertura para as possibilidades do lazer. No entanto, desde o ponto de virada marcado pelo trágico assassinato de Yitzhak Rabin, o primeiro-ministro israelense, em 1995, e pela atmosfera que levou a esse acontecimento há duas décadas, a sociedade israelense vem passando por um processo de polarização. O sonho dos pioneiros no início da epopeia sionista tornou-se recentemente uma obsessão para assegurar uma identidade estreitamente definida, um particularismo alcançado por meio de separação, compartimentalização e isolamento. Nós sabemos a diferença entre o particularismo como uma expressão pessoal do humanismo universal e o particularismo destinado a separar, diferenciar e isolar.

No Israel contemporâneo, um país cuja população constitui um fascinante mosaico de culturas, percepções, tradições e afiliações, o lazer desempenha um papel ativo na luta e na busca por um etos comum. Indivíduos e grupos estão engajados em esforços criativos, vigorosos e férteis, apesar da tentativa do atual governo de esmagar quaisquer sinais do ímpeto de transcender fronteiras e criar pontes entre as pessoas.

O lazer é uma ruptura com as tarefas do dia a dia, em que as pessoas têm a legitimidade para fazer o que quiserem, mesmo que essa escolha seja não escolher. O espaço do lazer é um domínio extraterritorial, um desafio concreto à liberdade pessoal e ao senso de responsabilidade, "uma vasta oficina na qual se pode descobrir, testar, adotar e criar pelo prazer de descobrir, testar e criar, em harmonia com a própria singularidade nascente" (Cohen-Gewerc e Stebbins, 2013, p. 152).

Frequentemente os partidos de direita e seus parceiros do partido religioso denunciam a sociedade secular por se envolver em atividades de lazer que consideram imprudentes e desprovidas de moral ou valores. Apesar de seu chamado para que os israelenses retornem à mentalidade de eras passadas, eles não conseguirão pôr fim à curiosidade, ao desejo de explorar e adquirir conhecimento, ou ao desejo de autodescoberta. Apesar da associação dissimulada entre o nacionalismo simplista e o entretenimento superficial fornecido pela indústria do lazer, os processos pessoais estão se desdobrando e surgem iniciativas de pequenos grupos e pessoas que dedicam seu tempo livre na busca de um estado mais elevado da existência humana. Esse processo está bem encaminhado em Israel, como demonstra a nova manifestação do *shabat* israelense. Desde a década de 1980, após um prolongado embate público, as instalações de lazer, como restaurantes e cinemas, ficam agora abertas aos sábados na maioria das cidades. Várias atividades de lazer e novos eventos multiculturais, israelenses e globais, são promovidos semanalmente. Essa efusão é o produto de aspirações criativas de muitos indivíduos.

Talvez Martin Buber estivesse correto quando em 1945, antes da fundação do Estado de Israel, definiu a utopia israelense como "um experimento que não falhou" (1958, p. 139). Apesar das infelizes exibições dos políticos de hoje, acredito que nos bastidores, no campo rico do lazer, mais israelenses estão envolvidos na formação de uma nação em comum – uma que acomode a diversidade como um aspecto vibrante de uma humanidade compartilhada com o mundo.

A partir da minha própria experiência empírica e de muitos estudantes que acompanhei, o lazer é um espaço mágico que brota na consciência e permite que as pessoas experimentem a vida sem todos os moldes e padrões de pensamento predefinidos. Permaneço eternamente grato à biblioteca e à modesta cinemateca de minha juventude, onde encontrei um universo amplo e fascinante que oferecia inúmeras alternativas para o meu mundo pequeno e limitado. Estar ciente das possíveis alternativas atrai e reabilita a liberdade. Com tantos israelenses tendo essa oportunidade, estou confiante de que a sociedade israelense superará a recente onda de nacionalismo estreito e separatista que ameaça distorcer o extraordinário projeto de reinvenção desta antiga nação.

05 referências

Buber, M. (1958). *Paths in Utopia* (traduzido por R. F. C. Hull). Boston, MA: Beacon Press. Retirado de: <http://www.ditext.com/buber/utopia.html>.

Central Bureau of Statistics (2015) "Population, by Population Group, Jerusalem". Retirado de: <http://www.cbs.gov.il/shnaton66/st02_01.pdf>.

Cohen-Gewerc, E. e Stebbins, R. A. (2013). *Serious Leisure and Individuality*. Montreal, Canadá: McGill-Queens University Press.

Gorny, Y. (2001). "The 'Melting Pot' in Zionist Thought". *Israel Studies*, 6(3), 54-70. Retirado de: <https://muse.jhu.edu/login?auth=0&type=summary&url=/journals/israel_ studies/v006/6.3gorny.html>.

Gorny, Y. (2015). *The People of Here and Now: Utopian Realism of the Formative Figures of the New Jewish Society in Pre-State Israel*. Beer Sheva, Israel: Universidade Ben-Gurion do Negev [em hebraico].

Kaplan, M. (1991). "Leisure, toward a Theory and Policy for Israel". Em: Kaplan, M. (org.). *Essays on Leisure: Human and Policy Issues* (pp. 147-164), Cranburry/Londres/Mississauga: Associated University Presses.

Katz, E. e Yanovitzky, I. (1999). *Culture, Communication, and Leisure in Israel*. Tel Aviv: Universidade Aberta de Israel.

Leitner, M. e Leitner, S. (2014). *Israeli Life and Leisure in the 21st Century*. Urbana, IL: Sagamore.

Nimrod, G. (2007). "Retirees' Leisure: Activities, Benefits, and their Contribution to Life Satisfaction". *Leisure Studies*, 26(1), 65-80. Retirado de: <http://eshkol.huji.ac.il/ Nimrod%202007%20 (retirees'%20leisure).pdf>.

Oz, A. (2005). *De amor e trevas* (traduzido por Milton Lando). São Paulo: Companhia das Letras.

Sela, H. e Katz, E. (1999). "Culture Policy in Israel". *Panim, Quarterly for Society, Culture and Education*, 10, 3-10 [em hebraico].

Stebbins, R. A. (1997). "Casual Leisure: A Conceptual Statement". *Leisure Studies*, 16, 17-25.

Stebbins, R. A. (2014). *Careers in Serious Leisure, from Dabbler to Devotee in Search of Fulfillment*. Nova York: Palgrave Macmillan.

Stern, F. (1999). "Not Only Humor". Curadora: Irit Miller, Mane Katz Museum, Haifa, Israel [em hebraico]. Retirado de: <http://images.google.fr/imgres?imgurl=http://mharpaz. files.wordpress.com/2010/09/d7a4d7a8d799d793d79c. jpg&imgrefurl=http://linetpro.dcampus.net/nodeweb. asp?t%3D26667%26subid%3D206027&h=960&w=720&tbnid=zFymy - i6a09qW1M:&tbnh=99&tbnw=74&docid=jttyYegQ0BDFuM&hl= en&usg=__tN-wsc7KetbCssnrTWeTkVHaB8hk=&sa=X&sqi= 2&ved=0ahUKEwjM66X1yNLKAh-WIxxQKHXQ2CywQ9QEIITAA>.

Zadka, P. (2008). "Culture and Leisure Statistics". Secretariado das Nações Unidas, Departamento de Assuntos Econômicos e Sociais. Retirado de: <http://unstats.un.org/unsd/demographic/meetings/egm/ NewYork_8-12Sep.2008/EGM%20Papers/Israel%20-%20Culture%20 and%20Leisure.pdf>.

estilos de vida de lazer na multicultural malásia

kwan meng lee
consultor freelance *e pesquisador*

selina khoo
universidade da malásia

O lazer não tem um significado universal ou comum. Pode ter sentidos diferentes para povos distintos e ser praticado de várias maneiras, especialmente numa sociedade multiétnica, multicultural e multirreligiosa como a Malásia. Esse país, situado no sudeste da Ásia, tem uma população de aproximadamente 31 milhões de habitantes, composta de malaios, chineses, indianos e outros grupos étnicos nativos. Embora o islã seja a religião oficial, também se praticam outras religiões.

Na Malásia, a etnia, a cultura e a religião influenciam a prática do lazer. Os grupos étnicos e culturais têm propósitos e objetivos diferentes em suas experiências e atividades de lazer, que se estendem a diferenças nos estilos de vida entre as populações urbana e rural.

No idioma malaio (a língua oficial do país), a palavra *senggang* designa o lazer (Dewan Bahasa dan Pustaka, 2002). Essa palavra é definida como tempo livre, correspondendo a atividades de lazer agradáveis e relaxantes. Com base nos três contextos de lazer de Stebbins (2012) – casual, sério e baseado em projetos –, *senggang* encaixa-se melhor em lazer casual. No entanto, os malaios efetivamente praticam lazer sério e baseado em projetos, bem como lazer extremo (Blackshaw, 2010), como os esportes radicais, lazer perigoso e esportes de risco.

01 perspectivas e necessidades de lazer

Pode-se praticar o lazer como *senggang* – ficar sem fazer nada, tranquilo, descontraído ou passear. No entanto, ele não acontece no vácuo, sem nenhum propósito específico. As pessoas envolvem-se em atividades de lazer por várias razões, que abrangem uma sensação de liberdade. Em geral, há um estímulo, um motivador para brincar e se divertir, para relaxar.

No conceito de *senggang*, a perspectiva malaia do lazer tem a ver com o tempo livre gasto de diferentes maneiras, incluindo práticas religiosas e culturais, saúde e bem-estar, socialização e vínculos, férias e viagens, recreação, bem como relaxamento e descontração. O *senggang* não enfatiza alguns dos conceitos ocidentais de lazer, como o estado psicológico da mente, o estado de espírito e os significados da experiência. Na sociedade malaia, alguns não veem com bons olhos o lazer em si. A palavra também tem sido associada a atividades sociais negativas, como pequenos delitos e violência, jogos de azar, uso de drogas, prostituição e corridas ilegais de motocicletas.

Portanto, o conceito de recreação é mais aceito socialmente na Malásia que o de lazer. Essa ideia complementa o princípio do prazer de Torkildsen (2005) em relação ao lazer que contribui para a obtenção de resultados positivos, físicos, emocionais, sociais e psicológicos por meio da recreação.

Recreação é vista como sinônimo de atividades de lazer positivas. Elas incluem práticas como esportes, atividades ao ar livre e na natureza (por exemplo, escalada, aventura, trilha), cultura (música, teatro, dança etc.), artes plásticas, artesanato, *hobbies*, viagens e turismo, e serviços voluntários em clubes, associações, comunidades e locais de culto (Russell e Jamieson, 2008).

A nosso ver, o lazer é um termo neutro. Praticá-lo deveria ser sinônimo de aproveitar os momentos livres, divertir-se, relaxar, entreter-se, recarregar as energias e alegrar-se. O lazer torna-se negativo quando sua prática leva a resultados sociais negativos ou prejudiciais. Ele tem uma conotação negativa e socialmente inaceitável na Malásia em decorrência de atividades sexuais imorais, jogos de azar, corridas ilegais, vandalismo, banditismo e abuso de substâncias químicas.

A prática do lazer é um processo que começa pelas necessidades e pelos interesses, passa pelos engajamentos e, em seguida, chega aos resultados e impactos. Só se pode determinar se o lazer é positivo ou negativo depois de observar os resultados e impactos sobre os indivíduos e a sociedade. Quaisquer que sejam os compromissos de lazer, as experiências ou atividades subjacentes a ele devem levar a resultados positivos. Os malaios buscam esses resultados. Eles querem que seu lazer beneficie sua vida cotidiana e promova sua cultura, religião e tradição. Esses benefícios levam à saúde mental e psicológica, assim como ao bem-estar.

02 significados e política de lazer

As tendências de cultura, religião, tradição, esportes e atividade física na Malásia refletem-se nos significados e nas políticas de lazer. Embora não exista nenhuma política abrangente voltada para o lazer na Malásia, há políticas direcionadas para a gestão de parques recreativos e espaços abertos, estilos de vida saudáveis, desenvolvimento esportivo, desenvolvimento da juventude e preservação dos parques naturais e marinhos.

Além disso, a maioria da população malaia, com exceção da pequena minoria de estudiosos interessados nesse campo, não compreende totalmente nem articula os significados, os contextos e as definições mais profundos de lazer. Escolas e universidades não oferecem programas de estudos na área. Alguns estudiosos têm interesses acadêmicos no tema, principalmente por terem estudado a disciplina em instituições estrangeiras.

As áreas relacionadas ao lazer incluem parques, recreação ao ar livre, esportes, turismo, estudos ambientais, artes, cultura, entretenimento e voluntariado. No entanto, a compreensão do conceito relacionado com essas áreas costuma ser superficial. Só um reconhecimento geral do valor de tais atividades para a saúde e o bem-estar permite analisar, compreender e apreciar plenamente os conceitos e significados profundos de lazer. As definições e análises mais profundas do lazer na Malásia não estão bem desenvolvidas e ele tem pouco significado explícito. A interpretação de tal significado fica a cargo de indivíduos, profissionais e autoridades. Embora o lazer seja promovido e praticado em todas as áreas descritas acima, seus significados comuns e suas implicações para a política não foram explicitados, exceto pela compreensão do *senggang* e por meio dos vários aspectos do turismo.

03 cultura e religião

O multiculturalismo da Malásia está contido em seu *slogan* de turismo: "Malásia, verdadeiramente Ásia". O país abriga culturas asiáticas e grupos étnicos nativos. Muitas das atividades de lazer simbolizam essa diversidade, demonstrada e refletida nos festivais e eventos celebrados ao longo do ano, com implicações para o lazer e o turismo.

Os grupos étnicos nativos continuam a projetar seu estilo de vida e sua cultura por meio de seus próprios costumes, tradições e rituais no dia a dia e na celebração de ocasiões especiais. Durante essas ocasiões comemorativas, eles vestem suas roupas tradicionais características. Suas culturas constituem as raízes de sua herança étnica e manifestam-se durante os vários eventos comemorativos ao longo do ano, tornando-se parte de seu compromisso de lazer, bem como o lazer de outros, como os turistas.

Na Malásia, a etnia e a religião estão intimamente relacionadas. As práticas religiosas também são centrais para o país e estão presentes em ocasiões e eventos culturais. Os malaios são adeptos do islamismo; os chineses adotam o budismo ou o cristianismo, e os indianos praticam o hinduísmo ou o cristianismo. Os grupos étnicos do país geralmente são considerados religiosos, como evidenciam os inúmeros templos, igrejas, mesquitas e outros locais de culto.

As práticas religiosas e os rituais trazem um caráter distintivo para o lazer cultural da Malásia. Essas práticas relacionadas ao lazer costumam ser celebradas nos eventos. Além disso, os devotos passam o tempo livre após o trabalho em oração, meditação, retiros e atividades em seus locais de culto.

Embora o lazer se baseie no conceito de *senggang*, um tempo para descansar e relaxar longe do estresse e das pressões do cotidiano, na Malásia ele está associado a religiosidade, culturalismo, vínculo familiar e saúde. Ao mesmo tempo, não é sinônimo de mera prática de atividades prazerosas. As pessoas muito religiosas frequentemente restringem seu lazer por causa da religião. Para elas, a realização e o significado religioso são mais importantes que o prazer. Alegram-se com a elevação e a satisfação espiritual. Portanto, as experiências de lazer podem depender das crenças e normas étnicas e raciais das pessoas.

A comemoração dessas ocasiões religiosas visa cultivar valores espirituais e promover o desenvolvimento religioso. As ocasiões culturais mantêm tradições e costumes herdados dos ancestrais e revelam o caráter especial de cada cultura. Elas também projetam os valores socioculturais associados a cada cultura.

Um aspecto interessante da sociedade malaia é a quantidade de feriados anuais para celebrar eventos multiétnicos, multiculturais e multirreligiosos. As pessoas reservam vários dias de suas férias anuais para celebrar esses eventos, viajar, fazer turismo e reunir-se com a família e os amigos. Nas sociedades asiáticas, o vínculo entre familiares e amigos é essencial para o fortalecimento das relações sociais, o que ocorre durante o tempo livre de lazer.

Com base nos contextos não obrigatórios de lazer, pode-se questionar se essas celebrações de fato constituem lazer. Alguns devotos veem tais celebrações como obrigações étnico-culturais que não podem ser negligenciadas. No entanto, para outros trata-se de uma questão de escolha pessoal e não de uma obrigação. Alguns malaios aproveitam tais ocasiões não para suas práticas religiosas, mas para descansar e relaxar em casa ou em centros recreativos e parques temáticos, ir a cinemas, *shoppings* ou restaurantes. Muitos malaios, por sua vez, buscam em suas crenças e em sua fé religiosa a saúde e o desenvolvimento espiritual. Muitas pessoas dedicam seu tempo livre a práticas religiosas e espirituais, como orações, meditação, trabalho voluntário em seus locais de culto e outras manifestações de suas religiões e crenças.

Os visitantes da Malásia não raro ficam fascinados e surpreendidos com esses festivais e celebrações, que podem parecer exóticos. Os turistas veem as pessoas aglomerando-se em mesquitas, igrejas, templos, locais de culto, centros culturais e por ocasião de outros eventos comemorativos.

04 clima e geografia

Além da cultura e da religião, o lazer na Malásia é influenciado também por outros fatores, incluindo clima e geografia. Situada perto do equador, a Malásia possui clima tropical quente e úmido em todos os meses do ano. A maior parte das atividades na natureza é realizada durante todo o ano, exceto alguns esportes marítimos, que por razões de segurança deixam de ser praticados durante a estação chuvosa e úmida das monções.

A Malásia conta com recursos naturais apropriados para atividades terrestres e aquáticas de recreação ao ar livre. As florestas tropicais estão entre os ecossistemas mais antigos e diversificados do mundo. Mais de trinta parques naturais podem ser visitados durante todo o ano, ao contrário dos parques situados em países com condições climáticas extremas. As atividades populares incluem *camping*, trilhas na selva, caminhadas, montanhismo, exploração de cavernas e atividades aquáticas, como descida de corredeiras em rios, navegação de caiaque, natação, windsurfe e canoagem.

Um dos parques mais populares, o Parque Nacional de Kinabalu, na ilha de Bornéu, foi declarado patrimônio da humanidade pela Organização das Nações Unidas para a Educação, a Ciência e a Cultura (Unesco). Nele está situado o monte Kinabalu, a montanha mais alta no Sudeste Asiático. Trata-se de uma das montanhas de escalada mais acessível, popular entre os alpinistas locais e internacionais. Atividades regulares de montanhismo acontecem durante todo o ano. No entanto, para os grupos étnicos locais a montanha é sagrada e as atividades de escalada têm de respeitar a sensibilidade e as superstições locais.

A Malásia tem mais de dez *resorts* em ilhas ao longo da costa. Com sua variedade de paisagens subaquáticas e águas cristalinas, tem alguns dos principais destinos de mergulho do mundo. As atividades de lazer incluem mergulho, natação e passeios de barco nas ilhas.

Com a abundância de florestas e parques marinhos, muitas pessoas buscam atividades de lazer na tranquilidade da natureza. Desfrutando do ambiente tranquilo, da harmonia e da assimilação com a natureza, elas adquirem um sentimento de pertencer e de estar em união com o mundo.

05   rural e urbano

Além das influências do clima, as diferenças urbanas e rurais são evidentes no lazer na Malásia. As áreas urbanas proporcionam mais oportunidades de refeições, comodidades recreativas e locais de entretenimento do que as áreas rurais. Algumas atividades são mais voltadas para a alta sociedade e geralmente atendem a pessoas economicamente mais abastadas. Essas oportunidades incluem jantares, artes, cultura, recreação, pontos turísticos, compras, vida noturna e entretenimento.

Shows e eventos artísticos são facilmente encontrados nas cidades urbanas, como a capital, Kuala Lumpur, e em outras capitais urbanizadas, como Penang, Malacca, Johor Bahru, Kuching e Kota Kinabalu, que dispõem de teatros. As apresentações e os *shows* de artistas locais e internacionais têm temáticas culturais e não culturais.

Os moradores das áreas rurais contam com menos instalações e estabelecimentos para atividades de entretenimento. Nessas áreas, as atividades são mais limitadas e o ato de relaxar é mais comum, como vimos anteriormente ao definir o *senggang*. As pessoas costumam relaxar, por exemplo, principalmente encontrando amigos em cafés locais que servem bebidas ou refeições, ou ficando em casa para assistir televisão ou navegar na internet. Quando há campos abertos disponíveis, os habitantes das áreas rurais podem participar de esportes e jogos. Alguns moradores aproveitam seu ambiente natural para caçar (se tiverem porte de armas) ou pescar nos rios e no mar.

06   tendências nas atividades

Com base na cultura, na religião, no clima, na geografia e na residência, várias tendências podem ser constatadas na Malásia. Esportes e atividade física são as duas principais.

06.1   esportes

Na Malásia os esportes estão relacionados com recreação, jogos, relaxamento e estilos de vida saudáveis. No entanto, geralmente são esportes de elite e de competição, em virtude dos milhões de dólares que o governo e as autoridades gastam a cada ano em instalações esportivas e treinamento para atletas de alto desempenho. As conquistas esportivas são celebradas como um fator unificador para a sociedade diversificada do país.

Um jogo que se tornou um passatempo favorito para muitos malaios é o futsal (futebol disputado por cinco jogadores de cada lado com uma bola menor e campo menor que o futebol tradicional). Os campos de futsal estão por toda a parte nas áreas urbanas e rurais. As pessoas vão para essas arenas jogar futsal dia e noite. O contexto demográfico desses jogadores também é bastante diversificado, incluindo homens e mulheres, jovens e crianças, operários e jovens profissionais. O filme local de 2005 que se tornou um seriado de televisão, *Gol & Gincu* (Gol e Batom), dá uma ideia da popularidade do futsal entre os malaios. A história descreve um grupo de jovens malaios cujas vidas giram em torno de seu jogo diário de futsal (Tan, 2007).

Outra atividade que está adquirindo popularidade na Malásia e na região é a de corrida, incluindo maratonas. As corridas ocorrem quase todo final de semana em todo o país, embora a maior parte seja realizada em Kuala Lumpur. Elas incluem competições (por exemplo, PJ Half Marathon, Standard Chartered KL Marathon), bem como corridas de caridade (por exemplo, Terry Fox Run, Run for Literacy). Esse interesse por corridas gerou inúmeros *sites* dedicados ao assunto. Alguns deles são mantidos por corredores que querem compartilhar com os outros a sua paixão.

06.2 atividade física de lazer

Além dos interesses desportivos, as atividades de lazer também são influenciadas por preocupações com a saúde. Os malaios começam a reconhecer a importância de um estilo de vida ativo para se manter saudáveis. Essa preocupação tem acelerado o crescimento não apenas nos esportes, mas também na indústria de *fitness*. A Malásia tem inúmeros centros de saúde e *fitness*, incluindo clubes internacionais como Fitness First, True Fitness, Clarke Hatch, Celebrity Fitness e Curves (uma academia só para mulheres).

No entanto, o Ministério da Juventude e dos Esportes está construindo principalmente instalações públicas de baixo custo. O ministério começou a construir Complexos Esportivos Comunitários em 2009. Os complexos são salões fechados ou estádios utilizados para atividades recreativas. Suas instalações incluem quadras de *badminton*, salas multiúso, quadras de futsal, de vôlei e de basquete, ginásios, cafeterias, salas de reunião e *surau* (sala de oração muçulmana). Há atualmente dez complexos no país.

Consciente da importância da saúde, o governo tem criado programas e atividades para promover a boa forma e o bem-estar. Os ministérios e departamentos do governo estão envolvidos, incluindo a Ministério da Juventude e dos Esportes, o Ministério da Educação e o Ministério da Saúde. A Divisão de Desenvolvimento Esportivo do Ministério da Juventude e dos Esportes organiza esportes de massa para incentivar a participação em atividades físicas. Um exemplo de esporte de massa é o programa FitMalaysia, destinado a promover um estilo de vida saudável. Outro programa é o prêmio para os jovens, o Anugerah Remaja Perdana Rakan Muda, que é um programa de desenvolvimento baseado no lazer abrangendo serviços comunitários, aprimoramento de habilidades, recreação física e aventura.

Em 2011, o Ministério da Educação lançou a política One-Student One-Sport, que torna obrigatório que todos os estudantes entre 10 e 18 anos de idade pratiquem ao menos uma atividade esportiva na escola. O objetivo dessa política é incentivar uma cultura esportiva entre as crianças e os jovens em idade escolar e manter um estilo de vida saudável. O Ministério da Saúde também desempenha um papel importante com sua Campanha de Estilo de Vida Saudável, iniciada em 1991. Diferentes temas têm sido associados a suas campanhas ao longo dos anos, como "Promoção do Exercício e da Atividade Física". Algumas grandes empresas e organizações também oferecem a seus funcionários instalações ou atividades internas de esportes, *fitness* e recreação. A esperança é manter sua equipe saudável, produtiva e motivada. Essas empresas também organizam atividades baseadas no lazer para as famílias dos funcionários, visando fortalecer as relações familiares e de trabalho.

Os malaios que desejam ter instalações esportivas e de atividade física nas proximidades podem se mudar para áreas dotadas de instalações, como os parques de *jogging*, *playgrounds*, quadras esportivas, ginásios, piscinas e banheiras de hidromassagem públicas perto de seus conjuntos habitacionais. Algumas construtoras privadas começam a oferecer essas instalações. Alguns conjuntos habitacionais têm restaurantes e churrasqueiras para os moradores relaxarem e se socializarem. No entanto, a maioria não tem acesso a esse conceito de habitação, pois somente pessoas nas faixas de renda mais elevadas podem pagar por tais residências. Além disso, os malaios mais abastados financeiramente também podem pagar mensalidades de clubes esportivos privados e de golfe, que são caros e exclusivos.

Como nem todos podem pagar por essas residências ou mensalidades, associações esportivas e recreativas e ONGs oferecem oportunidades acessíveis para pessoas e famílias menos abastadas e com rendas mais baixas. As taxas de mensalidade são menores em comparação com as dos clubes desportivos privados mais tradicionais porque as instalações são subsidiadas ou apoiadas pelas autoridades locais e pelo governo.

Embora não diretamente relacionados com atividades físicas, parques temáticos também têm surgido por todo o país. São geralmente considerados áreas de turismo e frequentados por jovens e famílias nos fins de semana e feriados. A maioria situa-se em áreas urbanas, mas os habitantes das zonas rurais costumam frequentá-los nas férias.

07 compromissos e fatores de lazer

Como vimos, o conceito de *senggang* designa o tempo em que os malaios não estão envolvidos em obrigações como funcionários públicos ou de emprego remunerado. No contexto malaio, o tempo após o trabalho, os finais de semana, os feriados e as férias anuais destinam-se ao descanso e à recreação. Embora a sociedade malaia possa não ser muito diferente de outras partes do mundo quando se trata de lazer, as distinções estão nos costumes tradicionais, religiosos e culturais que são praticados e celebrados.

Como um país economicamente em desenvolvimento, os malaios trabalham arduamente para se sustentar e ter sucesso na vida. As atividades de lazer são secundárias. No entanto, eles procuram estabelecer uma qualidade de vida para si e suas famílias a partir de suas atividades de lazer.

A Malásia começou como um país subdesenvolvido cujas principais atividades econômicas eram a mineração de estanho, a extração de borracha e o plantio de arroz. O lazer na época restringia-se a atividades espirituais e jogos e esportes tradicionais. À medida que o país passa de uma economia industrial manufatureira para uma economia de alta tecnologia, os malaios tendem a trabalhar em jornadas mais longas, com pouco tempo para o lazer. Quando as pressões de trabalho começam a prejudicar sua saúde e seu bem-estar, eles percebem a importância de um estilo de vida saudável e procuram ter um equilíbrio melhor entre vida pessoal e profissional.

No entanto, a socialização como atividade de lazer continua sendo amplamente praticada entre os malaios em seu tempo livre. Eles se socializam entre amigos, colegas de trabalho, companheiros, colaboradores no trabalho, clientes e familiares. As conexões sociais fortalecem relacionamentos e vínculos. As oportunidades sociais, porém, variam muito entre os malaios. A socialização pode ser considerada lazer apenas se parecer não obrigatória e com liberdade de escolha.

As pessoas que se socializam com clientes da empresa e colegas de trabalho estão na verdade trabalhando, embora as interações possam acontecer fora do horário oficial de trabalho. Essa socialização pode ocorrer durante atividades de entretenimento, refeições, no campo de golfe e na prática de esportes e jogos. Tal socialização visa fortalecer relações comerciais e pode ser considerada obrigatória, principalmente quando é patrocinada pela empresa. Nesse contexto é difícil saber se pode ser considerada uma atividade de lazer.

Os malaios também viajam ao exterior ou internamente durante os feriados ou nas folgas do trabalho. Os objetivos do turismo doméstico incluem recreação, lazer, esportes e feriados, bem como saúde, visita a amigos e parentes e desenvolvimento espiritual (Smith, 1988, conforme citado por Mohamad e Yusof, 2009).

08 conclusões

As perspectivas e atividades de lazer na Malásia são um processo em evolução. Os aspectos socioculturais e religiosos do lazer desempenham um papel importante na sociedade malaia, embora o lazer não seja totalmente conceituado. Como uma nação em desenvolvimento, os compromissos de lazer são um veículo para permitir que a sociedade malaia se recupere e recarregue as energias. O desenvolvimento espiritual é considerado um elemento essencial na vida de lazer dos malaios. Graças a suas atividades espirituais, eles desenvolvem sua força resiliente para lidar com o estresse da vida moderna.

Muitas vezes os compromissos de lazer ficam em segundo plano em relação ao trabalho. Mas, mesmo assim, as pessoas necessitam de descanso e recreação para produzir mais e trabalhar melhor. No entanto, os malaios acreditam que "saúde é riqueza". Eles podem trabalhar o mais que puderem, mas com problemas de saúde não conseguirão trabalhar e sustentar a si mesmos e suas famílias. Sem saúde espiritual e cultural não terão a resiliência para lidar com os desafios da vida cotidiana. Com um lazer saudável, eles podem ser produtivos e se superar no trabalho.

Embora muitas pessoas compreendam e valorizem o lazer como um componente necessário da vida diária para o desenvolvimento espiritual e sociocultural, é preciso fazer mais para fortalecer os significados mais profundos do lazer e anular seus efeitos negativos. A criação de estudos na área pode ser uma forma de ajudar a desenvolver uma maior valorização do lazer como um caminho para o desenvolvimento humano e a promoção de estilos de vida positivos e o bem-estar na sociedade malaia. O lazer não deve visar apenas ao descanso e ao relaxamento, mas também ao desenvolvimento da capacidade humana e da produtividade.

09 referências

Blackshaw, T. (2010). *Leisure*. Oxon, UK: Routledge.
Dewan Bahasa dan Pustaka (2002). *Kamus Dwibahasa Bahasa Inggeris–Bahasa Melayu* [Dicionário bilíngue língua inglesa–língua malaia] (2. ed.). Kuala Lumpur: Author.
Mohamed, B. e Yusof, Y. (2009). "Malaysian Domestic Travelers: Characteristic and Behavior". Retirado de: <core.uk/download/pdf/11957923.pdf>.
Russell, R. e Jamieson, L. M. (2008). *Leisure Program Planning and Delivery*. Champaign, IL: Human Kinetics.
Stebbins, R. A. (2012). *The Idea of Leisure. First Principles*. New Brunswick, NJ: Transaction Publishers.

Tan, L. (2007). *Gol & Gincu The Series* [seriado de televisão]. Kuala Lumpur: 8TV.

Torkildsen, G. (2005). *Leisure and Recreation Management* (5. ed.). Londres: Routledge.

foco no lazer:
uma perspectiva mexicana

adriana e. estrada-gonzález
universidade de monterrey

A história do lazer no México não é recente. É possível rastrear o lazer e suas múltiplas facetas desde os tempos pré-colombianos. As primeiras formas de lazer apareceram em crônicas indígenas ou *códices*, bem como em pinturas rupestres e esculturas primitivas antes da chegada dos primeiros exploradores europeus ao Novo Mundo. No entanto, o conceito de lazer não foi utilizado ou mesmo concebido para ter o significado atual. Apenas nas últimas quatro décadas o lazer tem sido considerado um conceito social, embora o termo não seja comum na vida cotidiana. O lazer é traduzido como ócio, uma palavra relacionada à *preguiça*, o que não é positivo, além de ser depreciativo. Em certa medida, o lazer no México tem sido considerado sinônimo de tempo livre, recreação e atividades de livre escolha. Jogos, reuniões sociais e celebrações familiares são atividades populares de lazer no México, embora possam não ser chamadas por esse nome. Os mexicanos preferem designar as atividades de lazer como recreação ou tempo livre.

01   contexto histórico

Civilizações antigas no México deixaram artefatos sem precedentes de uma clara estrutura social e alocação de tempo na vida diária. Os antigos mexicanos seguiam o ciclo solar, o que os ajudava a dividir o dia em tempo para trabalhar e tempo para o lazer, tempo para atividades religiosas e tempo para tarefas políticas, e tempo para dedicação à família e tempo para viajar. De acordo com Lorenzo (2006), as pessoas têm vivido nestas terras há mais de 30 mil anos. Com a percepção da vida sedentária concebeu-se a noção de trabalho e lazer. O tempo para trabalhar e o tempo para a diversão nas esferas de vida das pessoas foram fundamentais para entender a ideia de divisão do tempo.

Para entender a história e o lazer mexicanos, este capítulo trata brevemente das quatro principais civilizações antigas: olmecas, maias, teotihuacanos e astecas. Suas abordagens de lazer, mesmo que a palavra não seja utilizada por eles, ajudam a ilustrar o contexto em que era praticado. Como em muitas outras civilizações do mundo antigo, o lazer não tinha uma estrutura específica. Não havia distinção entre trabalho e tempo livre, especialmente nos grupos étnicos pré-colombianos, nos quais todos os aspectos da vida social eram permeados pela religião e pelos rituais. Em sua pesquisa, *Juegos rituales aztecas* (Jogos rituais astecas), López Austin (1967) propôs uma definição para jogos rituais:

> [...] ações humanas orientadas para liberar tensões, para provocar o esquecimento das preocupações da vida cotidiana, mesmo que por um curto período de tempo. Ações que podem ser capazes de promover um sentimento de admiração e diversão nos espectadores, bem como surpreender e por vezes aterrorizar, pelas atuações espetaculares... (p. 12)

Essa definição é semelhante a alguns conceitos ocidentais de lazer de estudiosos como Joffre Dumazedier, Roger Sue e John Kelly. A definição de jogos rituais de López Austin, proposta há mais de 50 anos, poderia ser utilizada hoje para definir o lazer no México.

Um dos jogos rituais mais importantes praticados durante a era pré-colombiana, por quase todas as civilizações antigas, era o *juego de pelota* (o jogo de bola). Tijerina (1991) observou que o jogo de bola tinha funções religiosas. Outros estudiosos sugeriram que era em parte religioso e em parte uma atividade durante o lazer, dirigido aos espectadores. Não está claro se o jogo de bola era uma cerimônia religiosa ou uma atividade de lazer.

A luta livre era outra atividade realizada pelos olmecas. Tijerina (1991) acreditava que era praticada principalmente para adquirir habilidades físicas, enquanto outros enfatizavam que a luta livre poderia ter sido uma forma de oferenda religiosa aos deuses. No entanto, as atividades primitivas realizadas por grupos étnicos antigos, como a luta livre, estão presentes na sociedade mexicana moderna, praticadas como atividades de lazer.

Outro jogo popular era o de empinar pipas. O jogo incluía não apenas a exibição das pipas, mas também a competição entre vários participantes. Os jogadores ficavam ao norte e ao sul do campo. Os do norte perseguiam as pipas do sul tentando derrubá-las. Estes, por sua vez, tinham que evitar a destruição de suas pipas. Venciam os que conseguiam manter a pipa no ar (Tijerina, 1991).

Para a população nativa nos tempos pré-colombianos, a alegria e o riso eram as expressões mais genuínas dos jogos presentes na vida diária durante reuniões sociais, ou quando se demonstrava respeito e devoção em cerimônias religiosas. Segundo González (2004), "para o povo olmeca, o riso fazia parte de uma celebração que entretinha, enganava ou evitava o tempo" (p. 17).

Outro grupo étnico antigo era o dos maias, provavelmente a civilização mais avançada que viveu no México antigo. Eles desenvolveram um calendário preciso e uma escrita em hieróglifos, foram exímios observadores astronômicos e descobriram o conceito do zero. Com relação ao lazer, há indícios de que os maias também praticavam o jogo de bola, pois foram encontrados campos em regiões ocupadas por esse grupo étnico. Os maias o denominavam *Pok-a-Tok* (Benavides, 1992). Contar histórias e cantar eram outras atividades de lazer praticadas por adolescentes e jovens adultos do sexo masculino. Os contos e as canções eram acompanhados por instrumentos musicais como tambores e flautas. Tinham como conteúdo personagens históricos, glórias de guerra e reflexões sobre dias de felicidade ou de tristeza.

A dança era outra atividade de lazer praticada pela população maia. Considerada uma prática esportivo-religiosa, era realizada durante diversas cerimônias (Tijerina, 1991). Alguns pesquisadores acreditam que a dança era uma atividade social, enquanto outros não lhe atribuem nenhum componente social, não obstante os diferentes tipos de dança. Uma dança tradicional conhecida como *colomché* era executada por um grupo de dançarinos dando voltas e acompanhando um ritmo.

Outro grupo antigo que habitou o México foram os teotihuacanos. Uma de suas características distintivas era a ideia de *cerimonialismo*. As cerimônias não eram realizadas apenas para fins de guerra ou religiosos, mas se relacionavam com aspectos da vida social. No entanto, registros antigos e documentos arqueológicos não identificam essas atividades como lazer. Assim como entre os olmecas, trabalho e lazer misturavam-se. Porém, as cerimônias eram uma oportunidade para as pessoas aproveitarem seu tempo sem as restrições do trabalho diário. Essa ideia antiga das cerimônias foi preservada ao longo do tempo e ainda hoje está presente. Parte do lazer é esperar ansiosamente por um feriado ou um dia de folga para participar de cerimônias públicas ou privadas.

Como vimos, em tempos antigos não se diferenciava claramente o trabalho do lazer. As atividades realizadas pelos teotihuacanos que podiam ser consideradas lazer incluíam, por exemplo, o comércio e a peregrinação. Embora o comércio pudesse ser visto como trabalho, muitos comerciantes gostavam de sua profissão. Lidar com outros comerciantes era uma atividade social. O contato com outros, a troca de produtos e a oportunidade de conversar com outras pessoas eram ações que se realizavam no mercado. Da mesma forma, muitos comerciantes e vendedores de hoje gostam de seu trabalho porque conseguem interagir com outros. Os teotihuacanos também valorizavam as peregrinações. As pessoas vinham de longe para adorar seus poderosos deuses (Bernal, 2006). Essas peregrinações geravam um fluxo contínuo de *estrangeiros*, que também moldavam a sociedade teotihuacana. Os habitantes locais e os estrangeiros tinham a oportunidade de trocar experiências de viagem, o que parecia ser uma forma de lazer para os teotihuacanos.

O último grupo étnico pré-colombiano no México foram os astecas. Eles enfrentaram a chegada dos exploradores europeus, e a civilização durou muito tempo após o assentamento permanente dos conquistadores espanhóis. Os astecas tinham muitas atividades sociais e de trabalho. Algumas atividades importantes relacionadas com o lazer incluíam artesanato, produção têxtil e comércio nos mercados. O processo de fiação e tecelagem fazia parte do cotidiano das mulheres astecas. A produção têxtil para consumo da família era feita em suas casas (Carrasco, 2006). No início, esse trabalho atendia às necessidades familiares, mas posteriormente peças extras de vestuário passaram a ser trocadas e vendidas nos mercados. A criatividade era uma característica essencial na produção têxtil e as artesãs tornaram-se artistas. A parte de lazer dessa atividade era a produção de roupas por grupos de mulheres. Nas reuniões diárias, elas tinham a oportunidade de conversar, contar histórias e ficar juntas em vez de sozinhas em casa.

O exemplo mais maravilhoso de vida social e lazer era o dos mercados públicos. Como em culturas anteriores, o povo asteca desenvolveu um sofisticado sistema de mercado. Em Tenochtitlán (a cidade antiga onde atualmente é a Cidade do México) surgiram enormes mercados com inúmeros itens da mesma região, bem como produtos provenientes da costa. Inicialmente os mercados eram montados a cada cinco dias, mas, com o tempo, passaram a ocorrer diariamente. Todas as transações comerciais eram realizadas no seu interior. Era proibido negociar fora dele (Carrasco, 2006). Os comerciantes profissionais formaram sua própria associação e faziam expedições comerciais para outras regiões. O comércio cresceu e as viagens regulares tornaram-se comuns. Comerciantes experientes foram promovidos na hierarquia social e contratados pelo rei para atuar como agentes de negócios para trocar itens com estrangeiros. Essas primeiras viagens tornaram-se a base de encontros turísticos para além das fronteiras mexicanas.

Esta breve história das civilizações antigas no México indica como as sociedades ficaram estratificadas. Não existia separação nítida entre trabalho e lazer e algumas tarefas realizadas por homens e mulheres eram tão agradáveis que eram consideradas lazer. Grupos étnicos antigos dispunham de diferentes opções para passar seu tempo e praticar diversas atividades sob a perspectiva de uma análise de lazer.

02   lazer como um tema acadêmico

O lazer é inerente aos seres humanos. Jogos e atividades de recreação são bem documentados em muitas regiões do mundo, inclusive no México. O século XX foi uma época em que se tomou consciência dos serviços de lazer pela introdução de estudos de lazer como tema acadêmico. Atividades realizadas durante séculos pelos cidadãos mexicanos eram geralmente conhecidas como atividades casuais de lazer. Quando a Declaração dos Direitos Humanos das Nações Unidas foi ratificada por seus Estados-membros, o México observou a inclusão do artigo 24, que se referia ao direito de descansar, de desfrutar o lazer e de ter férias remuneradas. Com essa declaração em mente, o governo federal mexicano adotou a ideia e começou a agir. Inicialmente, criou agências e instituições estatais voltadas para o desenvolvimento de oportunidades de lazer. Centros sociais e de recreação administrados pelo governo ofereciam múltiplas atividades, especialmente para a juventude e os idosos. Gradualmente, acrescentaram-se atividades para crianças pequenas, famílias e jovens adultos.

    Além disso, era preciso treinar e educar as pessoas. Um número crescente de participantes queria atividades organizadas de lazer. Duas décadas depois da criação dessas organizações públicas, a prestação de serviços de lazer como carreira profissional foi reconhecida com a introdução do grau de bacharel na área acadêmica. No início da década de 1970, as universidades começaram a oferecer programas de estudos de lazer. Primeiramente, ofereceram cursos independentes tratando de temas específicos, como natação, música e bricolagem (ou seja, o uso criativo de qualquer material disponível). Logo depois, as instituições acadêmicas transformaram essas atividades isoladas em cursos de formação. O modelo proposto pelas universidades públicas e privadas foi o de carreiras em serviços de lazer. No final da década de 1960, um curso de graduação em estudos de lazer foi oficialmente registrado no Ministério da Educação. Universidades na Cidade do México e em Monterrey foram as primeiras a oferecer um curso de graduação em Gestão de Lazer. Nos anos 1990, as instituições acadêmicas passaram a oferecer cursos de pós-graduação em Lazer e Recreação.

    Os currículos universitários seguiram as novas tendências em relação ao lazer e à recreação. Com base na história das formas antigas de recreação, ofereceram-se novas técnicas de gestão. Determinou-se que o núcleo dos programas de estudo de lazer teria quatro áreas temáticas principais:

- Artes e cultura
- Recreação
- Esportes
- Turismo

Esses temas passaram da prática amadora e *hobbies* para oportunidades de participação em recreação organizada. Criaram-se federações esportivas, fundações artísticas e organizações recreativas. Essas organizações permitiram que as pessoas praticassem suas atividades preferidas e melhorassem seus níveis de desempenho. Por exemplo, alguém poderia querer jogar futebol e participar de competições, sem necessariamente desejar ser um jogador profissional. Essas oportunidades de recreação permitem que as pessoas desfrutem de seu lazer.

03   artes e cultura

Artes e cultura têm sido importantes desde os tempos pré-colombianos. As primeiras manifestações artísticas podem ser encontradas em pinturas rupestres, esculturas e artesanato. Objetos coloridos feitos com argila, pedra, tecido e outros materiais tradicionais são itens representativos da arte mexicana. Essas peças são geralmente exibidas em museus como artefatos arqueológicos.

Nos tempos modernos, as artes e a cultura representam um meio importante de vivenciar o lazer. As pessoas desfrutam as artes como espectadoras e como participantes ativos. Os museus constituem um exemplo dessa participação. Eles conquistam um público cada vez maior no México. As famílias costumam visitar exposições de museus nos fins de semana como espectadores. Elas passam o dia alegremente vendo as exposições de arte, almoçando na cafeteria do museu e assistindo a uma peça teatral ou apresentação musical no *lobby* ou no auditório. Domingo é um dia propício para ir aos museus. O Museu de Arte Contemporânea de Monterrey é um dos mais visitados tanto pelos habitantes locais quanto pelos turistas. O museu abriga exposições nacionais e internacionais de renome. Uma exposição de Frida Kahlo e um *showroom* da Pixar foram os que mais receberam visitantes.

A maioria dos visitantes apenas vai olhar. No entanto, alguns deles se envolvem como participantes ativos. Por exemplo, alguns museus oferecem cursos de apreciação de arte sobre os quadros de um pintor específico. Crianças em idade escolar podem participar de *workshops* sobre desenho animado e quadrinhos. Algumas outras atividades programadas pelos museus para participação ativa são cursos de história e de arte mexicana, mesas-redondas de literatura, conferências sobre a inauguração de uma nova exposição e ciclos de filmes e vídeos.

No México, a maioria dos museus públicos é gratuita para os habitantes locais e os turistas. Apresentações e exposições são programadas regularmente para o público em geral. Além disso, a arquitetura do museu também é uma atração de lazer. As instituições promovem excursões arquitetônicas aos interessados no próprio edifício, bem como nas exposições internas.

Além de museus e exposições de arte, muitos mexicanos preferem apresentações de música e dança. Diferentes opções estão disponíveis para apresentações de música. A tradicional mexicana é popular. Pode ser música regional de Yucatán, estilo norteño ou folclórico, bem como canções mariachi. Os interessados assistem a concertos e apresentações públicas. Alguns mexicanos frequentam aulas de violino, violão, piano ou canto.

Do ponto de vista governamental, o México tem trabalhado com políticas públicas por meio dos Conselhos Estaduais de Arte, coordenados desde 1988 pelo *Consejo Nacional para la Cultura y las Artes* (Conselho Nacional para a Cultura e as Artes). Em dezembro de 2015, o Conselho Nacional foi transformado em Ministério da Cultura. O escopo do Conselho agora está incluído nas funções do Ministério e acredito que isso representou uma grande melhoria na política cultural mexicana. O tempo dirá que caminho as artes e a cultura seguirão nos próximos anos. Uma possibilidade é que as atividades artísticas e culturais encontrem patrocinadores tanto no setor público quanto no privado, e que a participação das artes no lazer alcance um segmento mais amplo da população, especialmente em áreas rurais.

04 esportes

O esporte como atividade de lazer não está organizado como as artes e a cultura. Não existe Ministério do Esporte. Na verdade, muitos esportes são conduzidos nas federações esportivas. Na escola, as crianças praticam diversos esportes. Os currículos oficiais incluem tanto a educação física quanto os esportes em geral. As crianças crescem praticando esportes a partir dos seis anos de idade e continuam até a juventude.

O futebol é o esporte nacional. Como atividade de lazer, os mexicanos começam a jogá-lo muito cedo. Como vimos, pode-se ter participação ativa nos esportes ou ser apenas espectadores. A frequência aos estádios está aumentando e indica um empreendimento lucrativo. Posso afirmar com precisão que todos os mexicanos já praticaram esportes na escola. No ensino fundamental e médio, a participação em atividades esportivas é obrigatória. Durante esses nove anos as crianças são mantidas fisicamente ativas por meio do esporte. Mais tarde, elas podem decidir se continuam a praticar ou não. A participação esportiva é uma atividade de lazer quando as pessoas têm liberdade de escolha.

Os participantes costumam reunir-se informalmente para jogar futebol durante os fins de semana. Amigos, vizinhos ou colegas da escola formam um time de 11 jogadores e procuram outros times para jogar. Além disso, grupos privados de jogadores organizam-se para fazer competições estruturadas. As federações de esportes amadores desempenham um papel importante no desenvolvimento da conscientização esportiva. As federações esportivas profissionais constituídas por equipes profissionais disputando campeonatos nacionais geralmente não são consideradas lazer.

O futebol não é o único esporte popular no México. Muitos mexicanos apreciam o beisebol. Na verdade, o beisebol era o esporte nacional, mas em meados do século XX o futebol tornou-se mais popular entre os mexicanos. Natação e ginástica são outras atividades populares de lazer. A popularidade desses esportes aumentou nas últimas décadas, principalmente devido às Olimpíadas. Mesmo que as pessoas não estejam treinando para ser atletas olímpicos, as Olimpíadas promoveram a participação no lazer, especialmente entre as mulheres. Os pais, por sua vez, têm sido incentivados a matricular seus filhos em escolas de natação para crianças e adultos, aulas de ginástica e treinamento, e a levá-los em exibições públicas desses esportes.

Vários outros esportes destacam-se no México. O basquete é comum e integra os currículos escolares. Embora não seja tão popular quanto o futebol, há muitas quadras públicas de basquete espalhadas pelo país. Muitos mexicanos têm uma cesta de basquete no quintal ou na garagem para facilitar a prática. O voleibol também é praticado entre os mexicanos, especialmente na praia. O vôlei de praia é uma atividade esportiva disponível em balneários. A paisagem e o ritmo das férias são propícios à prática de voleibol. Recentemente, a prática de artes marciais aumentou. Aulas de caratê e *kung fu* são oferecidas para as crianças a partir de três anos de idade. Outras artes marciais como o jiu-jítsu e a capoeira estão se tornando mais populares.

Das quatro áreas classificadas como lazer, o esporte é o mais popular e o que atrai o maior número, tanto de espectadores quanto de participantes ativos. A maior participação no esporte é decorrente da variedade de modalidades disponíveis para mulheres e homens, bem como da acessibilidade dos campos esportivos em todo o país.

05 recreação

Jogos e recreação são formas populares de aproveitar o lazer. O ato de jogar é inato aos seres humanos. Porém, as regras do jogo e a maneira de participar na atividade são aprendidas. No México, a palavra *recreação* existe há pelo menos um século. Antes do final do século XIX e desde os tempos pré-colombiano e colonial, uma série de atividades recreativas tem sido praticada.

Na década de 1890, empresas privadas no México ofereciam atividades recreativas para os empregados e suas famílias como um modelo de bem-estar e satisfação com a vida. Essas empresas fortaleceram o campo da recreação industrial, criando centros recreativos empresariais. Os primeiros centros foram inaugurados em 1902. Durante o século XX, eles incorporaram uma série de atividades de recreação para seus integrantes, incluindo *workshops*, seminários e cursos. Atualmente, oferecem várias atividades de lazer, como aulas de natação, cursos de música, lições de culinária e passeios organizados.

No entanto, nem todos os mexicanos têm acesso a esses centros recreativos da indústria. O governo passou a criar mecanismos para chegar aos moradores que não podem utilizar essas instalações. Órgãos públicos oferecem recreação à população. O Instituto de Desenvolvimento Integrado da Família (DIF), o Instituto Mexicano da Juventude, o Instituto Nacional para as Pessoas Idosas e os Escritórios Sociais da Agência de Suprimentos da Justiça administram centros recreativos para fins específicos. Por exemplo, na área da família, o DIF promove atividades de lazer em que as famílias passam uma semana hospedadas em balneários, desfrutando da integração familiar, divertindo-se, fazendo refeições ou apenas ficando juntas.

O Instituto Nacional para as Pessoas Idosas procura manter os idosos ativos e alegres. O instituto organiza atividades de lazer em seus centros regionais, com ênfase na socialização. Seus membros frequentam atividades diárias, como clubes de histórias, oficinas artísticas ou passeios de um dia. Essas atividades têm ajudado a manter os adultos física e mentalmente saudáveis. Já o Instituto da Juventude oferece atividades apropriadas à idade, como seminários de prevenção às drogas, eventos sociais para jovens e reuniões de conscientização sobre o *bullying*. Essas agências governamentais destinam-se sobretudo a organizar atividades gratuitas de lazer para atender às populações vulneráveis.

Os clubes recreativos também são encontrados em outros ambientes, incluindo escolas, igrejas, clubes independentes de recreação ou lazer sério, universidades e lares para idosos. O jogo e a recreação no México estão integrados à vida cotidiana e podem ser observados nos cursos ou centros organizados, bem como em encontros espontâneos de amigos.

06 turismo

Viagens e turismo são bem desenvolvidos no México. As pessoas apoiam o turismo, e o governo e as empresas privadas incentivam essas atividades. Das quatro áreas em que o lazer é classificado, o turismo é o mais estruturado. Ele cresceu em virtude da ação do governo e por ser regulamentado por leis e políticas. Em meados do século XX foi promulgada a primeira Lei Federal do Turismo. Em 1949, sem contar com um Ministério do Turismo para dar retaguarda à recente Lei do Turismo, agências de viagens e gestores de hotéis reuniram-se para formar uma aliança profissional. Em 1974 criou-se o Ministério do Turismo, e recursos financeiros públicos foram liberados para promover a atividade (Cestur-UAM, 2000).

As primeiras ações do Ministério do Turismo foram motivar os mexicanos a viajar dentro do país. Incentivou-se o turismo doméstico, com ênfase nas atrações turísticas disponíveis. Praias, sítios arqueológicos e cidades coloniais foram selecionados como as principais atrações turísticas para os mexicanos e turistas estrangeiros. A acessibilidade a esses locais e a qualidade dos serviços foram prioridades para o governo. Nos primórdios da regulamentação governamental, os acadêmicos vinculavam o turismo a atividades esportivas e recreativas, já que as famílias viajavam para balneários e passavam seus dias praticando esportes na praia e participando de outras atividades recreativas. Ao longo dos anos, uma clara divisão entre ações e intenções levou o campo do turismo a ter suas próprias características, dissociado de recreação e esportes.

O turismo é uma atividade de lazer, e os mexicanos praticam-no nas férias. Para incentivar mais viagens de mexicanos, o governo federal transferiu três feriados nacionais para as segundas-feiras. Desde 1917, as datas de feriados acompanhavam o calendário. Seguindo a tendência de outros países, os legisladores mexicanos mudaram três dos sete feriados nacionais para as segundas-feiras, com o principal objetivo de motivar viagens curtas. Fins de semana prolongados estão ajudando a aumentar o turismo para alguns destinos. Pessoas que não viajavam principalmente por causa de restrições financeiras começaram a aproveitar esses finais de semana mais longos.

Viajar também é uma atividade popular durante as férias e os períodos curtos de descanso. No entanto, o turismo não é barato, especialmente em comparação com oportunidades locais de esportes ou artes. Os recursos financeiros podem ser limitados mesmo quando se viaja para locais próximos ou apenas por alguns dias. Isso levou o governo federal a criar um programa nacional destinado ao turismo social. A Lei Federal de Turismo prevê mecanismos para promover o turismo entre as pessoas menos favorecidas no México. Esse programa foi uma iniciativa europeia nos anos 1950 e a Lei do México incorporou seu escopo em 1974. O governo optou por apoiar jovens, famílias, pessoas com deficiência e idosos (Estrada-González, 2015). O apoio depende de empresas privadas, como hotéis, restaurantes, companhias de transporte, parques temáticos e agências de viagens. O setor público também contribui com recursos financeiros fornecidos pelos governos estaduais e federal.

Os fins de semana prolongados têm contribuído bastante para a área de turismo e os mexicanos estão dispostos a participar de excursões voltadas para o público nacional. O turismo é uma forma crescente de lazer realizado em grupos, como os de idosos, por exemplo, e é popular entre famílias durante as férias escolares.

07 observações finais

A intenção deste capítulo foi analisar a área de lazer no México. Um contexto histórico descreve a transição entre as civilizações antigas e os dias atuais. Jogos e recreação eram as atividades de lazer preferidas em tempos antigos, e a modernidade também moldou o lazer como algo diferente da vida diária, embora misturado a ela. Hoje os mexicanos têm consciência dos benefícios do lazer e valorizam muito as atividades recreativas. Quase todo cidadão espera ansiosamente pelo fim do dia de trabalho para vivenciar suas experiências de lazer em esportes, recreação, artes ou viagens.

Minhas observações sugerem que os mexicanos estão dispostos a participar em atividades de lazer, independentemente de sua condição social, sua idade, seu gênero ou seus recursos financeiros. Mesmo em tempos difíceis, muitos cidadãos procuram atividades de lazer adequadas, não apenas para diversão, mas para obter benefícios pessoais fecundos e enriquecedores decorrentes de tal prática.

08 referências

Bernal, I. (2006). "Formación y desarrollo de mesoamérica". Em: El Colegio de México. *Historia general de México*. Centro de Estudos Históricos (pp. 129-52). Cidade do México: El Colegio de México.

Benavides, A. (1992). "Época Prehispánica". *México Desconocido. El mundo maya*. Guía México Desconocido, Edición Especial, Guía Número 7 (pp. 20-29). Cidade do México: Editorial Jilguero.

Carrasco, P. (2006). "Cultura y sociedad en el México antiguo". Em: El Colegio de México. *Historia general de México*. Centro de Estudos Históricos (pp. 153-233). Cidade do México: El Colegio de México.

Centro de Estudios Superiores en Turismo – Universidad Autónoma Metropolitana (Cestur-UAM) (2000). *Estudio de viabilidad del turismo social en México, Informe Ejecutivo*. Cidade do México: Secretaría de Turismo.

Estrada-González, A. E. (2015). *El turismo social desde el ocio humanista. El caso de los viajes para personas mayores en el Estado de Nuevo León* (México), Tese de doutorado. Bilbao, Espanha: Universidad de Deusto.

Estrada-González, A. E. (no prelo). "Mapping Leisure and Life through the Ages in Mexico". Em: Modi, I. e Kamphorst, T. (org.). *Mapping Leisure and Life through the Ages*. Jaipur, Índia: Rawat Publications.

González, J. A. (2004). "The Power of Joy in Native America". Em: Morante, R. B. (org.). *La magia de la risa y el juego en el Veracruz Prehispánico* (pp. 13-17). Monterrey, México: Universidad Autónoma de Nuevo León.

López Austin, A. (1967). *Juegos rituales aztecas*. Instituto de Investigaciones Históricas, 5. ed. Cidade do México: Universidad Nacional Autónoma de México.

Lorenzo, J. L. (2006). "Los orígenes mexicanos". Em: El Colegio de México. *Historia general de México*. Centro de Estudos Históricos (pp. 93-128). Cidade do México: El Colegio de México.

Tijerina, L. J. (1991). *La actividad física y recreativa en el México Prehispánico*. Monterrey, México: Centro de Estudios Universitarios.

Leonardo Boff
uma voz da nova eclesiologia

lazer no extremo sul:
uma voz da nova zelândia

neil carr
universidade de otago

Para discutir o significado, a importância e o valor do lazer do meu ponto de vista e ambiente sociocultural, começo analisando brevemente o que é esse ponto de vista/ambiente. Lamentavelmente, após 43 anos (ou mais) de vários níveis e momentos de autorreflexão, ainda não sei bem o que sou, mas tenho quase certeza de que a vida que estou vivendo se torna dia a dia mais complexa e diversificada. Minha vida e meu ponto de vista são uma festa sempre em movimento e não uma entidade fixa.

Moro na Nova Zelândia e sou cidadão neozelandês, apesar de ter vivido no Reino Unido até os 28 anos de idade, quatro anos na Austrália, e de compartilhar a vida com minha esposa canadense e três filhos, um natural do Reino Unido, outro da Austrália e outro da Nova Zelândia. Também sou acadêmico (cujo acadêmico favorito de todos os tempos seria o bibliotecário da *Unseen University*[1]), remador, amante de cães, doente por gatos (culpa do meu filho mais velho), criador de aves (patos são maravilhosamente malucos), jardineiro (simplesmente adoro ver as coisas crescerem; isso proporciona uma sensação simples, mas profundamente gratificante de realização) e provavelmente muitas outras coisas. Em minhas andanças acadêmicas, envolvi-me com o discurso feminista, o anarquismo e os direitos e o bem-estar dos animais, entre muitas outras coisas. Esses *interesses* provavelmente contrastam com minha formação positivista como estudante de graduação em geografia.

---

1   "Universidade Invisível", em tradução livre. Trata-se de uma escola de magia na série de romances de fantasia *Discworld*, de Terry Pratchett. A universidade fica na cidade fictícia de Ankh-Morpork e tem um corpo docente formado por velhos magos ineptos e indolentes. [N. T.]

Em meio a toda essa bagunça, apresento minha discussão sobre lazer, sobre o que isso significa para mim e o que penso que significa no contexto da Nova Zelândia. Talvez seja tudo uma demonstração da modernidade líquida de Tony Blackshaw (2010).

Meu próprio caldeirão pessoal, que não gera um produto final, mas uma série aparentemente infindável de ideias que borbulham em direção ao topo do pote e são, por sua vez, devoradas por este, é também como vejo a Nova Zelândia. Em relação a outras nações do mundo, a Nova Zelândia é um pequeno país localizado na parte inferior do globo (apesar das tentativas de alguns de virar o mundo de cabeça para baixo e sugerir que nós, neozelandeses, estamos no topo do mundo). Muitas vezes somos esquecidos pelo resto do mundo e aparentemente ficamos muito felizes com isso. A imagem típica de um kiwi (isto é, um ser humano neozelandês em oposição à ave que não voa ou à fruta nativa) é fácil de definir. É Wal Footrot, o personagem principal, com seu cão chamado Dog, numa tira de quadrinhos intitulada *Footrot Flats*, criada por Murray Ball em 1976. Wal é um criador de ovelhas apaixonado por rúgbi, cujo guarda-roupa se limita a uma camiseta e um par de galochas Wellington.

Volto a Wal Footrot mais tarde, mas por ora é importante reconhecer que a Nova Zelândia é bem mais do que um lugar repleto de duplicatas de Wal e suas ovelhas. É uma nação multicultural em rápida ascensão, em constante mudança, embora não necessariamente num ritmo uniforme em todo o país. Bolsões profundamente arraigados de conservadorismo podem conviver intimamente com um pensamento extremamente liberal. A Nova Zelândia teve inúmeros membros do parlamento abertamente *gays* (o primeiro deles foi Chris Carter em 1993), foi o primeiro país a votar num transexual para o parlamento (Georgina Beyer, 1999), o primeiro a *permitir* que as mulheres votassem (1893), tem, em minha opinião, um maravilhoso Coletivo das Prostitutas dedicado ao bem-estar das profissionais do sexo, foi um dos primeiros países a ter uma mulher primeira-ministra (Jenny Shipley, seguida por Helen Clark), e em 2013 legalizou o casamento entre pessoas do mesmo sexo. Como fica tudo isso ao lado de Wal Footrot? Não sei como o país consegue fazê-lo, mas basta dizer que consegue, e aparentemente, ao menos do meu ponto de vista, sem nenhum tipo de desconforto.

01 o significado de lazer

Lazer, para mim, é muito mais do que uma medida de tempo ou uma atividade, embora ambos sejam uma parte ou, pelo menos, uma representação deste. Nesse contexto, não há motivo para o lazer não ser apenas uma atividade física para as pessoas, por exemplo. Elas podem restringi-lo a isso, mas também podem explorar o lazer para além do físico. Uma parte integrante da natureza física do lazer é o esporte, incluindo a participação ativa em alguma prática esportiva ou a mera participação como espectador passivo ou simpatizante.

Acho que, além disso, o lazer muitas vezes tem sido confundido com recreação, associado com a noção de recuperação. Nesse sentido, o lazer pode tornar-se um período destinado a recarregar as baterias ou a relaxar, antes de voltar ao trabalho. Essa construção ajuda a diferenciar o trabalho do lazer, uma ideia que tem sido tradicionalmente atraente. Atividades esportivas ou físicas têm sido associadas à recreação graças à percepção de que podem ajudar na recuperação para o trabalho.

Indo além do físico, o lazer pode nos oferecer a possibilidade de explorar livremente nosso *self* e de nos transformar em quem queremos ser. Vincular a liberdade ao lazer tem ajudado a fortalecer a noção de divisão entre trabalho e lazer, em que o trabalho corresponde ao tempo em que as pessoas não são livres, ao passo que o lazer constitui um tempo de liberdade. A ideia de que o lazer pode dar liberdade para explorar sugere que ele está relacionado com aprendizagem, o que tem raízes profundas que remontam à Grécia Antiga. Essa visão também liga o lazer ao ato de brincar, um estado em que predomina o aprendizado de livre escolha – uma atividade ou um processo associado a experiências de aprendizagem de alta qualidade.

A ideia de liberdade como parte integrante do lazer leva a questões complicadas sobre o que a liberdade realmente é ou pode ser. Essas discussões não são novidade nos estudos de lazer e fundamentam-se na noção de que a liberdade deve estar sempre situada numa realidade social. Nesta realidade, a liberdade só pode ser relativa, nunca absoluta. O lazer é visto como socialmente construído e tolerado. As atividades que o indivíduo pode definir como lazer, mas que existem fora dessa construção social, são socialmente definidas como degeneradas e sujeitas ao estigma social e a possíveis acusações criminais. No âmbito dessa construção do lazer, a liberdade pode ser vista como algo dado, em que o indivíduo é um liberto, um cão cujo dono removeu sua coleira (Stirner citado em Leopold, 1995). O cão pode parecer livre, despojado do adorno físico do subterfúgio, mas ainda está sob o comando de seu dono. O cão deve ter o cuidado de obedecer às regras ou receberá novamente a coleira. Mesmo que obedeça, ainda voltará a usar a coleira quando o dono achar que é o certo a ser feito. Em outras palavras, embora a fisicalidade da coleira possa ser removida, tudo o que ela representa está sempre presente.

A noção de lazer como liberdade é acompanhada pela relação entre lazer e resistência. Liberdade e resistência geralmente caminham juntas. O lazer é visto como um espaço/tempo de resistência às construções sociais, e tal resistência pode ser tanto socialmente sancionada quanto castigada. À primeira vista, a ideia de resistência sancionada socialmente, e até mesmo construída, pode parecer contraintuitiva. No entanto, é por meio da resistência e graças a ela que a vibração da sociedade (o fato de a única constante na sociedade ser a mudança) existe. Em outras palavras, por meio do lazer a sociedade recupera-se. O lazer é a recreação para a sociedade.

Finalmente, o lazer é uma atividade social que oferece às pessoas a oportunidade de se socializarem, de identificarem-se com um grupo e unirem-se. Esse processo pode dar a elas a identidade que buscam como parte da liberdade oferecida pelo lazer e pode ocorrer numa variedade de circunstâncias. Por exemplo, o esporte tem sido fortemente identificado como uma situação que pode favorecer o vínculo social e a formação da identidade.

02 lazer na nova zelândia

Na sequência da discussão sobre o significado do lazer, examino como os significados variados e muitas vezes concorrentes, se não contraditórios, do lazer existem na Nova Zelândia. O lazer como tempo e atividade física está claramente vivo e atuante na Nova Zelândia. Assim como o resto do mundo, nós ainda tendemos a diferenciar o tempo de lazer do tempo de trabalho, mesmo numa época em que a indefinição entre ambos está aumentando. No entanto, tal indefinição é aparentemente unidirecional, pois o trabalho invade todos os tempos e espaços da vida das pessoas. O trabalho deixou de estar confinado no local de trabalho. A tecnologia multimídia e o *notebook* em que digitei este capítulo garantem isso. Hoje posso verificar meus *e-mails* em qualquer parte do mundo e não preciso de uma fonte de alimentação externa para escrever documentos e analisar dados, pois a bateria de meu *notebook* dura 14 horas. Um exemplo dessa indefinição é que redigi este ensaio num quarto de hotel em Invercargill (a três horas de carro de minha casa), onde me hospedei com meu filho enquanto ele participava de uma competição de natação de três dias. Revisei o texto em grande altitude, durante o voo para uma conferência em Adelaide, enquanto relaxava ao som de Def Leppard.

Para viajar até Invercargill tive de abrir mão de um de meus dias de férias remuneradas na universidade. No entanto, esta não é a história da má sorte de mais um acadêmico atarefado. Posso afirmar que estou sobrecarregado, e por qualquer indicador realmente estou, mas é por opção própria. Isso pode parecer uma loucura e muitos talvez ranjam os dentes de raiva porque estou assumindo a responsabilidade por meus atos em vez de culpar as forças obscuras externas que supostamente impõem uma agenda neoliberal ao setor terciário da educação na Nova Zelândia e em outros lugares. No entanto, essa culpa tiraria minha responsabilidade por mim mesmo – com o efeito de me levar a abdicar de minha própria liberdade como indivíduo consciente e pensante. Eu sou responsável pelas minhas próprias decisões. Eu escolho, mais ou menos, aquilo em que desejo trabalhar dentro e fora do trabalho. Então por que decido trabalhar em algo geralmente definido como meu tempo de lazer? Admito que, em parte, desejo me manter no controle de minha carga de trabalho, mas também gosto disso. Sinto prazer em escrever e pesquisar. Gosto até de editar os textos como um editor de periódicos. Há esforço envolvido? Certamente. Escrever nunca é fácil, editar às vezes pode ser muito difícil e tomar decisões de gestão de recursos humanos como chefe de departamento pode ser (um prazer) desafiador e penoso. No entanto, isso é lazer para mim. O prazer é um tema central do lazer, e o prazer sem um contrapeso para medi-lo e testá-lo (isto é, o sofrimento) não tem sentido. Assim, o trabalho não tirou o lugar do lazer. Na verdade, graças a uma compreensão mais profunda sobre o que o lazer pode ser, eu e alguns outros passamos a vê-lo no trabalho e no processo, sem nos preocupar tanto com uma divisão entre trabalho e lazer. A divisão fica confusa de outras maneiras. Sempre que olho pela janela de meu escritório por volta do meio-dia, vejo uma série de pessoas da universidade saindo para correr, caminhar ou passear. Outras deliberadamente deixam o trabalho por algumas horas para almoçar com seu parceiro ou parceira, enquanto outras vão até o porto (15 minutos a pé) para andar de caiaque. Essas atividades de lazer ocorrem durante o tempo de trabalho. No entanto, o ambiente universitário é privilegiado. Nem todos na Nova Zelândia podem fazer essas pausas no trabalho e nem todo empregado pode encontrar o prazer da autodescoberta e da aprendizagem associadas ao lazer em seu trabalho.

  O lazer como atividade física é praticado na Nova Zelândia? A resposta é: com toda a certeza, sim. O esporte é uma paixão na Nova Zelândia e seu nome é rúgbi. Wal Footrot tem muito a dizer sobre o assunto rúgbi neste país; é algo que todos podem jogar e participar. Pode ser apenas um jogo, mas aqui ele se transforma facilmente em muito mais que isso. Bill Shankly, o gerente do Liverpool Football Club, foi lendariamente acusado de sugerir que o futebol não é uma questão de vida ou morte, mas é muito mais importante que isso. Pode-se dizer que isso se aplica à visão que Wal e muitos outros neozelandeses têm do rúgbi e, em especial, do time All Blacks (isto é, a equipe nacional da Nova Zelândia). A Nova Zelândia pode ter uma das melhores equipes de *netball* do mundo e alguns de seu melhores remadores, além de excelentes indivíduos em outros esportes amados por seu país e seus habitantes, mas todos vivem sob a permanente e enorme sombra dos All Blacks. Se existe uma religião definidora na Nova Zelândia, ela é o rúgbi; sua Cidade Santa é o All Blacks e seu papa atual é Richie McCaw. Muitos neozelandeses vivem e respiram o rúgbi; eles jogam nas categorias de base, apoiam seus 14 times e veneram o All Blacks. Juntos, eles são uma sociedade. Dessa forma, não acompanhar e nunca ter jogado rúgbi é considerado anormal no país, especialmente, mas não exclusivamente, para os homens.

Muitos neozelandeses podem praticar e praticam outros esportes. O futebol é popular, assim como atletismo, hóquei e basquete. Embora a obesidade seja cada vez mais um problema entre adultos e crianças no país, a participação ativa em esportes ainda é alta. Juntamente com o esporte, o consumo de álcool é uma atividade de lazer significativa na Nova Zelândia. O consumo de álcool reflete a natureza controvertida do país discutida anteriormente no capítulo, em que é tanto venerado como parte da cultura kiwi quanto recriminado por ser socialmente irresponsável/degenerado.

Um aspecto final da atividade física da Nova Zelândia como lazer é a procura por lazer radical. Meu país é conhecido como a Meca dos entusiastas de esportes radicais. Essa imagem tem sido orgulhosamente adotada e vendida para o mundo. O lazer, assim como no caso do rúgbi, é usado para construir a identidade, tanto pessoal como nacional. As campanhas publicitárias de turismo 100% Puro para a Nova Zelândia mostram como as imagens de esportes (especialmente o rúgbi) e de esportes radicais integram a identidade do país e de seus habitantes.

O lazer como forma de recuperação (ou seja, recreação) está vivo e atuante na Nova Zelândia. Essa recreação é praticada pelas pessoas que dão uma escapada de seu escritório na minha universidade durante o dia. Indiscutivelmente, elas estão se recuperando, recarregando as baterias, para poder voltar renovadas ao trabalho e, consequentemente, tornar seu trabalho mais produtivo. A sociedade na Nova Zelândia e em outros lugares reconhece há muito tempo o valor da recuperação. Assim, temos fins de semana livres do trabalho, feriados e períodos de férias remunerados. Tudo isso oferece a possibilidade de recuperação e restauro de uma mão de obra produtiva. A Nova Zelândia também passou a reconhecer o potencial de recuperação da economia por meio do lazer.

O valor financeiro do lazer evidencia-se quando penso na natação de meu filho – uma atividade de lazer. Há os custos do equipamento, o transporte para competições de natação, os técnicos do esporte, as acomodações para competições de vários dias, os ingressos para a piscina, a obrigação de fazer parte de um clube e inscrever-se na Swim New Zealand (exigido para participar de competições). Além disso, é preciso levar em conta os custos envolvidos na construção e manutenção de piscinas para a prática do esporte. O tempo de lazer também abre oportunidade para gastos. Por meio desse gasto, a economia nacional e global continuam a girar. Graças à internet, posso fazer compras 24 horas por dia, 7 dias por semana. Mesmo antes da internet, as lojas tinham começado a abrir por períodos de tempo semelhantes. Comprar é agora tanto uma atividade de lazer em si quanto um processo que permite a recuperação econômica.

Brincar também faz parte do lazer na Nova Zelândia, embora a natureza desse brincar seja controversa. Em sua forma ideal, o brincar é um aprendizado não dirigido, não supervisionado e sem restrições. Brinca-se pelo prazer de brincar e a brincadeira pode ou não levar a resultados positivos, provavelmente impossíveis de medir. Do ponto de vista negativo de adultos obcecados em garantir o aprendizado constante das crianças para se tornar membros íntegros da sociedade, tais brincadeiras podem ser vistas como perda de tempo e perigosas. São perigosas porque implicam o risco inerente de possíveis danos emocionais e/ou físicos. Constituem perda de tempo caso não levem a resultados passíveis de ser medidos por indicadores--chave de desempenho (KPIs) do desenvolvimento socialmente desejável de uma criança. Não cabe neste capítulo exasperar-se contra essa conceituação da brincadeira, que suga a vida da criança, a limita, a higieniza e, no processo, lhe confere um selo de aprovação e quantificação dos adultos. Essa visão não é minha crença pessoal sobre como deve ser o brincar. Também me irrita a noção de que a brincadeira destina-se apenas a crianças. Muitas universidades passaram a ser obcecadas com a ideia de que podem formar graduados empenhados na noção de aprendizagem ao longo da vida; mas se brincar é aprender, então por que não podemos todos brincar, e por que não deveríamos todos brincar por toda a vida? Hoje na Nova Zelândia, o brincar das crianças parece ser amplamente higienizado. O *playground* é um espaço naturalmente asséptico. É construído para adultos (isto é, pais que anseiam por um lugar seguro para seus filhos brincarem) e por adultos cientes da necessidade de garantir que seja um lugar seguro o suficiente para evitar ser processados por pais de crianças indignados por elas terem se machucado. Como parte dessa higienização do ato de brincar, crianças cada vez mais novas são colocadas em centros de recreação e pré-escolas onde a brincadeira é estruturada e os objetivos da aprendizagem são avaliados e comunicados aos pais desesperados por assegurar a transferência bem-sucedida de seus filhos para a sociedade adulta. Apesar disso, muitas crianças resistem. Elas procuram continuamente controlar os espaços que habitam, para transformá-los em lugares onde podem ser o que quiserem e agir como quiserem. Se estiverem num espaço construído pelos adultos com ideias adultas sobre o valor do brincar, elas geralmente procuram fazer tudo para se apropriar daquele espaço e usá-lo como bem entenderem, e não como o projetista considerou adequado. Se um espaço de brincadeira não for adequado à finalidade, as crianças logo deixarão isso claro. Em caso de dúvida, passe cinco minutos no *playground* mais próximo para ver por quanto tempo os *brinquedos* fixos e estáticos prendem a atenção das crianças. Isso não acontece porque as crianças ficam entediadas com facilidade, mas porque os materiais não merecem a atenção delas.

    As crianças ainda correm soltas na Nova Zelândia, capazes de passar verões idílicos vagando pelo campo, balançando-se em cordas sobre os rios, combatendo monstros imaginários em florestas e cavernas (se é que algum dia esses idílios existiram fora da imaginação de escritores como Enid Blyton do famoso *Adiante, sociedade secreta dos sete*)? Sim, mas as forças da vida adulta e do conservadorismo são ameaças constantes a esse brincar. Essas forças procuram higienizar a brincadeira para evitar a possibilidade de resultados negativos e moldá-la para garantir que tenha resultados mensuráveis.

Assim, dentro de todo esse lazer na Nova Zelândia, ainda existe hoje, ou já houve, espaço para a liberdade? Liberdade de algo, liberdade para descobrir e liberdade para ser? Em seu sentido relativo, a liberdade no lazer é possível na Nova Zelândia; a grande maioria das atividades esportivas e de lazer envolve a liberdade, em diferentes graus, de forma voluntária. A construção de tempo livre é apresentada aos kiwis em coisas como o Natal e os feriados oficiais associados. Nesse período, as pessoas estão livres do trabalho, mas não das obrigações sociais ligadas ao Natal. Embora o trabalho não seja necessário durante esse período, a sociedade claramente define como os neozelandeses devem se comportar. Talvez de forma mais elusiva, existe a possibilidade de liberdade absoluta na Nova Zelândia? Aproveitando o exemplo anterior, pode o cão ser mais do que um liberto? O lazer é visto como um local de contestação, onde os indivíduos podem esquivar-se das normas e dos valores sociais e romper com a sociedade para seguir seu próprio caminho. Sim, eu diria que sim. Se a resposta fosse outra qualquer, então a sociedade nunca mudaria. Ao brincar, as crianças estão envolvidas com essa liberdade e se apropriam dela, procurando ser mais do que simplesmente libertas. Assim como essas crianças, os rebeldes, os que buscam a liberdade absoluta, os que rompem com as *regras* não permanecem fora da sociedade para sempre. Em vez disso, suas ações podem gerar, e muitas vezes geram, mudanças na sociedade, criando novas normas e regras que satisfazem os desejos desses pioneiros, e ainda assim, no futuro, serão desafiadas por outros. O lazer oferece o espaço em que esses desafios podem ocorrer e um espaço onde eles podem ser testados pela sociedade e rejeitados ou aceitos. Vejo desafios em andamento e demonstrações de liberdade absoluta no lazer neozelandês quase todos os dias. Robbie Manson assumindo-se como *gay* num ambiente esportivo que constrói todos os competidores homens como hipermasculinos e os relatos de sua aceitação pela equipe de remo da elite nacional que ele integra são um exemplo da demonstração de liberdade absoluta no lazer, ao lado de sua natureza controvertida. De forma semelhante, é patente na Nova Zelândia uma batalha contínua pelo reconhecimento da igualdade entre homens e mulheres na arena esportiva, por meio das ações de mulheres praticando esportes como rúgbi, golfe e críquete (todos tidos há muito tempo como baluartes masculinos).

O impulso para a mudança e a expressão da liberdade presentes no lazer não se restringem ao esporte na Nova Zelândia, mas se estendem a outros aspectos do lazer, incluindo drogas, álcool e sexo. Este último está ligado à legalização da prostituição e ao trabalho do Coletivo das Prostitutas da Nova Zelândia. A questão das drogas está relacionada aos debates em curso sobre a maconha e uma série de drogas para consumo recreativo, enquanto a questão do álcool está ligada com as tentativas contínuas de mudar as atitudes dos kiwis quanto à bebida e a resistência a essas tentativas. Esse exemplo não pretende ser um debate sobre os erros e acertos de qualquer um desses processos, mas destacar os aspectos em que a liberdade está presente. Com essas demonstrações, o debate social e as mudanças ocorrem, tudo no contexto do lazer.

Esses exemplos mostram como o lazer na Nova Zelândia torna-se um núcleo fundamental para todos os kiwis. O lazer é necessário para seu bem-estar físico e mental, bem como para a sociedade em que vivem. O lazer dá prazer, o que está relacionado com o bem-estar. Oferece oportunidades de aprendizagem. Proporciona uma oportunidade para o estímulo da economia nacional. Fornece uma oportunidade para a autodescoberta. Propicia uma oportunidade de mudança social, que ironicamente é necessária para a coesão social. Bakunin (citado em Dolgoff, 1971) viu essas possibilidades ao construir suas ideias sobre o anarquismo. Ele percebeu que não bastava apenas derrubar as paredes da sociedade atual em função de uma antipatia por ela. Na verdade, era preciso construir outra vez uma sociedade nova e, espera-se, melhor.

03 conclusão

No geral, acho que o lazer na Nova Zelândia tem algo a oferecer a todos. Tanto o lazer recuperador, prazeroso, social, formador de identidade, quanto o lazer como um local/veículo para a busca do *self* ou um cenário para contestar o *status quo*, tudo é possível no país. Essas categorias não são excludentes. Na verdade, o lazer das pessoas é muitas vezes uma entidade complexa e diversificada, que pode abrigar todos ou alguns desses componentes e mudar facilmente ao longo do tempo. Num sentido social, o lazer une as pessoas, desafia a sociedade e revigora a população. Como tal, ele é parte integrante da sociedade neozelandesa.

Tendo vivido em outras partes do mundo, posso ver semelhanças nas experiências e realidades de lazer na Nova Zelândia em comparação com outros lugares. No entanto, as diferenças também tornam única a versão neozelandesa de lazer. Isso está ligado com o conceito de "glocalização"[2], em que

---

2   *Glocalization* no original em inglês. Trata-se de um neologismo que une os termos globalização e localização, indicando a adaptação de um produto global às especificidades de cada localidade ou cultura. [N.T.]

as especificidades locais e as semelhanças globais se encontram (Morley e Robins, 1995). O que discuti neste capítulo coincide com a opinião de outros moradores da Nova Zelândia sobre o lazer? Reconhecer meu ponto de vista e a individualidade dele significa reconhecer que é impossível dizer que todos os neozelandeses concordariam comigo. Wal Footrot provavelmente soltaria um suspiro diante de toda esta introspecção, mas seu amigo Cooch – o *alter ego* do típico sujeito kiwi – e meu personagem favorito, Dog, entenderiam, assim espero.

04 referências

Blackshaw, T. (2010). *Leisure*. Londres: Routledge.
Dolgoff, S. (1971). *Bakunin on Anarchy: Selected Works by the Activist-Founder of World Anarchism*. Nova York: Alfred A. Knopf.
Leopold, D. (1995). *Max Stirner: The Ego and its Own*. Cambridge: Cambridge University Press.
Morley, D. e Robins, K. (1995). *Spaces of Identity: Global Media, Electronic Landscapes and Cultural Boundaries*. Londres: Routledge.

uma perspectiva quantiana

uma perspectiva queniana

jane wanjiku kamau
universidade kenyatta

nkatha muthomi
universidade kenyatta

daniel gaita njenga
universidade kabarak

jonathan kimtai rotich
universidade kenyatta

yasmin goodwin
universidade kenyatta

Lazer, jogos e esportes são atividades importantes na vida dos quenianos, pois contribuem de muitas maneiras para o desenvolvimento pessoal. A participação nessas atividades promove habilidades sociais e incute valores como trabalho em equipe, tolerância e consideração pelos outros. Além disso, as pessoas também podem desenvolver habilidades físicas e aumentar as oportunidades de aprimorar seus talentos naturais.

  Dependendo de sua ocupação, sua idade, seu nível de escolaridade, sua religião e outros elementos demográficos, os quenianos que entrevistamos definiram e interpretaram lazer, recreação, jogos e esportes de diversas maneiras. Por exemplo, um homem de 30 anos de idade definiu lazer e recreação como "participação em atividades voltadas para diversão e prazer, não necessariamente desgastantes para o corpo e a mente" (L. Ngugi, entrevistado em 17 de novembro de 2015). Uma mulher da mesma faixa etária definiu os dois como "algo que você adora fazer quando quer relaxar" (L. Kawira, entrevistada em 18 de novembro de 2015). No entanto, um adolescente viu o lazer e a recreação como "uma forma de relaxar por meios ativos e de se afastar das rotinas diárias" (S. Waithaka, entrevistado em 17 de novembro de 2015). Uma funcionária pública explicou o lazer e a recreação simplesmente como "relaxar" (L. Towett, entrevistada em 16 de novembro de 2015). Um professor universitário definiu lazer e recreação como "aquilo que você faz quando quer relaxar depois de tudo o que você precisava fazer" (P. Mbugua, entrevistado em 16 de dezembro de 2015). Já uma colega entendia os dois como "algo prazeroso que faz você relaxar, como quando você sai para uma caminhada; um tempo em que você não está ocupado com tarefas diárias; feito para o prazer, devagar e sem pressa" (A. Gathumbi, entrevistada em 16 de dezembro de 2015). Como podemos ver, o tema do relaxamento perpassa a maioria dessas definições.

Questiona-se bastante se os quenianos dão ao lazer, aos jogos e aos esportes a mesma interpretação que o resto do mundo. Tradicionalmente, nenhuma comunidade entre as mais de 42 tribos no Quênia dispõe de uma definição consistente para o lazer. No entanto, cada comunidade participa de atividades lúdicas, esportivas e recreativas, que podem ser interpretadas como lazer. Além disso, os quenianos de comunidades distintas têm nomes diferentes para jogos e esportes: os Gikuyu do Quênia central usam *guthaka*, os Gujaratis quenianos falam de *ramatgumat*, os Kalenjins do vale do Rift têm *ureriet*, os Merus do leste do Quênia dizem *matinda*, os Luhyas do oeste usam *khuvaya*, os Kisii da região dos lagos falam de *omucheso*, e os Luos, também da região dos lagos, usam *tugo*. Curiosamente, o idioma nacional, o suaili, utiliza o mesmo termo, *mchezo*, para designar tanto o jogo quanto os esportes. Nos últimos trinta anos, a comunidade acadêmica queniana tentou identificar, reconhecer e dar significados específicos para os conceitos de lazer, jogos e esportes no Quênia. A definição de lazer inclui aspectos de objetivo, tempo e atividade. O objetivo do lazer pode ser o de satisfazer necessidades como relaxamento, recreação, saúde e ganhar a vida. O tempo corresponde à duração deliberada dedicada a compromissos de lazer, e a atividade refere-se às diferentes formas de compromissos de lazer ativos e passivos. Em resposta ao recente aumento dos desafios para a saúde decorrentes do sedentarismo e da má alimentação em todo o mundo, a comunidade acadêmica tende a promover o lazer ativo em oposição ao lazer passivo. Os profissionais de medicina e nutrição também têm endossado a participação em atividades de lazer baseadas na atividade física. Essas mudanças corroboram a necessidade de definir lazer.

01 evolução do lazer e da recreação no quênia

01.1 período pré-colonial

Apesar da falta de uma definição distintiva de lazer no Quênia pré-colonial, diferentes comunidades envolviam-se no que chamamos de *lazer funcional*, que incorporava diversos objetivos, como preparação para guerras tribais, iniciação, homenagens aos deuses, adequação à vida cotidiana e benefícios econômicos. As atividades de lazer eram trabalho, parte do trabalho ou preparação para o trabalho (Mwisukha et al., 2014). Assim, o lazer assumiu uma perspectiva funcional. Ele tinha como foco o envolvimento real do corpo. O principal trabalho nessas comunidades girava em torno da construção de casas com cobertura de palha, da criação de gado e do cultivo de alimentos básicos, como banana, painço e inhame. A terra era de propriedade comunal. Arar, plantar, capinar e colher eram feitos em grupos. Sem perceber, a dança e o canto não apenas forneciam ritmo para as ações repetitivas do trabalho na lavoura como também aliviavam sua monotonia. Eventos especiais da vida, como nascimento, morte, casamento, iniciação e guerra demandavam costumes e padrões de trabalho especiais, concomitantes com atividades de lazer funcionais de canto, dança e teatro.

Dada a natureza utilitarista do lazer, dos jogos e dos esportes, raramente havia um momento definido apenas para a prática desvinculada do trabalho no lazer, uma vez que toda atividade de lazer tinha uma função na comunidade. Assim, a prática de lazer, jogos e esportes estava incorporada a muitas atividades comunitárias. Por exemplo, esportes de combate eram comuns em comunidades em que a guerra e a violência estavam presentes. Tais esportes de combate eram praticados principalmente pelos jovens do sexo masculino encarregados da defesa de aldeias e propriedades. Em sua discussão sobre esportes de combate, Blacking (1987) indicou uma relação complementar entre esportes de combate, guerras e violência, de modo que, quanto maior a probabilidade de guerra e violência em uma comunidade, maior o envolvimento de seus integrantes em esportes de combate organizados. Os Maasai do Quênia levaram a questão a um patamar mais elevado ao incorporar os grupos de ataque em suas atividades de iniciação (Kenyatta, 1938). Esse fenômeno continua evidente até hoje entre as comunidades pastoris ainda envolvidas em confrontos intertribais pelos direitos à água e a pastagens.

É importante notar que todas as atividades de lazer especificavam gênero, idade e grupo para diferenciar as capacidades funcionais dos grupos. A separação também estava ligada aos papéis e às responsabilidades culturalmente atribuídos a grupos específicos na comunidade.

01.2 período colonial

As raízes da história colonial no Quênia remontam à conferência de Berlim em 1885 e terminam em 1963, quando o país alcançou a independência dos britânicos. Durante esse período, os poderes coloniais e a Igreja consideravam primitiva a maioria das atividades tradicionais de lazer. Como resultado direto da colonização as atividades esportivas nativas, inteiramente utilitaristas, diminuíram pouco a pouco. Elas foram progressivamente marginalizadas, substituídas ou deturpadas pelas práticas coloniais dos brancos. Em especial, o colonialismo trouxe educação, religião (especificamente o cristianismo) e mudança nos hábitos de trabalho. A educação e a religião levaram a uma interpretação diferente do lazer, de seus propósitos e dos tipos de atividades. Novos conceitos de educação física, esporte para competições, esporte para incutir disciplina entre os jovens e esportes para lazer ou relaxamento passaram a ter destaque. Um missionário citou o uso dos esportes "para endurecer a espinha dorsal desses meninos, ensinando-lhes masculinidade, boa índole e altruísmo" – comportamentos entre os muitos concebidos como instrumentos para obrigar os nativos a se tornarem mais "britânicos" (Bale e Sang, 1996, p. 77). A alteração do corpo por meio do condicionamento físico tornou-se uma estratégia fundamental para transformar os nativos indisciplinados e preguiçosos, com lealdades locais, em cidadãos fortes e disciplinados, com um único objetivo comum de lealdade ao rei e senhor (Alatas, 1977).

Até meados do século XX poucas crianças africanas frequentaram escolas formais. Nessas escolas, esportes de brancos eram institucionalizados e integravam o programa de educação física. Atividades como atletismo, ginástica, natação e esportes coletivos eram enfatizadas. As crianças que frequentavam escolas só praticavam as atividades esportivas e de lazer dos brancos. As atividades nativas, como danças e jogos de guerra, eram consideradas muito primitivas e indesejáveis no mundo moderno e, portanto, afastadas ou proibidas.

O cristianismo, introduzido ao lado da educação colonial, modificou o etos das atividades de lazer e redefiniu as boas e más atividades de lazer. O etos modificado descartou algumas antigas atividades de lazer como imorais. Essa interpretação exigiu a contenção, primeiramente dos convertidos e, no final, de todas as comunidades. Por exemplo, algumas denominações missionárias proibiram o consumo de cerveja tradicional, jogos de azar, esportes como lutas e alguns tipos de danças. Essas atividades foram penalizadas por não estarem à altura dos padrões morais cristãos e por incentivarem a irresponsabilidade e a violência.

Com referência aos compromissos de trabalho, o colonialismo facilitou a separação entre trabalho e tempo de lazer. Durante o período ativo da expansão imperial, caracterizado pela anexação de terras e pelo trabalho forçado ou mal remunerado, os africanos quenianos foram relegados para reservas e aldeias. Viver em reservas mudava não apenas as estruturas sociais, como também os tipos de atividades de lazer. A pressão do colonialismo sobre o tecido social levou à redução da natureza comunitária das atividades de lazer. Primeiramente, a estrutura social mudava. As aldeias da reserva eram criadas para comunidades de diferentes lugares, mas com idiomas semelhantes. Assim, as atividades realizadas anteriormente não encontravam espaço no novo grupo da reserva. Em segundo lugar, a pressão do trabalho remunerado ou forçado e a expectativa de que todos os adultos trabalhassem deixava pouco espaço para lazer e jogos. O jogo, antes presente em literalmente todas as atividades de trabalho, diminuiu. Posteriormente, a agora grande população adulta trabalhadora não tinha tempo para se misturar com a comunidade de modo a poder organizar plenamente os compromissos comunitários anteriores.

A participação no esporte também seguiu uma tendência racial. Atendendo a ditames econômicos, sociais e culturais, surgiram esportes de brancos, esportes asiáticos e africanos. Corridas de cavalos, caça selvagem, tênis e rúgbi, por exemplo, eram reservados aos brancos, ao passo que o críquete e o hóquei eram praticados predominantemente pelos asiáticos, e os africanos jogavam futebol. Algumas formas de atividades de lazer foram transformadas em atividades imperiais para a elite colonial. Essa transformação foi uma tentativa consciente de civilizar os africanos. Assim, os esportes dos brancos tinham públicos restritos entre os africanos. Além disso, os custos proibitivos do equipamento e a falta de habilidades nos esportes asiáticos e dos brancos mantinham os africanos à distância. Nessa linha introduziu-se no currículo escolar a educação física, com ênfase em ginástica, esportes de equipe e atletismo. No entanto, os tipos de esportes praticados seguiram as mesmas demarcações raciais da participação adulta. Percebemos que, ao invés de desempenhar um papel unificador entre as comunidades quenianas, o lazer e o esporte se tornaram uma importante linha divisória entre culturas raciais e hierarquia. Esforços da administração colonial para impor e prescrever lazer e esportes conflitavam com a tradicional inclinação queniana de envolvimento voluntário, espontâneo e utilitarista em atividades tradicionais de lazer. Consequentemente, houve um protesto silencioso contra a participação em atividades organizadas de lazer. Os efeitos dessa imposição estão presentes ainda hoje, pois os estudantes veem a participação em educação física como uma forma de punição.

01.3 período pós-colonial

Após a independência houve maior exposição a esportes ocidentais, o que mudou ainda mais os tradicionais objetivos de lazer. Em grande medida, jogos, esportes e atividades físicas têm sido utilizados para melhorar a aptidão física dos indivíduos, promover a identidade nacional e indicar *status* social. No Quênia, os esportes passaram a ser uma ferramenta para a unidade nacional e o sentimento de nação (Rintaugu *et al.*, 2011). Na esteira do multipartidarismo, os esportes foram usados para promover o prestígio pessoal de políticos e líderes nacionais. Esses eventos eram realizados nos principais e estratégicos estádios esportivos do país, aptos a abrigar grande quantidade de possíveis eleitores durante as eleições gerais. Infelizmente, a maioria dos estádios situava-se no Quênia urbano. Em muitos casos, os espaços abertos destinados às atividades lúdicas e recreativas passaram a ser ilegalmente ocupados e adquiridos para empreendimentos imobiliários privados. Esses eventos tiveram impactos negativos na participação em esportes ativos e jogos durante o tempo de lazer.

Hoje os quenianos têm duas necessidades importantes:

- Manter as pessoas, principalmente as crianças, ocupadas. As crianças naturalmente precisam brincar para crescer e se desenvolver, e a maioria dos jovens desempregados correm um alto risco de se envolver em comportamentos negativos e antissociais de lazer e recreação.

- Criar e oferecer oportunidades para os trabalhadores praticarem atividades proveitosas de lazer e recreação após o trabalho para seu bem-estar físico, social e psicológico.

As soluções para essas necessidades podem ser encontradas no sistema educacional queniano, no sistema de governança e nos indivíduos.

02 o sistema educacional em lazer, esportes e jogos

O ato de frequentar a escola mudou as perspectivas dos quenianos sobre atividades de lazer. Na escola, muitos deles são expostos a programas de esportes. Rintaugu *et al.* (2011) afirmaram que as escolas do Quênia fornecem instalações acessíveis e um ambiente propício para a prática de esportes e a recreação. A educação deu às meninas mais oportunidades de lazer e recreação, ao contrário dos sistemas tradicionais, em que as mulheres só participavam de lazer para fins utilitários.

A criação dos Departamentos de Educação Física e Saúde, Gestão de Recreação e Ciências do Exercício nas universidades está incentivando a participação em atividades de lazer não apenas por puro prazer, mas também para como oportunidades de carreira. Muitos jovens trabalham na indústria do lazer e da recreação em virtude das oportunidades oferecidas pelos programas universitários. Estamos convencidos de que essas oportunidades são importantes, especialmente em nossa sociedade, onde predomina o desemprego entre os jovens. Considerando que quatro em cada dez quenianos vivem abaixo da linha da pobreza (Banco Mundial, 2016), qualquer pequeno rendimento proveniente do trabalho na indústria do lazer ajuda muito a pôr comida na mesa.

03 envolvimento do governo na promoção de lazer, esportes e jogos

O governo do Quênia tem demonstrado apoio ao lazer, aos esportes e aos jogos por meio de estruturas e financiamento de políticas. Desde a independência houve várias tentativas de produzir uma política para institucionalizar o esporte e a recreação no país. Por exemplo, a Política Nacional de Juventude (artigo 3.5), além de reconhecer a necessidade de participação dos jovens em atividades de recreação, também observou a escassez de recursos financeiros e instalações no país. O artigo 8.4 da mesma política sugere estratégias que o governo pode adotar para melhorar e incentivar a participação de jovens em recreação, no intuito de ajudá-los a passar seu tempo de lazer de forma construtiva (Kenya National Youth Policy, 2002). Essas tentativas de desenvolvimento de políticas evoluíram e finalmente culminaram na promulgação da Lei do Esporte, de 2013, que simplificou a institucionalização do esporte e da recreação no país (Kenya National Council for Law Report, 2013).

Desde a independência, o governo tem facilitado a formação de pessoal em educação física, esportes e gestão de recreação em instituições de ensino superior. Inicialmente, todos os professores formados em educação física foram absorvidos pelo sistema educacional. No entanto, esses professores não apenas se encarregavam do ensino de educação física, mas também administravam os programas de esportes e recreação. Reconhecendo a necessidade de pessoal especializado em programas de esportes e recreação, as instituições de ensino superior criaram cursos de esportes, gestão de recreação e ciências do exercício. Por exemplo, a Universidade Kenyatta liderou a introdução desses cursos em níveis de graduação e pós-graduação em 2002. Deve-se destacar que a Kenyatta procurou outras universidades na região da África Oriental para estabelecer programas similares. Desde então, a influência tem se espalhado para outras instituições além do leste da África para Zimbábue, Malaui e Zâmbia. A maioria dos primeiros formandos em gestão de recreação foi absorvida como gestores de esportes e recreação em escritórios governamentais e paraestatais (ou seja, instituições patrocinadas pelo governo).

O governo queniano criou o Ministério do Esporte, da Juventude e da Cultura em 2013. A missão do ministério era desenvolver, promover, preservar e divulgar o patrimônio cultural e artístico do Quênia, promover esportes e desenvolver a indústria cinematográfica queniana por meio da formulação e implementação de políticas, programas e projetos para melhorar a vida do povo queniano. Essa missão nacional passou agora para os 47 níveis de governança dos condados, cada qual com um Ministro da Juventude e dos Desportos. Cada condado foi subdividido em distritos (1.500 no total), de tal forma que cada distrito tem agora um administrador da Juventude e dos Desportos, invariavelmente um formando do programa iniciado em

2002. Prevemos que a nova subdivisão abrangerá os quenianos de todas as classes sociais, dando-lhes oportunidades de participar em atividades de lazer/ recreação e esportes. O resultado provavelmente resgatará o valor do lazer perdido durante a era colonial.

04 papel do indivíduo na busca de lazer, recreação e esportes

Em razão do aumento do número de quadros qualificados nas áreas de educação física, recreação, gestão de esportes, ciência do exercício e dos esportes, a sociedade queniana está começando a reconhecer e valorizar as contribuições dessas disciplinas no sentido da plenitude da vida de um indivíduo. Concomitantemente, em função da explosão de doenças não transmissíveis no Quênia, os profissionais de saúde têm aconselhado a prática de atividades recreativas e de lazer fisicamente ativas para prevenir e administrar os problemas de saúde. Assim, na busca de estilos de vida saudáveis, muitos quenianos, especialmente aqueles que têm conhecimento e informação, estão gradualmente fazendo mudanças deliberadas, deixando de ser sedentários e adotando estilos de vida ativos. Algumas organizações têm desenvolvido e implementado programas de lazer voltados para a melhoria da saúde e do bem-estar dos participantes. Tais programas incluem o *Ultimate Challenge* e o *Slim Possible*.

Em virtude da natureza competitiva no ambiente de trabalho global, as organizações públicas e privadas estão percebendo o valor de contar com trabalhadores saudáveis. Por reconhecer e apreciar o valor da saúde na produtividade econômica, instituições públicas e privadas estão investindo em instalações de *fitness* e recreação para seus funcionários. Visando alcançar a comunidade, instituições como a Universidade Kenyatta têm aberto instalações para o público. Os quenianos têm explorado os esportes como uma oportunidade de carreira, especialmente no atletismo, em que o Quênia vem demonstrando suas proezas para o mundo. Investidores privados construíram ginásios funcionais e parques recreativos por todo o país.

O Ministério do Turismo também tem desempenhado um papel na participação dos cidadãos em lazer ativo, ao incluir os tipos e a quantidade de instalações recreativas como parte integrante da classificação de hotéis. As instalações recreativas baseadas na atividade física geram receitas de turismo a partir de seu uso. Um estudo sobre hotéis classificados como três estrelas no Quênia constatou que em média 7% das receitas geradas nesses hotéis eram provenientes das instalações de lazer e recreação. A disponibilidade dessas instalações influenciou a escolha do hotel (Wanjugu, 2015).

05 turismo relacionado ao lazer no quênia

Embora a agricultura seja a principal fonte de emprego no Quênia, grande parte da terra não é arável. Portanto, o turismo tornou-se a segunda maior fonte de divisas depois da agricultura. No passado recente, a indústria enfrentou inúmeros desafios que reduziram a chegada de turistas no país. Milhares de turistas em potencial foram dissuadidos de visitar o Quênia em decorrência de recomendações negativas emitidas por governos ocidentais. Eventos esportivos e recreativos divulgando destinos turísticos no Quênia estão sendo usados para revigorar e diversificar as ofertas turísticas. Na esteira da pandemia de doenças não transmissíveis, o Conselho de Turismo do Quênia bem como os turistas visitantes abraçaram o valor dos esportes e da recreação na promoção da saúde e da boa forma. Nossas observações indicam que os destinos turísticos com mais instalações de recreação e lazer promovem maior rotatividade na ocupação de quartos, reservas para conferências e eventos sociais. Essa conclusão se evidencia na atitude de nossos colegas que expressam a preferência por hotéis baseados na disponibilidade de instalações para recreação, lazer e esportes (M. Andanje, E. Gitonga, V. Onywera, J. Wairimu e E. Thangu, entrevistados em 27 de abril de 2016). Portanto, reconhecemos e apreciamos a relação simbólica entre turismo, esportes e lazer no Quênia.

06 atividades ao ar livre relacionadas com o lazer no quênia

Como observaram Ooko e Muthomi (2016), o Quênia tem vários ambientes e condições climáticas, desde altas montanhas cobertas de neve, áreas de baixa altitude com clima ameno a quente e condições desérticas. Essas condições ambientais proporcionam locais interessantes para explorar cavernas, desfiladeiros, rios, zonas pantanosas e falésias, bem como muitos parques nacionais e reservas de animais selvagens. Esses parques oferecem várias oportunidades e destinos ao ar livre para atividades de aventura, como montanhismo, corrida de *kart*, escalada em rocha, mergulho, paraquedismo, *camping*, safaris, descida de corredeiras, salto com elástico, *kitesurf*, balonismo e ciclismo de montanha. Essas atividades têm sido usadas com sucesso pelo governo e pelo setor corporativo para treinamento de lideranças e formação de equipes. Temos observado uma tendência crescente entre a classe média em adotar essas atividades. Essa manifestação mostra o poder da classe social em moldar escolhas e preferências por atividades de lazer em relação à renda disponível.

07   desafios enfrentados pelo lazer no quênia

07.1   desafios do governo

Em relação ao desenvolvimento e à execução de políticas do sistema descentralizado de governança, o governo queniano poderia ampliar seu papel na promoção de lazer, jogos e esportes, principalmente no setor público. O governo poderia fornecer espaço para campos de jogos, parques, hortos florestais e pistas de corrida e ciclismo para facilitar o lazer ativo entre o público em geral. O papel do governo nesse sentido, porém, continua a sofrer múltiplas restrições. Por exemplo, os altos índices de corrupção no setor público impedem a abertura de novos canais de lazer para as comunidades, especialmente entre os jovens. A desenfreada aquisição ilegal de espaços públicos por indivíduos influentes, conhecida como *grilagem*, priva a comunidade de preciosas instalações recreativas e de lazer. Em nome do desenvolvimento, essas áreas têm sido ocupadas por selvas de concreto, deixando pouco espaço para os que desejam praticar atividades de lazer ativo. Os maiores perdedores são os jovens das comunidades. Um exemplo dessa flagrante ilegalidade foi a tentativa de uma construtora privada de adquirir o campo esportivo da Escola Primária de Langa'ta. O protesto de alunos e professores obrigou o governo a intervir e salvar o campo esportivo (*Daily Mail*, 2015).

    Ao mesmo tempo, a maior parte das escolas privadas não conta com espaços de jogos. Áreas inadequadas para as crianças brincarem têm um impacto negativo não apenas em seu desenvolvimento motor como também em sua futura participação em atividades de lazer, jogos e esportes. Escolas urbanas, localizadas principalmente em pequenos edifícios ou mesmo em casas na cidade, têm pouco espaço para as crianças se movimentarem livremente. Essa falta de espaço afeta a participação dos alunos em jogos e esportes, que são essenciais para desenvolver e manter a forma física, a integração social, o espírito esportivo e a liderança das crianças.

07.2   desafios da sociedade

Como vimos, lazer, esportes e brincadeiras são fatores importantes no desenvolvimento psicológico e físico dos indivíduos. No entanto, em alguns ambientes quenianos, jogar em determinadas idades, especialmente após a adolescência, é visto como imaturidade ou ociosidade. Um adulto que se dedica a atividades esportivas ou de lazer é encarado como alguém que não tem nada de importante para fazer na vida ou, na pior das hipóteses, é insensato.

Em tais comunidades, as pessoas tradicionalmente não acreditam que brincar traz algum benefício significativo para um indivíduo ou para a sociedade.

Enquanto as atitudes e práticas estão mudando nas áreas urbanas e semiurbanas, o preconceito de gênero contra a participação feminina na atividade física de lazer, nos jogos ou nos esportes obriga grande parte da sociedade rural a evitar tais atividades. Em muitas comunidades, a participação em atividades físicas e jogos é vista como exclusivamente masculina. Assim, a maioria das crianças do sexo feminino é impedida de jogar. Tradicionalmente, as meninas são treinadas para as tarefas domésticas de lavar roupas, cozinhar, buscar lenha e água, e até mesmo cuidar dos irmãos menores desde cedo. Elas passam a maior parte do tempo com suas mães (M'mbaha, 2012). Os meninos, por outro lado, ficam quase sempre com seus pais, acompanhando-os nas atividades masculinas de caçar e pastorear, e por isso têm mais oportunidades de brincar ao ar livre em comparação com as meninas.

O ambiente social precário em termos de segurança e motivação impõe desafios à participação no lazer e em jogos. O aumento na ocorrência de abuso sexual e sequestro de crianças também tem forçado os pais a impedirem seus filhos de brincar fora de casa. As más condições das áreas de jogos e a falta de manutenção desestimulam as crianças a participar de atividades físicas durante seu tempo de brincar. Essas questões são agravadas pela acessibilidade à mídia e a jogos eletrônicos dentro de casa, o que transforma as crianças, principalmente nas áreas urbanas, em viciados em televisão.

08 desmistificando lazer e recreação no quênia

A participação ativa em lazer, jogos e esportes melhora o desenvolvimento pessoal e social. As várias atividades nessas áreas promovem a aptidão individual, o trabalho em equipe, bem como a exploração ideal do talento e da tolerância e o desenvolvimento das habilidades físicas (Dredge, Airey e Gross, 2015).

Desde o início, o desenvolvimento dos programas de graduação em lazer e recreação nas instituições de ensino superior no Quênia tem enfrentado desafios que vão desde restrições financeiras à resistência social. Por exemplo, em 1968, uma aluna foi fortemente desaconselhada a seguir a carreira de educação física. Ninguém ao seu redor via nenhum futuro ou benefício na carreira que ela escolhera. Hoje ela é uma respeitada consultora no setor de *fitness* e tem se dedicado a promover a aeróbica e os exercícios para mulheres. Em 1998, um veterano que desconhecia o campo acadêmico do lazer e da recreação recriminou uma aluna do primeiro ano: "Como você pôde vir de uma aldeia distante para simplesmente ficar pulando para cima e para baixo num curso de graduação?". Hoje ela é uma acadêmica reconhecida na universidade, na comunidade e internacionalmente. Um aluno de graduação admitido em gestão de lazer e recreação em 2007 teve dificuldade em convencer seus pais sobre a viabilidade do curso para seu desenvolvimento futuro. Os pais ficaram confusos, desapontados e espantados com o fato de seu filho frequentar um curso de corrida, salto e arremesso. Hoje ele é diretor de esportes numa escola de renome.

Para nós, independentemente da resistência ao longo dos anos, os quenianos pouco a pouco vêm percebendo o papel desempenhado por esses programas de graduação universitários na vida das pessoas. A observação é comprovada pelo crescente número de estudantes em cursos de recreação, lazer, educação física, esportes, e ciências do exercício nas instituições de ensino superior. Curiosamente, várias faculdades que não contavam com cursos de educação física, recreação e exercício agora competem para oferecer esses programas acadêmicos.

O governo queniano, nacional e nos condados, tem um papel importante a cumprir na promoção do lazer no Quênia. Cabe a ele alocar recursos adequados para a indústria de lazer e recreação para apoiar a manutenção de parques, a educação e a promoção de programas. O Ministério de Esporte, Cultura e Artes, em colaboração com os governos dos condados e os especialistas em lazer, recreação e exercícios, deve formular e executar políticas e procedimentos para promover campanhas anuais de lazer e esportes, desenvolver rotas e trilhas adequadas que as pessoas possam usar para caminhadas e ciclismo, melhorar a segurança nas áreas locais, para promover atividades físicas ao ar livre e reduzir a ignorância na sociedade por meio da educação.

Esses esforços governamentais poderiam ajudar a reduzir a participação acomodada em formas passivas de lazer, que ao longo do tempo têm impacto negativo sobre os indivíduos, a comunidade e a sociedade. A acomodação pode ser a principal causa do aumento de doenças não transmissíveis no Quênia. O jogo ativo, por outro lado, promove o bem-estar, uma vez que incentiva as pessoas a participarem ativamente de atividades físicas para equilibrar o consumo calórico. Portanto, os profissionais de lazer e esportes precisam fazer muito mais para incentivar, motivar e incutir uma cultura de estilos de vida e lazer ativos entre os quenianos.

09 referências

Alatas, S.H. (1977). *The Myth of the Lazy Native: A Study of the Image of the Malays, Filipinos, and Javanese from the 16th to the 20th Century and its Function in the Ideology of Colonial Capitalism*. Londres: Frank Cass.

Bale, J. e Sang, J. (1996). *Kenyan Running: Movement Culture, Geography and Global Change*. Londres: Frank Cass.

Banco Mundial (2016). "Kenya – Country Economic Memorandum: From Economic Growth to Jobs and Shared Security". Retirado de: <http://www.worldbank.org/external/default/WDSContentServer/WDSP/T_MNA/2016/03/05/090224b0841d8855/1_0/Rendered/PDF/Kenya000Countr0ndosharedoprosperity.pdf>.

Blacking, J. (1987). "Games and Sports in Pre-colonial African Societies". Em: Baker, W. e Mangan, J. (org.). *Sport in Africa: Essays in Social History*. Nova York: Africana Publishing Company.

Daily Mail (2015). "Kenya Protests Over Public Land Grab". Retirado de: <www.dailymail.co.uk>.

Dredge, D., Airey, D. e Gross, M. J. (2015). *The Routledge Handbook of Tourism and Hospitality Education*. Nova York: Routledge.

Kenya National Council for Law Reporting (2013). "Sports Act N. 25 of 2013". Retirado de: <http://www.kenyalaw.org:8181/exist/kenyalex/actview.xql?actid=NO.%2025%20 OF%202013>.

Kenya National Youth Policy (2002). Retirado de: <www.youth-policy.com/Policies/ Kenya%20National%20Youth%20Policy.pdf>.

Kenyatta, J. (1938). *Facing Mount Kenya: The Tribal Life of the Gikuyu*. Londres: Secker and Warburg.

M'mbaha, J. M. (2012). "Experiences of Women in Sports Leadership in Kenya". Dissertação de mestrado não publicada. Departamento de Educação Física e Saúde, Universidade Kenyatta, Quênia.

Mwisukha, A. *et al.* (2014). "Shaping the Future of Physical Education in Kenya: A Reflection in Priorities". Em: Chin, M.-K., e Edginton, C. R. (org.). *Physical Education and Health: Global Perspectives* (pp. 269-279). Urbana, IL: Sagamore.

Ooko, S. W. e Muthomi, H. N. (2016). "Using Outdoor Adventure to Contribute to Peace: The Case of Kenya". Em: Humberstone, B., Prince, H. e Henderson, K. A. (org.). *Routledge International Book of Outdoor Studies* (pp. 316-24). Nova York: Routledge.

Rintaugu, G. *et al.* (2011). "The Grand Coalition Government in Kenya: A Recipe for Sports Development". *International Journal of Humanities and Social Science*, 1(8), 305-11.

Wanjugu, K. A. (2015). "Assessment of the Contribution of Leisure and Recreation Facilities to the Revenue of Three-Star Hotels in Nairobi County, Kenya". Dissertação de mestrado não publicada. Departamento de Administração de Hospitalidade, Universidade Kenyatta.

serra leoa: um estilo de vida de lazer

abubakarr jalloh
departamento de educação de iowa

Um país que emergiu de uma guerra civil de uma década, que devastou seu tecido social e econômico, Serra Leoa está gradualmente se recuperando e se reconstruindo. O país situa-se na África Ocidental, ao norte do oceano Atlântico. Possui uma variedade de paisagens geográficas, que incluem montanhas, vias fluviais, florestas e recursos naturais abundantes, juntamente com um ambiente diversificado que vai de savana a floresta tropical (*CIA Factbook*, s.d.). Demograficamente o país é constituído de inúmeras microculturas que representam vários grupos étnicos e religiões. Economicamente, o país está entre as economias emergentes em crescimento da África. Porém, o surto de ebola de 2014 foi um golpe para esse crescimento econômico.

Entre 1991 e 2002, a guerra civil devastou o país. Deixou dezenas de milhares de mortos e grande parte da infraestrutura destruída (British Broadcasting Corporation, 2013). Apesar dessa dura experiência, os serra-leoneses continuam resilientes e trabalhando incansavelmente para reconstruir sua vida social e econômica. O país realizou três eleições pacíficas desde o fim da guerra em 2002. Desde que a paz voltou, Serra Leoa tem trilhado o caminho da recuperação, principalmente em termos econômicos.

Partindo desse cenário, o capítulo apresenta uma descrição sociocultural do lazer em Serra Leoa, que se reflete no estilo de vida de seu povo. As ideias representam meu ponto de vista sobre o lazer, amplamente baseado em minha experiência de vida como serra-leonês e em minha formação acadêmica em estudos de lazer. Como tal, o capítulo não representa a visão de todos os serra-leoneses, mas tenta descrever e explicar o lazer no âmbito de minhas análises dos contextos socioculturais do país.

Conforme declarou a Organização Mundial de Lazer: "Embora a palavra *lazer* não seja conhecida em todo o mundo, o lazer é de todos os tempos, lugares e sociedades" (World Leisure International Centre of Excellence, 2005, citado no capítulo introdutório por Henderson e Sivan). Apesar de não receber esse nome em Serra Leoa, o lazer pode ser descrito e entendido no contexto das atividades e dos jogos, sendo influenciado e moldado pela composição social e cultural do país.

Curiosamente, nos idiomas falados em Serra Leoa não existe palavra/terminologia direta ou equivalente para *lazer*. Essa falta talvez seja decorrente em grande parte da ausência de estudos sobre o conceito de lazer no país. Assim, nas línguas do país não há palavras conhecidas equivalentes ao termo. No entanto, com base em minha compreensão sobre o conceito, observo que o lazer faz parte da vida em Serra Leoa.

O lazer está inserido no cotidiano dos serra-leoneses. O lazer é o que somos – faz parte de nossas vidas. É entendido por meio de nossas práticas culturais e religiosas, bem como pela paisagem natural do país. Está inserido na cultura e nas práticas tradicionais de Serra Leoa. Os serra-leoneses orgulham-se de suas diversas celebrações culturais, como apresentações de música e dança tradicionais, festividades, cerimônias rituais e a prática de contar histórias. Do ponto de vista religioso, o país celebra sua diversidade de fé. Os feriados oficiais nacionais/públicos incluem celebrações do cristianismo e do islamismo.

Além disso, a paisagem natural contribui significativamente para os hábitos de lazer no país. Como sugerem as coeditoras no capítulo introdutório, lugares e espaços devem estar disponíveis tanto para o lazer quanto para os contextos sociais que patrocinam as oportunidades de lazer. Como serra-leonês, posso atestar que a paisagem natural do país oferece uma riqueza de oportunidades para o povo usufruir e vivenciar o lazer. Localizado na costa oeste da África, Serra Leoa é um país rico em recursos naturais como vias fluviais, florestas e montanhas/colinas, que diariamente proporcionam importantes oportunidades recreativas e de lazer para seu povo. Esses recursos naturais são acessíveis e baratos, por estarem disponíveis nas proximidades, sem taxas associadas ao seu uso. Em essência, o lazer está entrelaçado com o cotidiano dos serra-leoneses, pois eles se dedicam a atividades diárias de lazer, especialmente ao ar livre.

A maioria dos serra-leoneses, se não todos, vive a pouca distância das muitas vias fluviais do país. Além de ir à praia, os habitantes passam o tempo em rios e riachos localizados em suas pequenas aldeias e cidades. Meu rio favorito é o Bololo. Adoro esse rio porque fica a poucos minutos (precisamente 12 minutos) a pé de minha casa. Quando criança em Freetown (a capital de Serra Leoa), eu costumava passear pelas ruas da cidade com meus amigos e íamos juntos aos rios próximos para nadar e brincar. Frequentemente pescávamos no rio e fazíamos churrascos de peixe. Às vezes também apanhávamos frutas depois de nadar, pois havia muitas árvores frutíferas públicas na floresta, não muito longe do rio. Os serra-leoneses, especialmente os jovens, gostam de apanhar mangas, laranjas e maçãs. Esses passeios eram muito divertidos porque subíamos nas árvores e nos sentávamos nos galhos para comer as frutas. Essa atividade caracteriza algumas das experiências únicas de lazer diário de muitos jovens serra-leoneses.

01 o contexto sociocultural do lazer

Tendo apresentado uma visão geral do capítulo, descrevo agora a composição sociocultural que oferece oportunidades e experiências de lazer para o povo de Serra Leoa. Como vimos, o lazer em Serra Leoa pode ser descrito com base nos conceitos de atividades de lazer e brincar, principalmente porque a cultura se fundamenta em ser ativo e fazer coisas com os outros.

02 lazer: uma experiência do dia a dia

Ao contrário do mundo industrializado, em que o lazer é cada vez mais sinônimo de experiências organizadas e predeterminadas, como sair de férias e ter um tempo livre em agendas lotadas, o lazer em Serra Leoa é uma experiência diária. Inclui atividades como passear com membros da família, jogar bola na rua ou contar histórias para um grupo de amigos. Faz parte do cotidiano das pessoas e os serra-leoneses têm uma vida de lazer. A seguir descrevo algumas das maneiras pelas quais as pessoas de Serra Leoa vivenciam o lazer no dia a dia.

- **Socializar** A forma mais importante de lazer para os serra-leoneses é socializar com familiares e amigos, incluindo os vizinhos. Como membros de uma sociedade socialmente integrada, os serra-leoneses divertem-se interagindo entre si. As esquinas das ruas ficam repletas de sons de pessoas conversando animadamente e fazendo atividades, como grupos de meninos jogando futebol, grupos de garotas cantando a música de mais sucesso do momento e mães sentadas num banco na rua falando com as amigas sobre os problemas da família. Por toda a cidade, vilas e aldeias, os serra-leoneses socializam entre si. Muitas vezes referimo-nos a nós mesmos como *animais sociais* – uma imagem de nossa interação social profunda e coesa. Por exemplo, a pior punição para uma criança, ou um adulto, é proibir que ele/ela saia de casa. Vemos essa proibição como uma forma de prisão. Não podemos viver nosso cotidiano sem interagir socialmente com amigos, familiares e vizinhos. Somos animais sociais.

- **Passear de barco/canoa** O deslumbrante litoral de Serra Leoa é um paraíso aquático e, assim, passear de barco é uma atividade diária de lazer, especialmente para quem mora perto dos muitos cursos d'água no país. O passeio de barco geralmente inclui cruzeiros ao longo dos rios e/ou a exploração das muitas enseadas e praias ao longo da costa. Por exemplo, os pescadores locais circulam pelos rios com seus barcos a remo multicoloridos. Quando menino em Freetown, eu andava de canoa com meus amigos no rio mais próximo, que ficava a cerca de cinco minutos de minha casa. Era uma de minhas atividades favoritas de lazer e continua a ser importante para mim hoje.

- **Nadar** Serra Leoa oferece águas quentes e limpas ao longo de praias de areia branca, dourada e negra, bem como nos rios e riachos locais. Nadar é uma atividade diária de lazer. Algumas pessoas costumam tomar banho nos rios, o que mostra ainda mais a estreita ligação que alguns serra-leoneses têm com seus cursos d'água. Pessoalmente, adoro ir à praia para socializar com amigos, além de jogar futebol e nadar. A praia é inerente aos serra-leoneses. Sentimo-nos conectados com ela quando vamos jogar e nadar. Desde criança eu ia à praia com minha família e amigos quase todos os dias. Como era de esperar, a praia tornou-se parte do que sou. Assim, trata-se de uma das principais atividades de lazer, não apenas minha, mas de muitos outros.

- **Pescar** Serra Leoa é conhecida como o paraíso da pesca. Possui as maiores áreas de pesca de camarão da África Ocidental (National Tourist Board of Sierra Leone, s.d.). Embora parte da pesca se destine ao comércio, muitos também pescam para subsistência pessoal. Além disso, a pesca representa uma forma de lazer para muitos serra-leoneses, porque o país dispõe desse *"playground"* de pesca. A pesca recreativa geralmente acontece durante os fins de semana.

    Do ponto de vista do turismo, a pesca esportiva é uma oportunidade ideal em Serra Leoa, graças à riqueza do oceano Atlântico, em que são abundantes barracudas, bonitos, salmões, lagostas, caranguejos e bagres. Um dos locais de pesca mais famosos é o Aqua Sports Club, além das praias onde os visitantes podem pescar com pescadores locais (Visit Sierra Leone Organization, s.d.; National Tourist Board of Sierra Leone, s.d.).

- **Esportes** Os serra-leoneses amam seus esportes. Temos uma variedade de esportes locais não competitivos, como *rainball* (futebol jogado na chuva), *streetball* (futebol jogado na rua), *six cup*, empinar pipas e pular corda. Ao caminhar pelas ruas de qualquer cidade ou aldeia podemos encontrar meninos e meninas jogando diferentes formas de futebol. Desde criança eu gostava de jogar futebol debaixo de chuva. Em Serra Leoa, a estação chuvosa dura seis meses e oferece muitas oportunidades para jovens e adultos praticarem o *rainball*. Quando jogamos juntos, sentimo-nos conectados e felizes. Às vezes ficamos tristes quando a chuva para, pois queríamos continuar jogando.

Six cup é um jogo local popular em Serra Leoa, praticado principalmente por jovens. É composto por dois times com até cinco pessoas por equipe. Seis latas de tamanho médio (por exemplo, latas de molho de tomate) são colocadas na forma de uma pirâmide. Um membro de um dos times atira na direção da pirâmide uma bola como a de tênis, feita de sacos plásticos. O objetivo do time é reconstruir a pirâmide de latas sem ser atingido pela bola lançada pela equipe adversária. Cada pessoa atingida pela bola é eliminada do jogo (semelhante ao beisebol/críquete). Se todos os jogadores da equipe forem atingidos pela bola antes de reconstruírem a pirâmide, o time perde. Vence o time que conseguir recolocar as latas sem que todos os jogadores sejam atingidos. O jogo requer criatividade em termos de equilíbrio, manobras e agilidade ao correr para evitar ser atingido pela bola enquanto se tenta reconstituir a pirâmide de latas.

Pular corda é comum no país. Como o próprio nome diz, essa atividade lúdica implica saltar sobre uma corda em movimento. Duas pessoas seguram as extremidades de uma corda e começam a girá-la. Enquanto ela circula, um jogador entra e começa a saltar sem ser tocado. O objetivo é pular o máximo de vezes possível sem esbarrar na corda. Se esbarrar, a pessoa que está pulando é eliminada do jogo.

03 cultura e lazer

Os serra-leoneses contam com uma mescla excepcional de tradições culturais. Somos um povo vibrante e expressivo. Nossos sistemas de valores culturais, tradições e crenças são amplamente praticados e respeitados na África Ocidental. Temos orgulho de nossa variedade de alimentos, roupas vistosas, joias, artesanato, festividades animadas e espetáculos, que são expressões desta sociedade multicolorida. Rituais e cerimônias são realizados por diversos grupos em diferentes momentos. As crenças e práticas religiosas estão presentes na vida cotidiana e o país oferece fascinantes locais históricos, monumentos e relíquias. Partindo desse cenário, as seções a seguir apresentam algumas dessas características culturais relacionadas ao lazer.

- **Dança e música tradicional** Os serra-leoneses são conhecidos por seu amor pela música. Ela faz parte da vida cotidiana. Você pode ouvir música em cada esquina: *pop* em bares e clubes, *reggae* animado em táxis, *poda podas* (ônibus públicos), ou *hip-hop* local transmitido pelo rádio, nas barracas de rua e nos mercados. Por exemplo, os artistas de *rap* e *reggae* de Serra Leoa estão descobrindo que sua voz e música são cada vez mais populares. Música ao vivo também é comum no país. Por exemplo, o National Dance Troupe of Sierra Leone incorpora as canções tradicionais de todos os grupos étnicos do rico patrimônio cultural local (National Tourist Board of Sierra Leone, s.d.). Temos uma frase muito repetida em Serra Leoa: "Nossa cultura social única é incompleta sem a dança cultural". Em essência, dançar e cantar são um modo de vida em Serra Leoa.

- **Festivais** Inúmeras tradições locais e festividades religiosas acontecem em Serra Leoa. Bailes de máscaras e festas são organizados por todo o país, especialmente no final de períodos comemorativos como os feriados de Natal, *Eid-ul-Adha* (uma celebração anual islâmica que comemora a disposição de Abraão de sacrificar seu filho, Ismael, como ordenado por Deus; os muçulmanos reúnem-se para festejar em banquetes e distribuem comida aos pobres), Dia da Independência, Ano Novo e Páscoa. Os dois festivais mais comuns no país são o Festival das Lanternas e o Festival *Ma Dengn*.

    O Festival das Lanternas é um dos eventos mais populares do país e tem grande significado religioso e histórico. Normalmente é organizado durante as celebrações anuais do aniversário de independência do país, em abril. Cidades e aldeias vizinhas, incluindo a capital (Freetown), competem entre si na criação dos carros alegóricos mais coloridos e fantásticos, inspirados na história de Serra Leoa. Os carros alegóricos retratam o comércio de escravos e o colonialismo, bem como importantes personagens históricos e atuais. Os carros desfilam pelas ruas com fanfarra e música. Este evento ocorre durante o dia todo, avançando até as primeiras horas do dia seguinte (National Tourist Board of Sierra Leone, s.d.; Visit Sierra Leone Organization, s.d.).

    O Festival *Ma Dengn* significa "vamos nos encontrar, vamos ficar juntos". Esse festival de praia celebra e promove a cultura de Serra Leoa. Vários atores, artesãos, músicos, artistas e dançarinos de todo o país convergem para determinada praia para fazer desse festival algo a ser recordado. Ele representa a celebração sociocultural de todas as esferas da vida dos serra-leoneses.

- **Contar histórias** Na África e em muitas culturas nativas (incluindo as de Serra Leoa), o ato de contar histórias faz parte da vida cultural cotidiana. Essa atividade desempenha um papel importante na formação da vida das pessoas, não apenas como entretenimento, mas também na transmissão dos valores e princípios da cultura serra-leonesa de geração em geração. É uma ferramenta de ensino e um guia utilizado para criar os filhos e incutir sabedoria e harmonia nas pessoas. Tradicionalmente os africanos têm reverenciado boas histórias e contadores de histórias. Embora existam antigas tradições escritas na África, em grande parte da população africana de hoje, como no passado, predomina a tradição oral. Em contraste com a literatura escrita, a *orature* africana (ou seja, a expressão do romancista e crítico queniano Ngugi wa Thiong'O) é composta e transmitida oralmente, e muitas vezes criada para ser verbal e comunitariamente executada como parte integrante da dança e da música. Em Serra Leoa, como em outros países africanos, a prática da arte de contar histórias é muito intensa. Lembro-me de meus pais e avós contando histórias sobre nossa aldeia e cultura. Quando criança, nós nos sentávamos em volta da fogueira no lado de fora da casa e ouvíamos todo tipo de histórias.

- **Religião e lazer** Em Serra Leoa celebramos tanto os feriados oficiais nacionais/públicos quanto os religiosos. Os serra-leoneses comemoram feriados islâmicos, cristãos e tradicionais. Os feriados mais comuns são os seguintes (observe que os feriados assinalados com asterisco [*] são lunares e, portanto, não têm data fixa):

- Dia de Ano Novo (1º de janeiro).
- Dia da Independência (27 de abril).
- Sexta-feira Santa e segunda-feira de Páscoa*.
- Dia de Natal (25 de dezembro).
- *Boxing Day*[1] (26 de dezembro).

---

[1] Feriado celebrado no dia seguinte ao dia de Natal, originário do Reino Unido e celebrado também nos países que foram colônias do império britânico. Sua origem é controversa. Segundo uma versão, no período do Advento, ou seja, quatro domingos antes do Natal, as igrejas arrecadavam dinheiro, depositado pelos fiéis numa caixa (*box*, em inglês). Essa caixa era aberta um dia depois do Natal e seu conteúdo distribuído entre os mais necessitados. Outra versão alude ao costume dos aristocratas britânicos de dar presentes e um dia de folga a seus serviçais após o trabalho durante as festividades de Natal. Os presentes eram acondicionados em caixas. [N.E.]

- *Eid-Ul-Fitri** (celebração islâmica).
- *Moulid-Ul-Nabi** (celebração islâmica).
- *Eid-Ul-Adha** (celebração islâmica).

Como muitas pessoas podem não estar familiarizadas com os últimos três feriados listados acima, é importante descrevê-los brevemente. *Eid-Ul-Fitri* é uma celebração anual que marca o fim do mês sagrado do Ramadã (ou seja, o mês do jejum do Islã). É uma festa comemorativa que dura o dia todo, durante a qual famílias, amigos e vizinhos se reúnem para saborear comidas e bebidas especialmente preparadas para a ocasião. Nesse dia, as pessoas vestem suas melhores roupas. *Moulid-Ul-Nabi*, por sua vez, é semelhante ao Natal. Celebra-se o nascimento de Maomé (o Profeta do Islã). Como vimos, *Eid-Ul-Adha* é uma festa que celebra a disposição do profeta Abraão em sacrificar seu filho, Ismael, como ordenado por Deus. Curiosamente, em vez de seu filho ser sacrificado, o Senhor milagrosamente substitui Ismael por uma ovelha, que acaba sendo sacrificada por Abraão. Nesse dia, muçulmanos no mundo todo sacrificam uma rês, ou ovelha, e distribuem a carne para os pobres. Grandes festas são realizadas no país e todos, inclusive os não muçulmanos, são convidados a participar e comer.

Essas celebrações são feriados nacionais, o que significa que todas as pessoas, independentemente de sua religião ou etnia, comemoram em todo o país. Serra Leoa é uma das nações do mundo mais tolerantes em termos religiosos (AllAfrica, 2004). Para nós, a religião é pessoal e acreditamos que ela não deve ditar e/ou influenciar a interação social de um adepto com seguidores de outras crenças.

Além disso, essas celebrações constituem um momento para as famílias e amigos socializarem, divertirem-se e celebrarem juntos. Comida, música, brincadeiras e outras atividades caracterizam o modo como os serra-leoneses comemoram os feriados. Por exemplo, na segunda-feira de Páscoa, as pessoas fazem suas próprias pipas e vão à praia empiná-las, e durante o *Moulid-Ul-Nabi* nós participamos de desfiles de carros alegóricos decorativos pelas ruas de todo o país. Cada feriado é diferente e celebrado de forma única. No entanto, todos os feriados compartilham a importância da interação social por meio do lazer.

04 conclusão

Como este capítulo mostrou, Serra Leoa tem uma cultura baseada principalmente em atividades comunitárias e ao ar livre. Sair com a família e os amigos é comum porque é importante para conhecer um ao outro, socializar e rir e chorar juntos. Somos um país de animais sociais. Ficar sozinho não é uma opção, pois os serra-leoneses sentem que precisam sempre socializar com os outros em sua vizinhança ou comunidade. Somos uma comunidade e, portanto, criamos capital social estando juntos.

Além disso, a paisagem natural proporciona excepcionais oportunidades e experiências de lazer para os serra-leoneses. Como membros de uma sociedade altamente constituída em torno de atividades de lazer ao ar livre, informais e locais, nossas vidas estão inseridas na experiência de lazer. Temos acesso a uma variedade de oportunidades de lazer que vão desde nadar em rios locais até fazer caminhadas pelas colinas que se espalham por todo o país. O lazer é intrínseco às nossas vidas e faz parte do que somos. Valorizamos muito a interação social e passamos muito do nosso tempo com amigos e familiares em diferentes situações.

Curiosamente, do ponto de vista intelectual e educacional, o lazer como campo de estudo não existe em Serra Leoa. Nenhuma instituição de ensino oferece estudos de lazer. No entanto, as escolas, especialmente nas áreas de esporte e turismo, incluem disciplinas relacionadas com lazer e recreação. Essa abordagem caracteriza a maioria dos países africanos nos quais o lazer não constitui um campo de estudo ou os estudos de lazer estão em seu estágio inicial (Henderson, 2013). Portanto, como profissional da área, tenho me esforçado para promover e divulgar o lazer e oferecer apoio às instituições e/ou aos países interessados em construir seus programas de estudos nesse campo.

05 referências

AllAfrica (2004). "Sierra Leone Rated High for Religious Tolerance".
    Retirado de: <http:// allafrica.com/stories/200409290746.html>.
British Broadcasting Corporation (2013). "Sierra Leone Profile". Retirado de:
    <http://www.bbc.co.uk/news/world-africa-14094194>.
CIA Factbook (s.d.). "Sierra Leone". Retirado de: <https://www.cia.gov/
    library/ publications/the-world-factbook/geos/sl.html>.
Henderson, K. A. (set. 2013). "The Growth and Maturity of Leisure Studies:
    Multiple Perspectives". Discurso proferido na Associação de Lazer e
    Recreação da África do Sul em Durban, África do Sul.
National Tourist Board of Sierra Leone (s.d.). "Welcome to Sierra Leone".
    Retirado de: <http://www.ntb.sl/>.
Visit Sierra Leone Organization (s.d.). "Sierra Leone: Background". Retirado
    de: <http://www.visitsierraleone.org/background-information/>.
World Leisure International Centre of Excellence (2005). Retirado de:
    <http://www.wice. info/index5.htm>.

trabalhar muito, divertir-se muito: o lazer na suíça

aurelia kogler-bahl
universidade de ciências aplicadas em chur

Trabalho em consultoria na área de turismo e lazer e atuo num instituto de ensino superior na Suíça há mais de uma década. O trabalho com clientes de consultoria e educação executiva, por um lado, e com estudantes de graduação, por outro, propicia-me uma visão diferenciada do comportamento de lazer da geração do milênio e dos *baby boomers*, bem como da geração X. Neste capítulo, apresento uma visão geral sobre o comportamento e a percepção do lazer na Suíça, além de tratar da relação entre trabalho e lazer, direito e lazer, bem como das atividades mais populares de lazer. As relações entre o lazer e a qualidade de vida, assim como as tendências e a evolução na indústria do lazer são descritas nos últimos parágrafos deste capítulo.

A Suíça é um dos países mais ricos do mundo em vários indicadores de desempenho econômico, incluindo o PIB *per capita*, que era de U$ 85.600 em 2014, de acordo com o Banco Mundial (2014). O país também possui a maior riqueza nominal por adulto no mundo devido ao valor do franco suíço, que elevou a riqueza média das pessoas para mais de U$ 500.000 (*The Guardian*, 2011). Ao mesmo tempo, a jornada média de trabalho semanal de um empregado em tempo integral é de 41,5 horas, maior do que em muitos outros países europeus. A quantidade média de horas trabalhadas foi de 32,5 horas em 2014, em comparação com 33,6 horas há dez anos. No entanto, esse número é influenciado pelo emprego em tempo parcial, predominante na Suíça.

A jornada de trabalho semanal de empregos em tempo integral é consideravelmente maior, alcançando 41,5 horas, comparada às 18,3 horas de jornada dos empregados em tempo parcial. O fato de mais mulheres estarem trabalhando hoje do que no passado provoca um impacto enorme na vida cotidiana da família. Há menos tempo para as atividades familiares diárias do que no passado e elas acontecem mais nos fins de semana ou feriados. Nas duas últimas décadas, a situação do trabalho em geral e a vida profissional do indivíduo foram profundamente transformadas. A participação das mulheres no mercado de trabalho aumentou substancialmente, ao passo que a dos homens diminuiu. Deve-se ainda acrescentar que o desenvolvimento de trabalho a distância, de empregos em tempo parcial e do trabalho autônomo tiveram e continuam a ter um impacto sobre o trabalho e o lazer (Reuter, 2012).

Além disso, o tempo laboral e os modelos de trabalho estão ficando mais individualizados. Como mais pessoas trabalham como autônomas e/ou a distância, a distinção entre tempo de lazer e tempo de trabalho nem sempre é clara. Sair do trabalho na quinta-feira à noite para um fim de semana prolongado e voltar na segunda-feira de manhã não é incomum, especialmente para os trabalhadores criativos. Ao mesmo tempo, os suíços que permanecem conectados verificando *e-mails* e atendendo a chamadas telefônicas à noite representam quase a regra, ao invés de exceção. Curiosamente, existem estatísticas detalhadas de horas de trabalho na Suíça, mas não há dados estatísticos quantitativos sobre o tempo de lazer.

Presumir que o tempo total de vigília menos o tempo de trabalho corresponde ao lazer é definitivamente uma hipótese equivocada, considerando as obrigações profissionais e privadas e especialmente o desaparecimento da distinção entre trabalho e lazer, tanto no âmbito social quanto no individual. Apesar da ausência de dados estatísticos, a relação entre lazer e trabalho obviamente está mudando no que diz respeito à distribuição quantitativa do tempo. A mudança evidentemente está relacionada com os valores sociais e individuais ligados ao trabalho e ao lazer (Zukin, 1995). O comportamento dos meus alunos de turismo e lazer, como indivíduos da geração do milênio na Suíça, evidencia que eles pretendem fazer com que suas paixões e seus *hobbies* (por exemplo, viagens, cultura, esportes e outras atividades de lazer) se tornem seus empregos de amanhã. Esse fenômeno fica mais visível no aumento do estilo de vida empresarial em que as pessoas criam negócios não com o único objetivo de obter lucros, mas também por causa da paixão pelo que fazem (Ateljevic e Doorne, 2000).

01 lei e lazer na suíça

Como a produtividade e a jornada de trabalho são elevadas na Suíça, o lazer desempenha um papel vital para um equilíbrio saudável entre a vida pessoal e a profissional. Do ponto de vista legal e do empregador, o tempo de lazer deve servir como recreação para os empregados. A importância do lazer para a sociedade e o governo também está presente nas normas legais. A jornada de trabalho é regulamentada pela lei suíça e, de acordo com ela, todo trabalhador tem direito a um dia de folga por semana. Na maioria das indústrias, esse dia de folga geralmente é aos domingos. Nas indústrias em que não pode ocorrer aos domingos (por exemplo, na indústria hoteleira ou na área da saúde), a folga é transferida para um dia da semana.

Todos os empregados na Suíça têm quatro semanas de férias remuneradas por ano. Uma pessoa com menos de 20 anos de idade tem direito a cinco semanas (Arbeitsrecht, s.d.). Os empregados dispõem de dias de folga adicionais durante a jornada regular de trabalho para ocasiões especiais. Essas ocasiões incluem assuntos familiares e pessoais e/ou obrigações, como mudança de domicílio, consultas médicas ou procura de um novo emprego. O dia 1º de agosto é o único feriado federal suíço. Do ponto de vista legal, esse dia é como um domingo. Outros feriados variam de um cantão para outro, e alguns têm mais de oito feriados adicionais (Staatssekretariat für Wirtschaft Seco, s.d.).

02 trabalhar muito, divertir-se muito: o que o povo suíço faz em seu tempo de lazer

O lazer é altamente valorizado não apenas para recreação, mas também para desenvolvimento pessoal, o que desempenha um papel cada vez mais importante no mundo ocidental (Marti, 2012). Embora não existam dados específicos disponíveis sobre a quantidade de tempo de lazer das pessoas na Suíça, as estatísticas fornecem informações sobre a participação em atividades de lazer. O gasto médio com lazer (ou seja, entretenimento, viagens, recreação e cultura), por exemplo, por família, é equivalente a 640 dólares por mês. Os solteiros gastam, em média, o equivalente a 400 dólares, e os casais com filhos, 840 por mês (Federal Statistical Office, FSO, 2008, citado em Marti, 2012).

O comportamento e as atividades de lazer em todos os grupos etários são cada vez mais influenciados, se não controlados, pelas tecnologias eletrônicas e pela internet (Marti, 2012). Para a maioria da população, a internet tornou-se indispensável em quase todas as áreas da vida cotidiana – para ficar informado, para se comunicar e para entretenimento. Por exemplo, quase três quartos (73%) dos usuários de internet leem ou consultam notícias nos *sites* de jornais ou em outros canais de mídia. Ao mesmo tempo, jogar *online* ou fazer *download* de jogos continuam a ser uma prática minoritária (16%), mesmo entre faixas etárias mais jovens, enquanto compartilhar é significativamente maior (28%). Atividades associadas às redes sociais e ao conteúdo audiovisual variam muito dependendo da idade. Por outro lado, uma atividade mais tradicional na internet, como a consulta de notícias *online*, está condicionada a outras características individuais, especialmente do grau de instrução (Froidevaux, 2012). Muitos de meus alunos me contam que a primeira coisa que fazem pela manhã é verificar suas caixas de entrada para ver novas mensagens e geralmente essa também é a última coisa que fazem antes de dormir.

As atividades de lazer normalmente estão relacionadas com as ambições de carreira ou o emprego atual das pessoas. Estatisticamente, 42% do tempo dedicado à educação continuada não ocorre durante o horário de trabalho, de modo que essa educação precisa ser definida como lazer ou como uma atividade que consome o tempo de lazer. Os principais motivadores da educação continuada são razões profissionais, como manter-se competitivo no mercado de trabalho ou preparar-se para uma nova carreira. Muitos dos meus amigos e colegas parecem fazer parte dos 42%, pois dedicam grande parcela de seu tempo de lazer para mais educação. Eu, por exemplo, concluí um MBA executivo inteiramente durante meu tempo de lazer. Fiz isso, por um lado, por motivos profissionais e para obter novas perspectivas de carreira, mas também por motivos pessoais: autorrealização, autoestima e mesmo por diversão. Para algumas pessoas, razões pessoais, como uma melhor integração social ou manter a condição física e a saúde, são motivadores importantes para a educação continuada. Portanto, mais da metade do tempo gasto em educação continuada é dedicado aos assuntos de idiomas, atividades artísticas e criativas, saúde e medicina e desenvolvimento pessoal (Quiquerez, 2012).

O trabalho não remunerado é uma atividade de lazer essencial para que os lares e a sociedade funcionem. Infelizmente, essa atividade não é apenas não remunerada, mas muitas vezes é menos valorizada que o trabalho remunerado. Estatisticamente, toda pessoa na Suíça com mais de 15 anos de idade gasta em média 23 horas por semana fazendo trabalho não remunerado. Esse trabalho inclui cuidar de crianças e de membros da família que dependem de auxílio, e também ser voluntário num clube ou prestar assistência informal a amigos e vizinhos. Estima-se em 8,2 bilhões as horas de trabalho não remunerado na Suíça no ano de 2010, em comparação com 7,5 bilhões de horas de trabalho remunerado (Schön-Bühlmann, 2012).

Em relação às práticas culturais durante o tempo de lazer, observa-se que quase toda a população suíça (93%) visitou pelo menos uma instituição cultural durante o ano. A maioria da população é culturalmente ativa em seu tempo de lazer (62%). Deve-se destacar ainda que quase todas as taxas de frequência e de prática da atividade apresentaram correlação positiva com a renda familiar e o grau de instrução. Aproximadamente 82% das pessoas com ensino superior visitaram algum tipo de museu ou exposição. Entre as pessoas com ensino médio, a parcela correspondente foi de 32%. A idade também desempenhou um papel fundamental. Concertos, cinemas, festivais e bibliotecas corresponderam às atividades dos mais jovens, enquanto teatro e concertos de música clássica foram mais populares entre os mais velhos (Federal Statistical Office, FSO, 2014).

A Suíça é também uma terra de esquiadores. Em 2014 havia no país quase 2.200 elevadores e teleféricos e, na temporada de inverno de 2014-2015, foram contabilizados mais de 22 milhões de dias pagos por esquiadores. A indústria do esqui é um fator econômico importante, com mais de 48% de todas as áreas de encostas equipadas com instalações técnicas de produção de neve. Ela é responsável pela criação de mais de 15 mil empregos (Seilbahnen Schweiz, 2015). As atividades econômicas representam a principal fonte de renda dos destinos alpinos.

Os esportes de inverno são minha paixão, e durante a temporada de inverno tento passar cada minuto livre nas encostas. Infelizmente, pertenço a um grupo de aficionados em extinção, pois muitas pessoas estão desistindo de esquiar devido aos custos ou por falta de tempo e medo de acidentes. No entanto, as opções alternativas desempenham um papel importante quando se trata da decisão de esquiar ou não. Conheço muitas pessoas que nos feriados de Natal preferem viajar para climas quentes como a Tailândia ou o Caribe, em vez de passar o tempo nas montanhas.

Não é de admirar que, em 2010, a opção férias na praia foi o tipo mais popular de destino da população suíça, seguido diretamente por férias nas montanhas e curtir a cidade. Em 2010, 79% das famílias suíças pesquisadas viajaram juntas nas férias por pelo menos uma semana com todos os membros da família. Os destinos de férias fora da Suíça mais frequentemente mencionados foram Espanha, Grécia, Grã-Bretanha, Estados Unidos, Portugal, Egito e Turquia. Pessoas com até 25 anos de idade preferiram férias na praia e na cidade, enquanto as férias nas montanhas foram mais populares entre os mais velhos. Entre os motivos pelos quais as pessoas saíram de férias, o relaxamento foi um dos mais citados, seguido pela visita a parentes ou amigos (Schmid, 2012).

A Suíça também é um país com uma excelente infraestrutura de transporte e ótimos serviços de transporte público, como ônibus e ferrovias. Viagens relacionadas com atividades de lazer representaram 40% das distâncias diárias percorridas pela população suíça durante vários anos. Apenas 24% das viagens ocorreram a trabalho e 13% para compras. A duração diária das viagens para fins de lazer é a mais longa, com aproximadamente 43 minutos e 14,7 quilômetros percorridos por pessoa por dia. Mais pessoas participaram de atividades de lazer durante o fim de semana, com preferência pelos domingos, quando a distância percorrida para fins de lazer atingiu a média de 24,4 quilômetros por pessoa. Aos sábados cada pessoa percorreu em média 23,7 quilômetros para fins de lazer. A distância média diária para lazer foi de 11 quilômetros durante a semana de trabalho (Hirsch, 2012). Viagens relacionadas com atividades de lazer representaram a principal causa para o maior deslocamento local em horário de pico e os engarrafamentos de trânsito. Mais de 70% de todas as viagens relacionadas com o lazer são feitas de carro. O transporte ficou cada vez mais barato nas últimas décadas e, ao mesmo tempo, os sistemas de transporte ficaram melhores. Mais destinos de lazer são de fácil acesso e podem ser alcançados em excursões de um dia. As autoridades suíças não desejam reduzir o tráfego motivado pelo lazer, já que se trata de uma opção dos indivíduos. No entanto, programas e ofertas federais podem criar incentivos para aumentar o uso do transporte público ou de bicicletas (Stalder e Stocker, 2009).

03   inacreditavelmente lindo: lazer e qualidade de vida na suíça

A Suíça oferece paisagens belíssimas nas regiões alpinas e atrações naturais mundialmente famosas, como o Matterhorn, e pistas de esqui de classe mundial em destinos como St. Moritz, Davos, Arosa Klosters, Gstaad e Verbier. Os destinos tradicionais de *spa* como Bad Ragaz ou Leukerbad são populares e famosos mundialmente por suas fontes termais e cultura de *spa*. Cidades suíças como Lucerna, Zurique, Berna e Genebra oferecem centros históricos com uma variedade de ofertas culturais. Em resumo, a Suíça oferece um amplo espectro de atrações naturais e culturais tanto para os moradores quanto para os visitantes. Com bastante frequência, duas cidades suíças, Zurique e Genebra, têm sido classificadas entre as principais cidades com melhor qualidade de vida no mundo (Mercer, 2015).

Ao contrário de algumas outras regiões do mundo, na Suíça eu sempre tenho um cenário espetacular para fazer exercícios ao ar livre e oportunidades culturais de fácil acesso. As cidades suíças oferecem *shoppings* de classe mundial e excelentes restaurantes.

04   lazer futuro: tendências, evolução e desafios em um mercado maduro

O tempo de lazer já não é definido como o tempo restante após o trabalho, a escola ou outras obrigações. Hoje ele tem seu próprio valor. Os mais jovens, especialmente, identificam-se mais com o lazer do que com suas profissões. No passado, a maioria das pessoas se identificava com profissões ou habilidades – a pessoa era engenheiro, professor, soldador ou médico. Atualmente elas se veem mais como ciclistas, jogadores de golfe ou surfistas.

Essa autopercepção não é a única mudança ocorrida na sociedade suíça. Vemos uma profunda transformação de valores que se materializa nas pessoas que preferem investir mais em momentos, memórias e experiências do que em produtos, emoções e marcas. Uma evolução semelhante pode ser testemunhada no setor de bens de consumo, onde os padrões de gastos se tornam mais sofisticados depois que a maioria das necessidades e dos desejos é satisfeita. De muitas maneiras, os gastos distanciaram-se totalmente dos produtos para se concentrar em serviços e experiências.

Os jovens da geração do milênio são um bom exemplo da transformação ocorrida na sociedade suíça. Tendo sido criados em tempos e ambientes políticos e econômicos estáveis, há uma mentalidade "já vi de tudo, estou farto", apesar de terem apenas 35 anos de idade ou menos. Os da geração do milênio são bem conhecidos por sua disposição geral de gastar dinheiro em coisas completamente diferentes do que seus pais. Com um claro comportamento de consumo "menos é mais", eles buscam experiências especiais em vez de produtos especiais. Preferem a boa comida regional em vez de alimentos exóticos, o bom café de comércio justo em vez de marcas multinacionais, a cerveja artesanal em vez de marcas globais, pequenas marcas em lojas ocasionais em vez das típicas lojas de marcas globais, andar de bicicleta em vez de comprar um carro, ou comprar um carro e compartilhá-lo. A ascensão das plataformas de compartilhamento demonstra a importância desse comportamento do consumidor não apenas no transporte, mas também em acomodações de férias ou serviços de aluguel de equipamentos de lazer (Gansky, 2011). Curiosamente, na era digital, em que é possível ter centenas ou até milhares de amigos virtuais, valorizam-se os amigos e as amizades reais. Passar o tempo com a família em vez de trabalhar em longas jornadas, encontrar pessoas reais, tomar uma cerveja ou um café juntos, conversar frente a frente em vez de no WhatsApp e passar um tempo com amigos reais parecem ter readquirido sua importância. As pessoas querem sair umas com as outras, ir juntas a restaurantes, caminhar ou esquiar juntas.

Os da geração do milênio não são os únicos a comprovar mudanças no lazer e no comportamento do consumidor. Os consumidores em geral – adotando o ponto de vista de gestão e *marketing* do lazer – tornaram-se mais experientes, mais bem informados, mais exigentes e mais específicos. As abordagens uniformizadas geralmente não funcionam no mercado de lazer maduro da Suíça. As ofertas ficaram tão fragmentadas em suas características e comunicação quanto o mercado. Ainda é possível encarar a demanda de lazer como um negócio e o comportamento de lazer do ponto de vista de gestão e *marketing*, mas o mercado está ficando mais segmentado. Por ocupar sozinha uma posição de responsabilidade num *resort* de esqui, sei o que significa quando os gerentes de lazer são continuamente desafiados a oferecer melhores serviços, produtos e *hardware*, juntamente com orçamentos reduzidos para uma clientela cada vez mais segmentada.

No entanto, várias tendências e evolução da demanda são absorvidas com a mudança dos esforços de *marketing*, que hoje são mais voltados para valores do que no passado. Os clientes na Suíça começaram a se interessar pela pegada ecológica das ofertas e a preferir fornecedores locais nas cadeias de suprimento, com o objetivo de ser mais sustentáveis, justos, regionais e autênticos, ou – para resumir – fazer do mundo um lugar melhor.

05 referências

Arbeitsrecht (s.d.). "Freizeit/Ferien/Überstunden und Überzeit". Retirado de: <http://www. arbeits-recht.ch/freizeit-ferien-ueberstunden-ueberzeit>.

Ateljevic, I. e Doorne, S. (2000). "'Staying within the Fence': Lifestyle Entrepreneurship in Tourism". *Journal of Sustainable Tourism* 8, 378-392.

Banco Mundial (2014). "GDP per Capita (Current US$)". Retirado de: <http://data. worldbank.org/indicator/NY.GDP.PCAP.CD?order=wbapi_data_value_2014+wbapi_data_value+wbapi_data_value-last&sort=asc>.

Froidevaux, Y. (2012). "The Internet in Households in Switzerland". Em: *ValueS. Leisure. An Information Magazine of the Federal Statistical Office*, n. 1/2012. Neuchâtel/Suíça, p. 19.

Federal Statistical Office (FSO) (ed). (2014). "What Is our Leisure Time Worth to us?". Em: *ValueS. Leisure. An Information Magazine of the Federal Statistical Office*, n. 1/2012. Neuchâtel/Suíça, p. 26.

Federal Statistical Office (FSO) (2014). "Urban Audit. Quality of Life in the Cities 2014". *Sustainable Development, Regional and International Disparities*. Neuchâtel.

Gansky, L. (2011). *Mesh: por que o futuro dos negócios é compartilhar*. Rio de Janeiro: Elsevier/Alta Books.

Hirsch, V. (2012). "Travelling for Leisure". Em: *ValueS. Leisure. An Information Magazine of the Federal Statistical Office*, n. 1/2012. Neuchâtel/Suíça, pp. 22-23.

Marti, J. (2012). "Statistics-free Leisure Time?". Em: *ValueS. Leisure. An Information Magazine of the Federal Statistical Office*, n. 1/2012. Neuchâtel/Suíça, p. 3.

Mercer (2015). "In Wien ist die Lebensqualität weltweit am höchsten". Retirado de: <http://www.mercer.at/newsroom/In-Wien-ist-die-Lebensqualitaet-weltweit-am-hoechsten.html>.

Quiquerez, B. (2012). "Learning during Free Time: A Few Figures". Em: *ValueS. Leisure. An Information Magazine of the Federal Statistical Office*, n. 1/2012. Neuchâtel/Suíça, pp. 6-7.

Reuter, R. (2012). "Working Time Versus Leisure Time". Em: *ValueS. Leisure. An Information Magazine of the Federal Statistical Office*, n. 1/2012. Neuchâtel/Suíça, pp. 4-5.

Schmid, F. (2012). "How and Where do People Who Live in Switzerland Spend their Holidays?". Em: *ValueS. Leisure. An Information Magazine of the Federal Statistical Office*, n. 1/2012. Neuchâtel/Suíça, pp. 12-13.

Schön-Bühlmann, J. (2012). "When Play Is Work". Em: *ValueS. Leisure. An Information Magazine of the Federal Statistical Office*, n. 1/2012. Neuchâtel/Suíça, p. 8.

Seilbahnen Schweiz (2015). *Fakten & Zahlen zur Schweizer Seilbahnbranche Ausgabe*, 2015. Berna.

Staatssekretariat für Wirtschaft Seco (s.d.). "Freizeit und Feiertage". Retirado de: <http:// www.seco.admin.ch/themen/00385/00420/04667/04681/?lang=de>.

Stalder, H. e Stocker, T. (2009). *Verkehr: Spazierfahrt ins Chaos. Beobachter* 18/2009.

The Guardian (2011). "Franc's Rise Puts Swiss Top of Rich". Retirado de: <http://www.theguardian.com/business/2011/oct/19/currency-appreciation-makes-swiss-wealthiest>.

Zukin, S. (1995). *The Culture of Cities*. Oxford, UK: Blackwell.

lazer em taiwan: oportunidades e restrições com foco nas mulheres

chiung-tzu lucetta tsai
universidade nacional de taipei

Um grande debate envolve a definição de lazer em Taiwan. Existem problemas com a definição tradicional de lazer em oposição a trabalho. Parte do problema está relacionada com a definição de trabalho. Caso se inclua nela apenas o trabalho remunerado, então deixa-se de fora o trabalho doméstico não remunerado. Caso se inclua não apenas o trabalho remunerado, surge uma linha difusa sobre as diferenças entre trabalho e lazer. Por exemplo, se alguém tenta relaxar após um dia no escritório e decide ler para seus filhos, podemos dizer que está se dedicando a uma atividade de lazer ou fazendo trabalho doméstico.

O lazer também é tido como uma atividade discricionária. Ele ocorre não por necessidade, mas como uma escolha entre várias alternativas. O trabalho é necessário porque deve ser feito por razões econômicas ou sociais. O lazer, no entanto, é opcional, pois pode ser realizado ou não, sem que se penalize a escolha de participar ou não.

Essas definições levantam também a questão de saber se o lazer precisa ser ativo. Por exemplo, ficar deitado no sofá assistindo televisão é equivalente a passar o tempo caminhando num parque? Em vez de tentar chegar a uma definição abrangente de lazer – mesmo que tal definição seja possível ou tenha valor –, este capítulo procura enfocar uma série de atividades que podem ser chamadas de atividades de lazer. Especificamente, apresentarei ideias sobre o lazer das mulheres taiwanesas, já que grande parte de minha pesquisa se concentra nessa área.

Taiwan é democrática e, portanto, as pessoas podem escolher a maneira como passar o seu tempo. Infelizmente, porém, nem todos têm as mesmas escolhas. O grau de liberdade depende do quanto se pode participar da arena política, onde a distribuição do poder é desigual. Devido à opressiva ideologia patriarcal de Taiwan, por exemplo, as mulheres taiwanesas geralmente não têm uma plena compreensão sobre seus direitos e suas obrigações numa sociedade democrática. Assim, os direitos e as necessidades das pessoas podem ser afetados negativamente, o que inclui sobretudo os direitos de lazer para as mulheres. Embora Taiwan tenha passado por um rápido crescimento econômico que abriu muitas oportunidades para os cidadãos, as mulheres não estão igualmente representadas no mercado de trabalho ou em relação às oportunidades de lazer.

Desde o final da década de 1960, um aparente aumento na disponibilidade de oportunidades de lazer tem sido constatado em todo o mundo (Torkildsen, 1992), incluindo Taiwan. Uma razão para esse aumento é o movimento contínuo em direção a uma semana de trabalho mais curta e maior disponibilidade de tempo de férias. Em 1º de janeiro de 2016, Taiwan reduziu a jornada de trabalho de 42 horas para 40 horas semanais e o resultado direto é que as pessoas na ilha dispõem de mais tempo livre para dedicar ao lazer. No entanto, embora a redução da jornada tenha aumentado as oportunidades de prática de lazer, estudos indicam que os mais beneficiados foram os homens e que as mulheres não tiveram ganhos semelhantes (Chen, 2003; Fu, Lu e Chen, 2009; Lu e Hu, 2002; Lu e Hu, 2005). A filosofia do povo pode explicar algumas das discrepâncias.

Por quase dois mil anos, o confucionismo como filosofia de vida forneceu a base política, social e moral da cultura chinesa e, posteriormente, da cultura taiwanesa. O confucionismo, como ética e ideologia cultural, desempenhou um papel essencial na orientação das relações entre os taiwaneses (Tsai, 2006; Yang, 1962). A cultura confucionista promove o autocontrole individual, a conduta zelosa para com os superiores e, principalmente, para com a família, assim como a obediência à autoridade patriarcal.

A filosofia confucionista teve influência considerável em muitos aspectos da vida do povo taiwanês. Em relação ao lazer, a crença de que a eficiência vem da diligência e o fracasso da frivolidade restringiu as oportunidades de recreação disponíveis para os habitantes da ilha. Nas últimas três décadas, Taiwan ficou cada vez mais industrializada e, nesse processo, a vida de muitas pessoas mudou em consequência do pensamento ocidental. A cultura ocidental e a industrialização passaram a influenciar a moderna sociedade taiwanesa, dando a muitas mulheres a oportunidade de independência econômica. No entanto, as mulheres ainda não têm o mesmo *status* porque seguem a filosofia tradicional do confucionismo.

Nas sociedades orientais, o confucionismo historicamente organizou-se em torno do princípio do poder patriarcal. Consequentemente, o comportamento subordinado do sexo feminino era regulamentado pela sólida falange do rei, pai e marido (Liu, 1995). O código confucionista resultou num abuso do princípio da igualdade para as mulheres em virtude do tratamento desigual e da exigência de castidade que se aplica apenas a elas (Tsai, 2011). Assim, as mulheres são subordinadas aos homens e a feminilidade é inferior à masculinidade. No confucionismo, não existe a apreciação da beleza do corpo humano nem para os homens nem para as mulheres (Tsai e Zhou, 2015). As mulheres não são incentivadas a sair sozinhas ou a expor o corpo, pois a cultura e a ideologia taiwanesas, com raízes no confucionismo, as impedem de praticar exercícios físicos. Felizmente, nos últimos anos, a cultura ocidental tem gradualmente influenciado os direitos das mulheres em Taiwan.

Embora o governo taiwanês tivesse declarado a igualdade das mulheres na sociedade, no governo, na economia, na educação e na família, o confucionismo dificultou a plena aceitação da independência econômica e da transformação social envolvendo o sexo feminino. As mulheres têm liberdade para trabalhar e para melhorar sua situação econômica, mas as responsabilidades familiares e domésticas continuam reservadas a elas. Muitos taiwaneses se deparam com um paradoxo. Apesar de influenciados pelas novas ideologias ocidentais, eles também são profundamente afetados pelas normas convencionais da sociedade tradicional de Taiwan.

De acordo com os ensinamentos de Confúcio, a cosmologia do mundo é constituída por dois elementos complementares: *yin* e *yang*. O *yin* representa o elemento feminino, que simboliza todas as coisas escuras, fracas e passivas. O *yang* corresponde ao elemento masculino, simbolizando todas as coisas brilhantes, fortes e ativas (Hong, 1997). Como resultado da divisão *yin-yang*, as mulheres geralmente têm um *status* inferior em comparação aos homens. Nessa tradição patriarcal, a ausência de *status* das mulheres também se revela no âmbito da rede familiar. O provérbio chinês "um menino nasce virado para dentro; uma menina nasce virada para fora" implica que uma mulher geralmente é vista como uma obrigação para sua família, pois, quando casada, é considerada um ativo perdido para seus pais. Wong (1973) sugeriu que uma mulher tradicionalmente passa por três fases. Primeiro, ela nasce sob a autoridade de seu pai. Uma vez casada, vive sob o domínio do marido. Quando viúva, passa a depender de seu(s) filho(s). O papel importante de uma mulher é ter filhos do sexo masculino para preservar o nome e a linhagem familiar.

Os valores e símbolos do confucionismo tiveram uma influência profunda no comportamento individual, na interação social e nas práticas organizacionais (Lee, 1997). Eles são hierárquicos no âmbito das gerações, das famílias e entre o governante e os governados. Há evidências das influências ocidentais permeando a vida das pessoas em Taiwan, enquanto a tecnologia moderna e a mídia também aumentam o processo de disseminação das informações para a população.

01   o desafio do lazer para as mulheres

Na Taiwan tradicional, ao se casar, uma mulher tem que obedecer ao marido e fica sob o olhar vigilante da sogra (Ramusack e Sievers, 1999). No sistema familiar, a sogra tem uma autoridade maior que a do filho, e a jovem esposa ocupa o posto mais baixo. Tradicionalmente, uma sogra tem o poder de restringir o comportamento de sua nora, que deve obedecer aos sogros. A situação inferior de uma nora na família pode ser atribuída ao seu papel econômico (Lin, 2000), pois as mulheres ocupam uma posição subordinada e dependem de seus maridos.

    Shaw (1998) destacou que a família taiwanesa caracteriza-se especificamente pelo poder e controle masculinos, bem como pelo domínio da sogra sobre a nora. Sob essa perspectiva, as mulheres taiwanesas não são vítimas indefesas do sistema familiar nem atores poderosos responsáveis por seus problemas. Ramusack e Sievers (1999) observaram que as mulheres taiwanesas lutam sob o peso de enormes contradições e muitas delas estão incorporadas ao sistema. Elas estão sujeitas às tensões dos sistemas familiares em relação à ambivalência do Estado confucionista.

    Para a sogra, o lazer não é essencialmente importante para a nora. O *status* inferior da nora e o fato de estar relegada às funções tradicionais baseadas na sexualidade, reprodução e no cuidado dos filhos diminuem sua influência na sociedade patriarcal. As mulheres taiwanesas são relegadas às tarefas domésticas, e sua contribuição é definida pelas necessidades da sociedade patriarcal. O lazer, conforme definido pelo patriarcado, não é visto como um direito da maioria das noras. Sem mudanças substantivas na alocação de poder, o lazer ainda é um problema para uma nora e precisa ser negociado com a sogra. Só os que não precisam trabalhar para viver têm direito ao lazer. Espera-se que a nora se encarregue das tarefas domésticas de toda a família sob a supervisão de sua sogra e, assim, seu lazer é ignorado. Além disso, o lazer que ocorre fora de casa pode entrar em conflito com a decência e a modéstia da nora ideal.

    Muitas jovens de Taiwan reconhecem que quando os valores ocidentais são apresentados à sociedade taiwanesa ocorrem conflitos culturais que têm um impacto no pensamento e no comportamento das mulheres, incluindo seu envolvimento no lazer. Para as mulheres taiwanesas dos dias de hoje, participar do lazer é uma busca de um estilo de vida moderno. No passado, as jovens taiwanesas geralmente não tentavam se dedicar ao aprimoramento físico depois das aulas. As mulheres eram tradicionalmente consideradas menores, mais fracas e inferiores. As meninas em Taiwan não eram incentivadas a ficar mais fortes e não participavam de atividades físicas intensivas tanto quanto seus pares do sexo masculino. Os meninos, por sua vez, deviam ter objetivos atléticos. No entanto, muitas jovens têm sido influenciadas pela ideologia ocidental, que enfatiza a independência e a liberdade. Nos últimos anos, mais mulheres têm participado de atividades de lazer porque desejam melhorar sua qualidade de vida. Essa tendência é mais visível entre os jovens.

Para promover uma melhor compreensão sobre a igualdade de gênero na moderna Taiwan, o Departamento de Igualdade de Gênero do governo envolveu-se ativamente em inúmeras atividades para fins de divulgação, incluindo a contratação de especialistas da CEDAW (Convenção para a Eliminação de Todas as Formas de Discriminação Contra as Mulheres), em 2012, para compilar currículos dos cursos e materiais de referência destinados a abordar os direitos das mulheres. Os três conceitos centrais da CEDAW são a proibição da discriminação, a igualdade substantiva e as obrigações nacionais (ONU Mulheres, 2016). Porém, essas mudanças levarão tempo.

Felizmente têm ocorrido mudanças de atitude em relação ao lazer para os jovens, tanto do sexo feminino quanto masculino. Por exemplo, muitos pais não aprenderam em seu tempo de escola como desfrutar de diferentes atividades recreativas e não sabiam o que significava lazer. Além disso, geralmente se dava muita ênfase ao sucesso escolar. Outro impacto significativo na orientação quanto ao lazer das gerações mais jovens é a percepção de que os ocidentais enfatizam o brincar durante toda a vida em comparação com a atitude taiwanesa de *trabalho, trabalho, trabalho*. A mudança cultural pouco a pouco tem permeado a sociedade taiwanesa por meio da educação e, cada vez mais, por meio das mídias sociais (Kong e Chan, 2000). O governo também tem desempenhado um papel nessas mudanças.

02   o papel do governo nas mudanças da cultura do lazer

A infraestrutura e os órgãos do governo têm atuado na promoção do lazer/esporte para todos. Em Taiwan, a criação da Administração de Esportes aumentou significativamente o papel do lazer/esporte no âmbito do governo central. Em 2013, a Administração de Esportes de Taiwan elaborou e lançou um plano de lazer/esporte. O tema principal do plano é o lazer/esporte ativo em ambientes rurais e urbanos e o desenvolvimento da saúde por meio de exercícios físicos. A Administração de Esportes produziu a política mais importante sobre lazer em Taiwan na forma do Livro Branco sobre Desenvolvimento Esportivo, publicado em 2014.

O Livro Branco visa identificar as necessidades de indivíduos e grupos em relação ao lazer. A elaboração do Livro Branco e a ênfase dada aos grupos desfavorecidos (por exemplo, mulheres, crianças, pessoas com deficiência), bem como à boa condição física em geral da população, enfatizam a abordagem do governo central em utilizar a intervenção do Estado no lazer para promover objetivos sociais (Administração de Esportes, 2015).

O Ministério da Educação é um dos órgãos governamentais que promove o desenvolvimento das cinco dimensões da educação em Taiwan. Essas dimensões são: educação moral, intelectual, física, social e artística (Wu, 1981). A educação física compõe a grade curricular desde o ensino fundamental até a faculdade. A disciplina é ministrada com um currículo bem organizado, que inclui competições esportivas anuais em vários níveis (ou seja, escolar, regional e nacional). O Ministério da Educação e seu braço de implementação, a Administração de Esportes, também têm outras responsabilidades e funções relativas ao desenvolvimento dos esportes em Taiwan. O Livro Branco é o primeiro projeto completo para a estratégia do governo em relação ao desenvolvimento desportivo nacional. A proposta inclui educação física nas escolas, esportes comunitários, planos de pesquisa, competições internacionais e formação em educação esportiva para professores.

Além disso, o governo lançou um plano nacional de doze anos em 2014 (Administração de Esportes, 2015). Um de seus principais objetivos é melhorar a qualidade de vida do povo de Taiwan. Os objetivos detalhados em relação ao lazer/esporte incluem: promover a atividade de lazer da comunidade social, subsidiar parques e estádios de lazer, reforçar a manutenção de estádios e incentivar sua abertura para o público, além de construir ginásios modernos por todo o país. O principal argumento em defesa do lazer/esporte em Taiwan é a promoção da saúde da população em geral, o que também beneficia as mulheres do país. A intenção do governo é incentivar a prática de atividades físicas e o lazer/esporte para reduzir o custo dos cuidados com a saúde. O poder público tem desempenhado um papel importante na mudança de atitudes em relação à cultura do lazer ao lançar programas para fornecer instalações locais de lazer/esporte para melhorar a saúde e o bem-estar dos cidadãos. Além de ajudar mulheres/meninas e homens/meninos a ser mais ativos fisicamente, o plano nacional de doze anos está aumentando a conscientização sobre esportes em Taiwan.

Em 2009, Taiwan sediou com sucesso os Jogos Mundiais e as Surdolimpíadas e em 2017 sediou os Jogos Mundiais Universitários (Universíade) em Taipei. Os Jogos Mundiais incluem esportes que não são disputados nos Jogos Olímpicos. Um total de seis mil representantes de 103 países participou dos Jogos Mundiais de 2009, o que estabeleceu um novo recorde para a competição multiesportiva. O presidente da Associação Internacional dos Jogos Mundiais (IWGA), Ron Froehlich, afirmou que foram os "melhores jogos de todos os tempos" (CNN, 2009). A 21ª Surdolimpíada de Verão é um evento multiesportivo internacional com um orçamento total estimado de U$ 15 milhões[1] para a estrutura necessária (Surdolimpíadas, 2009). A Universíade é um evento multiesportivo internacional, sendo o segundo maior evento multiesportivo do mundo, ficando atrás apenas dos Jogos Olímpicos. O prefeito e chefe da delegação da cidade de Taipei, Dr. Lung-Bin Hau, declarou: "Esta é a quinta vez que Taiwan tenta sediar os jogos. O resultado mostra que onde há vontade, há um caminho. Taipei sediará uma das melhores Universíades que o mundo já viu" (Universíade de Verão de Taipei de 2017, 2016).

As práticas e percepções de lazer de homens e mulheres mudaram em Taiwan em decorrência dos planos governamentais. O governo incentiva as pessoas a não irem de carro para o trabalho um dia por semana para reduzir as emissões de carbono e proteger o meio ambiente. Assim, elas costumam ir trabalhar de bicicleta nesse dia. A maioria dos elevadores nos prédios de órgãos do governo e escolas públicas não para no primeiro e no segundo andares para economizar energia e forçar as pessoas a subir escadas para melhorar a saúde. Os planos governamentais têm promovido outras mudanças. Por exemplo, mais pessoas participam de corridas (maratonas, meias maratonas, corridas coloridas, noturnas, de 5 km, de 10 km). O número de pessoas que participa da "Sun Moon Lake Swimming Crossing" tem aumentado a cada ano desde 1982. O Annual Sun Moon Lake Swimming Carnival inclui uma etapa de natação de 3 mil metros, com a participação de mais de 20 mil pessoas. A Giant, uma fabricante taiwanesa de bicicletas reconhecida como a maior do mundo no setor, atualmente patrocina equipes internacionais de ciclismo, bem como muitas equipes nacionais. Em consequência disso, mais pessoas em Taiwan participam do "Cycle Around Taiwan Challenge" e novas ciclovias estão sendo construídas em Taipei e em atrações turísticas.

Costumo passar meu próprio tempo de lazer principalmente praticando esportes aquáticos, incluindo windsurfe, vela, mergulho, remo e *wakeboard*. Como acadêmica, não é fácil fazer pesquisa sobre lazer e ao mesmo tempo participar ativamente do lazer. No entanto, tenho praticado intensivamente desde criança e sacrifiquei meu tempo em família para treinar com a equipe. Minha tripulação ganhou quatro títulos de campeão de vela na Cross Taiwan Strait Ocean Race de 2010, o principal evento de vela sediado por Taiwan e pela China a cada dois anos.

---

1   Equivalentes a aproximadamente R$ 50 milhões pela cotação do câmbio de 12 abr. 2018. [N. T.]

03 conclusões

Neste capítulo argumentei que o lazer tem uma relação importante com gênero, cultura e poder. Também descrevi como a ocidentalização (americanização e europeização) tem influenciado o lazer e, principalmente, a percepção de lazer das mulheres. As perspectivas políticas, econômicas e educacionais foram responsáveis pela mudança social na Taiwan do pós-guerra em relação à cultura tradicional. O confucionismo, em especial, restringiu e limitou o lazer das mulheres, levando a uma grande desigualdade na sociedade taiwanesa contemporânea. No entanto, tanto mulheres como homens em Taiwan estão mudando seus estilos de vida e suas percepções de lazer em virtude da influência das culturas ocidentais.

Este capítulo estabeleceu uma base para pesquisas futuras sobre o lazer em Taiwan. Tratou-se especificamente de como a cultura ocidental às vezes desafia o confucionismo e entra em conflito com ele. Para elevar a qualidade de vida dos habitantes de Taiwan, acredito que o governo deve continuar investindo grandes quantias de dinheiro no desenvolvimento esportivo e em programas específicos para escolas, bem como em eventos esportivos de âmbito nacional. Essas contribuições levariam todo o povo de Taiwan a valorizar mais a saúde, a atividade física e o lazer.

04 referências

Administração de Esportes (2015). *White Paper of Sport in Taiwan*. Taipei: Ministério da Educação.

Chen, C. N. (2003). "Older People's Leisure and Quality of Life in Taiwan". *Journal of Population*, 26, 96-136.

CNN (2009). "Taiwan Kicks Off Eco-Friendly World Games". Retirado de: <http://edition.cnn.com/2009/SPORT/07/16/world.games/index.html?eref=rsslatest>.

Fu, Y. C., Lu, L. e Chen, S. Y. (2009). "Differentiating Personal Facilitators of Leisure Participation: Sociodemographics, Personality Traits, and the Need for Sociability". *Journal of Tourism and Leisure Studies*, 15, 187-212.

Hong, F. (1997). *Footbinding, Feminism, and Freedom: The Liberation of Women's Bodies in Modern China*. Londres: Frank Cass.

Kong, L. e Chan, J. (2000). "Patriarchy and Pragmatism: Ideological Contradictions in State Policies". *Asian Studies Review*, 24(40), 501-31.

Lee, S. H. (1997). "Urban Women Leisure Patterns and Constraints". *Outdoor Recreation Research*, 10, 1, 43-68.

Lin, J. L. (2000). "Evolution of the Confucian Concept of Women's Value in Recent Times". *Chinese Education and Society*, 33(6), 15-23.

Liu, Y. H. (1995). *The 1995 White Paper of Taiwanese Women's Situation*. Taipei: Times Culture Publisher.

Lu, L. e Hu, C. H. (2002). "Experiencing Leisure: The Case of Chinese University Students". *Fu Jen Studies: Science and Engineering*, 36, 1-21.

Lu, L. e Hu, C. H. (2005). "Personality, Leisure Experiences and Happiness". *Journal of Happiness Studies*, 6, 325-342.

ONU Mulheres (2016). "United Nations Entity for Gender Equality and the Empowerment Of Women". Retirado de: <http://www.un.org/womenwatch/daw/cedaw/>.

Ramusack, B. N. e Sievers, S. (1999). *Women in Asia: Restoring Women to History*. Bloomington, IN: Indiana University Press.

Shaw, Y. M. (1998). "Evaluating Chinese Civilization in Western Terms: The Way to Chinese Prosperity". *Theory and Policy*, 12(1), 119-127.

Surdolimpíadas (2009). "Taipei 2009". Retirado de: <http://www.deaflympics.com/games. asp?2009-s>.

Torkildsen, G. (1992). *Leisure and Recreation Management*. Londres: E & FN Spon.

Tsai, C. L. (2006). "The Influence of Confucionism On Women's Leisure in Taiwan". *Leisure Studies*, 25(4), 469-476.

Tsai, C. L. (2011). "Dilemma and Conflicts in Taiwanese Women's Leisure Participation". *Social Indicators Research*, 103(1), 131-144.

Tsai, C. L. e Zhou, L. (2015). "A Cultural Confrontation: Western Impacts on Female College Students' Leisure Opportunities in Taiwan and China". *Social Indicators Research*, 120(1), 261-276.

Universiade de Verão de Taipei de 2017 (2016). "Bid History". Retirado de: <http://www.taipei2017.com.tw/files/15-1000-280.php>.

Wong, J. C. (1973). "Marriage". *Journal of the Chinese Society*, 10, 31-41.

Wu, W. C. (1981). *Chinese Sports Development History*. Taipei: San-Min Bookstore.

Yang, M. C. C. (1962). "Changes in Family Life in Rural Taiwan". *Journal of the Chinese Society,* 2, 68-79.

a concepção e a percepção do lazer na turquia

bülent gürbüz
universidade de ancara

O maior número de estudos acadêmicos sobre o lazer foi realizado em instituições acadêmicas ocidentais e por pesquisadores ocidentais (Ito, Walker e Liang, 2014). Vários estudiosos proeminentes (por exemplo, Roberts, 2010; Samdahl, 2010; Sivan, 2010) compartilham a opinião de que a maioria desses estudos tem um caráter etnocêntrico. Por exemplo, Roberts (2010) afirmou que a pesquisa sobre o lazer nos últimos quarenta anos tem como alvo o público anglófono e que a literatura não mostra a diversidade. Com base nessa observação, Chick et al. (2015) argumentaram que essa situação tem gerado um impacto negativo sobre os estudos de lazer conduzidos no mundo não ocidental. Quando concebida em países não ocidentais, a pesquisa geralmente recorre à conceituação de lazer desenvolvida no mundo ocidental. Esses pesquisadores muitas vezes ignoram os efeitos de fatores como cultura e religião. Assim, a pesquisa em países não ocidentais talvez não contribua plenamente para a literatura de lazer.

Desde o início do século XXI, alguns pesquisadores apontam para a necessidade de estudos sobre a definição e a percepção do conceito de lazer em países e culturas do Oriente Médio, da Ásia e de alguns europeus, para trazer um ponto de vista internacional para os estudos de lazer (Arab-Moghaddam, Henderson e Sheikholeslami, 2007; Livengood e Stodolska, 2004). Embora a quantidade de estudos sobre o tempo livre em países muçulmanos e/ou em desenvolvimento tenha aumentado em comparação com o passado, o número continua pequeno (Martin e Mason, 2003; Roberts, 2010). Assim, uma melhor compreensão da natureza e da essência do tempo livre num país como a Turquia, localizado tanto na Ásia como na Europa, pode proporcionar uma nova perspectiva e ajudar a situar melhor o conceito de lazer fora da cultura ocidental a que está tradicionalmente associado.

Em virtude da localização geográfica do país no cruzamento de dois continentes, a Turquia tem valores tanto europeus quanto do Oriente Médio e uma população jovem e dinâmica predominantemente muçulmana. Nos países do Oriente Médio em que a religião islâmica molda os estilos de vida e as escolhas dos indivíduos, a fé é um fator significativo na determinação da liberdade pessoal e dos padrões de comportamento (Martin e Mason, 2004). No entanto, há cem anos a Turquia adotou como regime político um sistema constitucional secular para amenizar as fronteiras entre as liberdades individuais e a religião. Em comparação a outros países muçulmanos, o efeito da religião sobre o lazer na Turquia é relativamente baixo. Embora no Islã o lazer seja definido como o tempo a ser desfrutado com sabedoria para melhorar o caráter e se tornar uma pessoa multifacetada (Gürbüz e Henderson, 2013), na realidade o lazer constitui um tempo em que as responsabilidades sociais (por exemplo, o tempo destinado a ficar com a família) e as escolhas tradicionais prevalecem sobre a liberdade e o espaço pessoais. Portanto, ao se definir o tempo livre como algo influenciado pela cultura e pela religião, verificam-se diferenças entre as escolhas de tempo livre e os padrões de comportamento. A questão central é como o povo turco define o conceito de tempo livre em seu mundo interior e como o entende a partir de aspectos culturais e religiosos.

01 os conceitos de lazer e recreação

Tanto o lazer quanto a recreação são conceitos novos para os turcos. Do mesmo modo que em outras culturas, não existe uma definição de lazer universalmente aceita na cultura turca, e também não existe consenso sobre o equivalente turco do lazer. Assim como os japoneses, que associam o conceito de lazer com o tempo (Ito e Walker, 2014), os turcos chamam o lazer de *boş zaman* (ou seja, tempo disponível) ou *serbest zaman* (ou seja, tempo livre). O público em geral na Turquia tem um entendimento comum e um consenso sobre essas duas ideias. Alguns estudiosos, porém, têm opiniões diferentes. Pesquisadores argumentam que *boş zaman* é o verdadeiro equivalente de lazer, já que a alternativa, *rekreasyon*, é uma palavra de origem estrangeira e não facilmente compreendida pelo público. Esses estudiosos ressaltam que a maioria das pessoas utiliza *boş zaman* na linguagem cotidiana e que, portanto, eles preferem *boş zaman* em vez de lazer e recreação. Um segundo grupo de estudiosos prefere *serbest zaman* por acreditar que *boş zaman* tem uma conotação negativa ao sugerir que o tempo é gasto inutilmente, não respeitando assim o verdadeiro significado. Até agora, não houve nenhuma iniciativa importante para encerrar esse debate. Porém, na maior parte do tempo, *rekreasyon*, *boş zaman* e *serbest zaman* são conceitos que se entrelaçam e podem ser usados de forma intercambiável.

A tendência atual entre os estudiosos turcos é ignorar esse debate e concentrar-se na compreensão da importância e do valor do lazer (Gürbüz e Henderson, 2013). Ao definir lazer, geralmente utilizam-se os termos descritos anteriormente. No entanto, é importante não ficar limitado a esses conceitos. Ao analisar as definições de lazer na literatura ocidental verifica-se que o foco está no significado do individualismo. Uma definição ideal do lazer nesse sentido poderia ser reformulada como a liberação do *self* do *status* social e das restrições físicas e culturais para ser física e mentalmente livre. Por exemplo, uma pessoa não pode aproveitar o lazer quando a mente está preocupada pensando num prazo de entrega. Portanto, o lazer deve ser o momento em que os indivíduos se esquecem de tudo, menos de si mesmos.

Na cultura turca, porém, o lazer é geralmente considerado o intervalo entre os períodos de trabalho. Em geral, os turcos descrevem o lazer como a situação em que usam ativamente o tempo que restou após o término do trabalho ou das tarefas. Essa percepção se encaixa na definição objetiva e não na subjetiva de Neulinger (1981), para quem o lazer é a satisfação mental adquirida em função das atividades durante o tempo livre. Também quero enfatizar o efeito parcial do Islã na percepção de não desperdiçar o tempo. Embora relaxar e recuperar as forças tenham uma concepção positiva, ser ativo e trabalhar têm prioridade e são considerados mais valiosos (Höglhammer *et al.*, 2015).

Para que o lazer na Turquia seja claramente entendido são necessários estudos acadêmicos que incluam a diversidade social, econômica e cultural da sociedade turca. Por exemplo, a pesquisa de Lapa Yerlisu e Ardahan (2009) constatou que a maioria da sociedade – conhecida como a terceira geração – entendia o tempo de lazer como tempo gasto em atividades passivas, do tipo encontrar com os amigos em cafeterias locais e jogar cartas. Embora os turcos associem a escolha das atividades que preferem fazer no tempo livre com a quantidade de tempo disponível, os fatores determinantes muitas vezes estão relacionados com a estratificação cultural, o nível socioeconômico e o grau de escolaridade das pessoas. Gürbüz *et al.* (2010) reforçaram esse argumento afirmando que, em comparação com pessoas de níveis de renda mais baixos, as pessoas de níveis de renda mais altos eram mais ativas no uso de espaços de recreação.

Jovens profissionais nas grandes cidades da Turquia, com escolaridade e níveis de renda relativamente maiores, entendem o tempo de lazer como o tempo para descansar o corpo e o espírito/mente após o trabalho ou a escola. Em geral, eles consideram o lazer como o tempo para revigorar o corpo e o espírito, normalmente ao ar livre. Para esses jovens profissionais, "ao ar livre" significa cafés ou *shoppings*, que são na sua maioria de propriedade do setor privado.

O número de *shoppings* na Turquia cresce diariamente e esses centros comerciais fazem parte da vida social preferida por todos e especialmente pelas famílias com crianças pequenas. Os donos dos *shoppings* maximizam seus lucros oferecendo áreas de recreação nesses espaços sociais, permitindo que os membros da família passem o tempo juntos. Academias de ginástica, cinemas, *playgrounds* e espetáculos e exposições organizados nos fins de semana ou em ocasiões especiais fazem dos *shoppings* os lugares preferidos das pessoas. Para uma parcela significativa da população, os *shoppings* são os santuários de recreação (Argan *et al.*, 2012). Para essas pessoas, o tempo de lazer é um meio de esquecer o estresse do dia. O lazer oferece oportunidades para que os membros da família passem o tempo juntos. Por outro lado, para as pessoas que depois da escola ou do trabalho gostam de ficar em casa, o tempo de lazer significa ver TV, surfar na web ou visitar/usar *sites* de mídia social.

A percepção dos papéis de gênero na Turquia é outro fator que determina os hábitos e comportamentos de consumo nos domínios do tempo de lazer. Apesar das garantias constitucionais sobre igualdade de gênero na Turquia moderna, o envolvimento e a inclusão das mulheres na vida econômica e social não são iguais aos dos homens. As disparidades são muito maiores nas áreas rurais. As mulheres urbanas têm padrões educacionais e econômicos mais elevados que as da área rural, mas as mulheres urbanas da Turquia passam a maior parte de seu lazer com atividades passivas, ou não se beneficiam suficientemente de oportunidades e instalações recreativas em virtude dos papéis de gênero impostos ao sexo feminino pela sociedade turca (Koca *et al.*, 2009). Na Turquia de hoje, as mulheres misturam dois conceitos diferentes, trabalho e lazer, e especialmente as donas de casa entendem o lazer como o tempo livre para visitar parentes, fazer tarefas domésticas e compras, a menos que pratiquem atividades físicas (Erkip, 2009). Nas cidades metropolitanas, porém, as mulheres participam cada vez mais da esfera econômica e estão se beneficiando de oportunidades e novidades das grandes cidades, decorrentes das mudanças nos valores sociais e culturais tradicionais. Além disso, os espaços urbanos na Turquia moderna começaram a ser planejados e organizados de modo a facilitar o acesso das mulheres às atividades de lazer. Esses novos arranjos incluem instalações chamadas "clubes de senhoras". Esses clubes são espaços fechados reservados principalmente para o uso de donas de casa e mulheres metropolitanas que não têm empregos de período integral. A taxa de inscrição é gratuita, e as instalações são usadas apenas para o lazer. A maioria desses "clubes de senhoras" está situada nas cidades metropolitanas da Turquia (por exemplo, Ancara e Istambul). Embora algumas mulheres utilizem bastante essas novas instalações, com vontade e entusiasmo, alguns segmentos da sociedade não conseguem se beneficiar dessa oportunidade, seja por falta de informação, seja por apoio social inadequado. As mulheres veem essa atividade como um tempo para si mesmas, o que as deixa felizes, e a participação faz com que se sintam livres (Koca et al., 2009).

02 questões culturais e perspectivas turcas

A cultura pode ser definida como a soma de todos os valores e ativos tangíveis e intangíveis que surgem numa sociedade ou comunidade em determinado período de tempo. Neste capítulo, o conceito de cultura é explicado em termos de seu impacto e suas repercussões sobre os valores, as atitudes, os estilos de vida e os comportamentos das pessoas associados com o lazer. Existem diferenças inter e intraculturais entre as atividades de lazer e os comportamentos cotidianos de consumo cultural das pessoas. Essas diferenças não se devem apenas ao ambiente social, mas também às necessidades e expectativas individuais (Aydın, 2009). Geograficamente, a Turquia é um país com uma localização intercontinental e uma longa história, que produziram uma rica diversidade cultural. Essas características influenciam a formação da diversidade cultural e os hábitos de lazer.

Alguns antecedentes sobre as características culturais do povo, o idioma turco e a estrutura religiosa são úteis para entender a percepção do lazer na cultura do país. A jovem república turca é um produto da Primeira Guerra Mundial, que enterrou o Império Otomano no cemitério dos impérios da história. Quando se considera que o Império Otomano durou mais de seiscentos anos (1299-1922), fica difícil explicar o lugar do lazer no império, tendo em vista o longo período de tempo e as mudanças de hábitos culturais durante esses séculos. Não é descabido afirmar, no entanto, que a vida doméstica otomana e a vida cotidiana refletiam as características da sociedade fechada da maioria das sociedades pré-modernas. A religião teve um grande peso sociológica e historicamente (Çetin, 2014). O Islã foi eficaz na regulação da vida social, especialmente durante o período em que os otomanos governaram. Quanto ao lazer e seus impactos sociais, o efeito mais evidente do Islã foi sua demarcação dos estilos de vida de homens e mulheres (Çetin, 2013).

Comparada com o passado otomano, a Turquia moderna apresenta diferenças em comportamentos individuais, hábitos de consumo e nas atividades de lazer. Por exemplo, no período otomano, não era apropriado que uma mulher sozinha frequentasse áreas públicas, fizesse compras ou desfrutasse de qualquer entretenimento público. Já os homens podiam passar o seu tempo livre em cafeterias ou outras áreas abertas de recreação durante o dia, além de poder desfrutar da vida noturna. As mulheres tinham que se contentar com atividades passivas e opções de entretenimento limitadas, realizadas principalmente em espaços sem a presença de homens. Em 1758, por exemplo, o sultão Osman III aumentou o número e a gravidade das sanções sociais para as mulheres ao proibir a presença delas sempre que ele viesse a público e ao estabelecer regulamentos sobre como as mulheres otomanas deveriam se vestir (Sevengil, 1927).

No entanto, esses relatos não refletem todo o quadro. O *status* das mulheres otomanas oscilava, dependendo de quão conservadores ou liberais eram os tempos. Segundo Sevengil (1927), durante a Era das Tulipas (1718-1731), o sultão Ahmed III, de mente relativamente liberal, determinou que vários passeios públicos fossem construídos às margens do Bósforo para que tanto homens quanto mulheres pudessem frequentar os calçadões e andar de barco para se divertir.

O Édito de Gülhane em 1839 (ou seja, *Tanzimat* ou Reorganização) foi a primeira manifestação de liberalização em grande escala do Império, que acelerou o ritmo das mudanças na estrutura social e na vida cotidiana (Acun, 1999). Embora os efeitos da *Tanzimat* fossem restritos às áreas urbanas, as tendências de ocidentalização na compreensão do tempo de lazer são dignas de nota. Roupas e hábitos de estilo ocidental começaram a ser observados nas áreas urbanas, e aumentou a quantidade de lugares urbanos disponíveis para compras e entretenimento. Especialmente em Istambul, as pessoas passaram a ter exposições e peças de teatro em estilo europeu. O primeiro cassino do Império Otomano foi aberto nesse período. Um dos sultões, Abdulaziz I, ordenou a criação da primeira banda de música de estilo europeu para apresentações especiais (Sevengil, 1927). As cerimônias de coroação e de vitórias militares ganharam um caráter recreativo ao serem popularizadas graças a sua realização em diferentes áreas de entretenimento em Istambul. Várias atividades pertencentes à cultura turca eram apresentadas e as exibições esportivas eram particularmente populares.

Hoje homens e mulheres compartilham o mesmo espaço de trabalho no domínio público e têm oportunidades iguais no uso livre e comum dos espaços públicos. Na vida cotidiana, as mulheres têm as mesmas oportunidades que os homens nas compras, nas peças de teatro e nos cinemas e desfrutam de espaços abertos como os parques. No entanto, o acesso das mulheres a todos esses espaços às vezes é limitado em virtude de algumas normas culturais, embora a lei tenha definido a igualdade de direitos. A versão moderna das tradicionais cafeterias turcas continua sendo a atividade de lazer mais popular, frequentadas principalmente pelos homens (Aydın, 2009). Passar o tempo de lazer nas cafeterias é uma atividade passiva da cultura urbana realizada com parentes e conhecidos próximos.

Como país em desenvolvimento, a Turquia tem experimentado uma alta taxa de emigração das áreas rurais para as áreas urbanas. As pessoas que migram para as cidades e áreas metropolitanas geralmente preferem vizinhanças próximas de seus amigos e parentes para que possam continuar com seus hábitos anteriores (Aydın, 2009). Compartilhar o espaço social com essas pessoas permite a continuação de alguns hábitos de lazer. Os recém-chegados ou imigrantes não conseguem deixar para trás seus valores, hábitos ou identidades locais. Os imigrantes tendem a manter intactas as relações com parentes em sua cidade natal e tentam preservar os antigos padrões culturais no novo ambiente urbano. Esses imigrantes, porém, precisam aceitar que se tornaram moradores da cidade (ou seja, seres urbanos). O maior sinal de urbanização é a mudança dos hábitos de lazer, como o descanso e a participação em atividades físicas, culturais e artísticas. Na Turquia, no entanto, o processo de urbanização tem sido difícil para pessoas com baixo nível educacional e socioeconômico. Os imigrantes parecem estar presos entre as formas e normas culturais rurais e urbanas, o que confunde o uso que fazem do lazer (Gürbüz, 2006).

03 educação para o lazer na turquia

A maior parte da literatura define lazer como ser livre ou estar livre das obrigações (Lui *et al.*, 2008; Schulz e Watkins, 2007). Assim, muitas pessoas consideram que o lazer deve ser isolado de obrigações como as de frequentar a escola, por exemplo. No mundo de hoje, os avanços na tecnologia oferecem mais opções e oportunidades e, potencialmente, mais tempo livre. Portanto, uma grande preocupação refere-se ao uso do tempo livre. A educação escolar concentra-se em ensinar como estudar e como desempenhar papéis sociais. No entanto, nos currículos escolares não existe um bom planejamento para ensinar a usar o tempo de lazer (Cohen-Gewere, 2012).

Embora um dos objetivos declarados da educação geral na Turquia inclua ensinar aos estudantes como usar o seu lazer de forma ativa, deliberada e eficaz, esse objetivo não está sendo cumprido adequadamente. Nos currículos atuais nas escolas de ensino fundamental e médio na Turquia não há um curso projetado especificamente para a educação de lazer. No entanto, existe uma regulamentação específica referente à organização de alguns programas educacionais sob a autoridade do Ministério da Educação da Turquia. Essa regulamentação visa ajudar os alunos a adquirir o hábito de utilizar o seu tempo livre de forma eficaz e ativa por meio de atividades sociais, culturais e esportivas. A criação de clubes estudantis é incentivada e os alunos ingressam em um deles sob a orientação de mentores escolares.

Na prática, essas atividades de lazer têm vários problemas. Em primeiro lugar, e mais importante, é a falta de instalações adequadas. Em virtude da infraestrutura limitada das escolas, os alunos geralmente não têm muitas opções e muitos são encaminhados para atividades das quais realmente não gostam. Em tais situações, ficam descontentes com suas oportunidades e, portanto, recusam-se a participar. Ao invés de se alegrar, eles ficam infelizes. O segundo problema é a falta de profissionais capacitados por causa do financiamento inadequado. O Ministério da Educação não fornece financiamento adequado para os professores que dirigem as atividades dos clubes, e a maioria desses clubes é administrada por professores que não são especificamente treinados para a organização de atividades de lazer. O terceiro problema é o horário das atividades. As atividades dos clubes não estão disponíveis fora do período letivo, e tanto os alunos quanto os pais têm a impressão de que essas programações atrapalham suas atividades acadêmicas. Assim, essas atividades são consideradas improdutivas.

No ensino superior, a situação é um pouco diferente. Muitas universidades oferecem cursos eletivos concebidos para ajudar os alunos a adquirir habilidades e hábitos que possam ser usados ao longo da vida. Embora existam diferenças na prática, os estudantes universitários podem frequentar dois ou mais cursos eletivos. No entanto, nenhum dos currículos departamentais traz em sua grade algum curso destinado à "educação para o tempo de lazer". A escassez de pessoal treinado na área de educação para o lazer é cada vez mais sentida na Turquia, assim como acontece na maioria dos países, especialmente por ter ficado mais evidente a importância do tempo de lazer e recreação na vida humana.

Recentemente, mais de trinta universidades turcas iniciaram programas acadêmicos chamados Departamentos de Recreação. Esses departamentos fazem parte da Faculdade de Ciências do Esporte, por associar o tempo de lazer com a atividade física ou esportiva. Nesses departamentos, os alunos fazem predominantemente cursos sobre gestão da recreação, e a maioria desses cursos se relaciona com esportes e atividade física. A maioria dos docentes do Departamento de Recreação tem mestrado ou doutorado em gestão esportiva. Nos últimos anos, um número cada vez maior de professores tem viajado para o exterior, seja para frequentar cursos de pós-doutorado, seja como acadêmicos visitantes. Essa oportunidade tem permitido o direcionamento de seus interesses para uma compreensão mais ampla do lazer por meio de estudos sobre a relação entre atividade física e lazer, lazer e saúde, e os aspectos sociais e psicológicos do lazer. As faculdades de turismo na Turquia também criaram departamentos destinados à gestão da recreação. Nesses programas, os estudantes recebem uma formação voltada mais para o turismo relacionado com a recreação (Higher Education Information Management System, 2016). O corpo docente desses departamentos opta principalmente por turismo e gestão como campos de estudo.

Educação e oportunidades de lazer são necessárias e importantes não apenas para as crianças e os jovens, mas para pessoas de todas as idades. A prioridade é para os mais jovens, mas os idosos também precisam de oportunidades para se conscientizar e aprender sobre o lazer. Os administradores locais nas cidades turcas têm tomado iniciativas para atender às necessidades de tempo de lazer em seus distritos. Enquanto alguns municípios organizam atividades voltadas para a participação no lazer, outros organizam cursos e programas para aumentar a conscientização sobre o tema.

Essas atividades também têm como foco a educação das mulheres. Na Turquia, a participação delas na vida econômica é muitas vezes limitada e elas basicamente ficam confinadas em casa. Essa realidade limita o uso que as mulheres turcas podem fazer de seu tempo de lazer com livre-arbítrio (Koca et al., 2009). Para enfrentar a barreira de gênero, os Centros Comunitários de Educação, os municípios e a administração central organizaram atividades educativas para as mulheres turcas, ensinando-as a usar seu lazer de forma positiva. As oportunidades planejadas pelos municípios são atividades educativas que ajudam as mulheres, principalmente as jovens donas de casa, a utilizar o seu tempo de lazer de forma eficaz. O objetivo principal dessa educação é ensinar o artesanato característico da cultura turca. Durante esses cursos, elas aprendem a usar seu tempo de lazer de forma consciente e planejada, e também podem contribuir financeiramente no orçamento familiar com a venda de seu trabalho. O aspecto econômico aumenta sua autoconfiança, além de ajudá-las a terem uma visão de si próprias como membros valiosos da família e da sociedade.

04 oportunidades de lazer na turquia

O Ministério da Juventude e dos Desportos da Turquia recebeu novas responsabilidades oficiais por meio da legislação aprovada pelo governo turco em 2011 (Ministério da Juventude e dos Desportos da Turquia, 2011). Essas responsabilidades incluem a determinação de políticas para apoiar o desenvolvimento individual e social, proporcionar oportunidades para a juventude realizar o seu potencial levando em conta as necessidades dos seus diversos perfis demográficos, e aumentar o número de atividades e centros educativos onde os jovens possam passar o tempo de lazer. Essas importantes responsabilidades proporcionam oportunidades para a juventude turca usar seu tempo de lazer de forma ativa e eficaz. Para fazer frente a essas responsabilidades, o Ministério criou a Diretoria Geral de Serviços da Juventude no escritório central e fundou 81 Centros da Juventude nas províncias da Turquia. O principal objetivo desses centros é oferecer aos jovens oportunidades de fácil acesso para atividades de lazer (por exemplo, física, artística, social). Esses centros também oferecem atividades que incluem a participação ativa e passiva das famílias.

Em colaboração com o Ministério da Educação Nacional, o Ministério da Família e das Políticas Sociais, as administrações locais e as organizações não governamentais, o Ministério patrocina Acampamentos da Juventude e dos Escoteiros. Esses acampamentos ocorrem na praia ou no campo. Eles oferecem oportunidades de lazer para crianças e adolescentes de baixa renda que são selecionados entre estudantes e atletas que tiveram bom desempenho. O objetivo desses acampamentos é ajudar crianças e adolescentes a adquirir habilidades para o gerenciamento do tempo de lazer, determinar suas áreas de interesse e dedicar tempo de qualidade a atividades temáticas. Meninas e meninos têm oportunidades iguais de participação e os acampamentos são mistos.

Outra organização que oferece oportunidades para pessoas de todas as idades, com especial atenção à juventude, é a Federação Turca de Esporte para Todos. Essa federação organiza várias atividades que orientam as pessoas para o uso saudável de seu lazer.

A maioria dos estudantes de graduação, porém, tende a preferir atividades passivas de lazer. Entre os que optam pela participação efetiva, as atividades físicas constituem sua primeira escolha (Gürbüz e Henderson, 2014). Essas atividades físicas, no entanto, requerem instalações adequadas e de fácil acesso nos *campi*. Os administradores das universidades organizam cursos de curta duração e competições esportivas, e promovem a criação de clubes estudantis para ajudar os alunos a terem uma vida escolar feliz. Além desses eventos, são organizados Festivais da Primavera, nos moldes ocidentais, por volta do final do primeiro semestre. Esses festivais geralmente duram uma semana e incluem eventos e atividades. Durante esse período, os clubes estudantis têm a oportunidade de apresentar ou exibir o produto de suas atividades durante o ano letivo. Além disso, a Federação Esportiva das Universidades Turcas organiza eventos esportivos para incentivar a participação em diferentes esportes ao longo do ano. Por meio desse envolvimento, os alunos adquirem hábitos de atividade física e habilidades de interação social.

Em comparação com a variedade de opções de lazer para crianças e jovens, não há muitas opções disponíveis para adultos. As atividades de lazer desfrutadas pelos adultos ou aquelas concebidas especificamente para eles são frequentemente associadas ao nível de renda. Enquanto os jovens preferem instalações escolares para as atividades de lazer, os adultos geralmente utilizam ginásios privados para praticar atividades físicas (Erkip, 2009).

A organização de atividades de lazer para adultos e a construção de instalações necessárias geralmente ficam a cargo dos municípios. Assim, a abordagem das municipalidades quanto à política de lazer e cultura das respectivas cidades constitui o fator determinante das atividades e instalações. Por exemplo, cidades com populações pequenas e menos dinheiro de impostos geralmente projetam áreas de recreação pública que são chamadas de *rekreasyon parkı*, mas essas áreas são usadas principalmente como locais para as famílias fazerem churrasco nos fins de semana. Outros administradores municipais consideram o tempo de lazer como o equivalente à atividade física. Isso os leva a construir parques recreativos baseados em esportes nos espaços abertos de suas cidades ou vilas. Nenhuma orientação é dada às pessoas em relação ao uso das instalações e dos equipamentos esportivos, ou que lesões podem ocorrer pelo uso inadequado do equipamento. Assim, esses parques acabam sendo utilizados de forma desordenada, sem quaisquer programas estruturados.

As grandes cidades apresentam uma imagem diferente. Essas áreas metropolitanas oferecem várias oportunidades de lazer para toda a população. Por exemplo, em todos os bairros de Ancara, os centros da juventude são projetados principalmente como espaços cobertos onde as pessoas podem passar o seu tempo de lazer. Esses centros oferecem uma série de atividades, geralmente depois do horário escolar ou nos finais de semana.

05 resumo

Neste capítulo tentei fornecer *insights* sobre a definição e os significados de lazer na Turquia, analisando como a cultura, as mudanças históricas, a localização geográfica e a religião afetam as perspectivas de lazer do povo turco. Uma breve descrição do lazer durante o período otomano apresentou os antecedentes históricos que moldaram a cultura durante o século passado. As mudanças muitas vezes produziram restrições que causaram desigualdades no acesso ao lazer, e moldaram a compreensão e os comportamentos de lazer do povo turco (por exemplo, mulheres).

A construção de um novo regime sociopolítico e a natureza secular do país afetaram profundamente a estrutura cultural turca. Gradualmente, o povo turco adotou as novas visões de mundo imitando os regimes políticos ocidentais e se adaptou a elas. Essas mudanças estruturais alteraram os hábitos cotidianos e reestruturaram os comportamentos de lazer. O comportamento social básico e os padrões de papéis do passado, especialmente relacionados à religião, continuam a dominar a vida social rural. No entanto, essas visões tradicionais estão em processo de transformação em virtude de fatores como a dinâmica da localização geográfica e do patrimônio cultural. Esse processo de transformação inevitavelmente gerou conflitos entre gerações. As grandes lacunas entre a velha e a nova geração em termos de pensamentos, hábitos de consumo e comportamentos de lazer merecem destaque na Turquia. Embora os hábitos culturais, as experiências passadas e as crenças religiosas sejam transmitidos de geração em geração, os mais jovens tendem a definir o lazer como tempo para si mesmos, sendo ativos e fazendo algo com os amigos, em contraste com a compreensão mais comunitária do lazer por parte da geração mais velha.

06 referências

Acun, F. (1999). "Osmanlı'dan Türkiye Cumhuriyeti'ne: Değişme ve süreklilik" [Do período Otomano até a República da Turquia: mudança e continuidade]. *Hacettepe Üniversitesi Edebiyat Fakültesi Dergisi, Osmanlı Devleti'nin Kuruluşunun 700. Yılı Özel Sayısı*, 155-167.

Arab-Moghaddam, N., Henderson, K. A. e Sheikholeslami, R. (2007). "Women's Leisure and Constraints to Participation: Iranian Perspectives". *Journal of Leisure Research*, 39(1), 109-126.

Argan, M. et al. (2012). "Shopping Centers as Recreation Temples". *First Recreation Research Congress in Antalya*, Turquia (pp. 73-87).

Aydın, K. (2009). "Social Stratification of Culture and Leisure in Turkey". *Cultural Trends*, 18(4), 295-311.

Chick, G. et al. (2015). "Informant-provided Leisure Constraints in Six Taiwanese Cities". *Journal of Leisure Research*, 47(4), 501-512.

Cohen-Gewere, E. (2012). "Why Leisure Education?". *World Leisure Journal*, 54(1), 69-79.

Çetin, E. (2013). "Osmanlı'da gündelik hayata sosyolojik bir bakış" [A perspectiva sociológica da vida cotidiana na sociedade otomana]. *Toplum Bilimleri Dergisi*, 7(13), 277-294.

Çetin, E. (2014). "Arrangement of Everyday Life in the Turkey Religion and Secularism". *Journal of the Human and Social Science Researches*, 3(2), 265-285.

Erkip, F. (2009). "Leisure in Turkish Context: A Preliminary Account". *World Leisure Journal*, 51(4), 275-281.

Gürbüz, B. (2006). "Problems of Recreational Participation in Urban Life". Tese de doutorado não publicada, Universidade Técnica do Oriente Médio, Ancara, Turquia.

Gürbüz, B. e Henderson, K. A. (2013). "Exploring the Meanings of Leisure among Turkish University Students". *Croatian Journal of Education*, 15(4), 927-957.

Gürbüz, B. e Henderson, K. A. (2014). "Leisure Activity Preferences and Constraints: Perspectives from Turkey". *World Leisure Journal*, 56(4), 300-316.

Gürbüz, B. et al. (2010). "Comparison of Recreation Behaviours of Individuals with Regard to Demographic Variables". *Series Physical Education and Sport/Science, Movement and Health*, 10, 362-365.

Higher Education Information Management System (2016). "Yükseköğretim İstatistikleri" [Estatísticas do ensino superior]. Retirado de: <https://istatistik.yok.gov.tr/>.

Höglhammer, A. *et al.* (2015). "Experiences and Meanings of Leisure for Members of the Turkish and Chinese Communities in Vienna, Austria". *World Leisure Journal*, 57(3), 196-208.

Ito, E. e Walker, G. J. (2014). "Similarities and Differences in Leisure Conceptualization between Japan and Canada and between Two Japanese Leisure-Like Terms". *Leisure/Loisir*, 38(1), 1-19.

Ito, E., Walker, G. J. e Liang, H. (2014). "A Systematic Review of Non-Western and Cross- Cultural/National Research". *Journal of Leisure Research*, 46(2), 226-239.

Koca, C. *et al.* (2009). "Constraints to Leisure-Time Physical Activity and Negotiation Strategies in Turkish Women". *Journal of Leisure Research*, 41(2), 225-251.

Lapa Yerlisu, T. e Ardahan, F. (2009). "The Reasons Students at Akdeniz University Participate in Leisure Activities and the Ways They Spend Their Time". *Hacettepe Journal of Sport Sciences*, 20(4), 132-144.

Livengood, J. S. e Stodolska, M. (2004). "The Effects of Discrimination and Constraints Negotiation on Leisure Behavior of American Muslims in the Post-September 11 America". *Journal of Leisure Research*, 36(2), 183-208.

Lui, H. *et al.* (2008). "An Exploration of Meanings of Leisure: A Chinese Perspective", *Leisure Sciences*, 30(5), 482-488.

Martin, W. H. e Mason, S. (2003). "Leisure in Three Middle Eastern Countries". *World Leisure Journal*, 45(1), 35-44.

Martin, W. H. e Mason, S. (2004). "Leisure in an Islamic Context". *World Leisure Journal*, 46(1), 4-13.

Ministério da Juventude e dos Desportos (2011). "Mevzuat" [Legislação]. Retirado de: <http://www.gsb. gov.tr/Sayfalar/36/10/Mevzuat>.

Neulinger, J. (1981). *The Psychology of Leisure*. (2. ed.). Springfield, IL: Charles C. Thomas.

Roberts, K. (2010). "Is Leisure Studies 'Ethnocentric'? If So, Does This Matter?". *World Leisure Journal*, 52(3), 164-176.

Samdahl, D. M. (2010). "Is Leisure Studies 'Ethnocentric'? It Takes More Than Optimism: A View from Athens, Georgia, USA". *World Leisure Journal*, 52(3), 185-190.

Schulz, J. e Watkins, M. (2007). "The Development of the Leisure Meanings Inventory". *Journal of Leisure Research*, 39, 477-497.

Sevengil, R. A. (1927). İstanbul nasıl eğleniyordu? [Como era o entretenimento em Istambul?]. Istambul: Alfa Yayınları.

Sivan, A. (2010). "Is Leisure Studies 'Ethnocentric'? Integrating Leisure Studies Worldwide: A View from Hong Kong". *World Leisure Journal*, 52(3), 177-180.

lazer em uganda:
vozes dos baganda

constance a. n. nsibambi
universidade kyambogo

Este capítulo explica o conceito de lazer a partir de uma perspectiva cultural ugandense. Uganda é um dos países da África Oriental colonizados pelos britânicos, reunindo mais de 50 grupos étnicos (ou seja, tribais). A cultura dos ugandenses é, portanto, tão diversificada quanto as diferentes tribos que a compõem, uma vez que cada tribo constitui uma sociedade dotada de uma cultura única. A cultura influencia muitos aspectos da vida, incluindo o lazer. Neste capítulo, abordo o lazer de Buganda, que oferece um ponto de vista cultural dos baganda.

Diante das várias culturas em Uganda, investiguei a cultura dos baganda por três motivos. Em primeiro lugar, trata-se do maior grupo tribal, compreendendo cerca de 20% da população do país. Além disso, é influente na história do país, pois Uganda, que foi o nome utilizado pelos britânicos para sua nova colônia, é um nome suaíli para a terra de Ganda (Mukasa, 2016). Em segundo lugar, são bem documentadas as informações sobre essa cultura em comparação com outros grupos tribais no país. Por último, os baganda vivem na região central de Uganda, onde está localizada a capital política e comercial da nação, Kampala. O principal aeroporto internacional, Entebbe, também está situado em Buganda, e este influenciou as atividades de lazer.

Os baganda habitam o reino de Buganda, que foi estabelecido há mais de setecentos anos, em meados do século XIV (Kasozi, 2004; Mukasa, 2016). Ao chegarem a Buganda, os europeus descobriram que o povo era a nação mais organizada e avançada da África Oriental (Wikipedia). Esse povo era (e ainda é) organizado com base em clãs, cada um dos quais inclui pessoas que afirmam ser parentes de sangue e descendentes do mesmo ancestral (Kasozi, 2004). Existem 52 clãs com um chefe e símbolo máximo em comum chamado *Kabaka* (ou seja, Rei). A monarquia é uma instituição social e cultural guardiã e transmissora da cultura baganda. A lealdade e o amor dos baganda por sua monarquia permaneceram fortes durante o período colonial, e até hoje continuam vivos e atuantes (Kasozi, 2004). O modo de vida de cada pessoa (*muganda*) está sob a influência de seu superior, conhecido como chefe do clã (*mutaka*). Eles vivem em comunidades relativamente pacíficas e sua cultura desempenha um papel importante na determinação do tempo de lazer e das atividades em que se envolvem, como arte, música e festivais.

Como estudiosa da área de lazer e com minha experiência de ensino neste campo em nível de graduação, investiguei a compreensão do conceito de lazer entre os baganda, suas atividades, os fatores que influenciam as atividades de lazer e a contribuição do lazer entre os baganda através das gerações. O lazer evoluiu ao longo do período antes, durante e depois do colonialismo, incluindo os estilos nativos e modernos. Consequentemente, essa evolução afetou a compreensão e valorização do lazer através das gerações. As informações apresentadas neste capítulo foram obtidas de fontes primárias e secundárias. Conversamos pessoalmente com os anciãos (acima de 65 anos de idade) e com alunos de graduação em gestão do lazer. Recorremos à literatura relevante para reunir informações sobre os períodos pré-colonial e colonial. As questões que guiaram nossas discussões foram as seguintes:

- O que você entende por *lazer*?
- Os baganda têm uma cultura que promove o lazer?
- Quais eram/são as atividades durante o tempo de lazer?
- Que fatores afetaram as atividades de lazer ao longo do tempo?

01 perspectivas sobre o lazer no período pré-colonial

Descobri que o lazer sempre existiu na cultura baganda. Um ancião referiu-se ao tempo de lazer em luganda (ou seja, a língua baganda) como *ebiseera eby'eddembe*, que literalmente significa tempo de liberdade e paz, ou *ebiseera eby'eggandaalo*, ou seja, tempo de descanso ou relaxamento. Essas descrições sugerem que o lazer era um tempo em que a pessoa estava livre do trabalho obrigatório ou do dever imposto sobre ela.

A maioria do povo baganda vivia em áreas rurais férteis e antes e durante o período colonial tinha como principal atividade a agricultura de subsistência. Um ancião revelou o seguinte:

> Esperava-se que todo mundo, jovens e velhos, acordasse cedo, fosse até a horta, e plantasse para que tivesse comida em casa. Além disso,

toda casa deveria ter uma horta para o Rei (omusiri gwa Kabaka), que fornecia comida de reserva para as pessoas necessitadas e para os períodos de seca. Assim, a agricultura era obrigatória e as pessoas nas aldeias estavam sob a supervisão de chefes (batongole) *nomeados pelo Rei. Era uma vergonha não apenas para a família, mas também para o clã, quando uma pessoa era identificada como preguiçosa e não conseguia prover a subsistência de sua família. Essa pessoa era repreendida pelos anciãos ou chefes, ou até mesmo pelos membros do clã. Sendo uma esposa, essa pessoa era levada de volta para seus pais. Canções tradicionais como "Njabala" eram cantadas pelas crianças para alertá-las que quando uma menina não sabe plantar ela será levada de volta para a casa dos pais, e sua mãe será responsabilizada pelo mau comportamento.*

No final da tarde ou à noite, conforme narrou o ancião, reservava-se um tempo para atividade livre, e as pessoas podiam se dedicar a atividades sociais com base nas escolhas individuais, embora principalmente organizadas em grupos. Eles achavam que o tempo livre permitia o relaxamento e o alívio do estresse e/ou cansaço. Acreditava-se que as atividades recreativas revigoravam o corpo e/ou a mente. As atividades eram passivas ou ativas e organizadas em grupos no âmbito da aldeia ou da vizinhança, não sendo comum a atividade de lazer individual. Já as atividades passivas incluíam a de sentar-se à sombra de uma árvore e assistir a esportes como luta livre (*ekiggwo*) ou a danças tradicionais. Além disso, jogos de tabuleiro como o *omweso* (um jogo de estratégia desenvolvido pelos baganda constituído por uma tábua de madeira e feijões) era uma atividade passiva popular (Mukasa, 2016).

Outras formas de entretenimento incluíam ouvir instrumentos musicais, como tambores e xilofone, e cantar músicas nativas. De acordo com Wint (2004), a maioria das músicas continha a repetição de uma curta frase musical que permitia a participação de grandes grupos na forma de chamada e resposta (ou seja, solista e refrão do grupo). Jogos verbais coletivos, como provérbios, adivinhação, trava-língua e contar histórias, também eram atividades populares de entretenimento realizadas à noite ao luar ou junto à fogueira. Além disso, muitos também faziam vasos de cerâmica e cestos ou esteiras como passatempo.

As atividades de lazer ativas incluíam pescar, nadar e caçar, que exercitavam o corpo físico. Um homem confirmou que as pessoas que viviam nas proximidades ou às margens de rios e lagos (por exemplo, do lago Vitória, conhecido localmente como *Nalubaale*) praticavam pesca, natação e corridas de barco. Pessoas que viviam perto de florestas dedicavam-se à caça de animais como o porco-selvagem e o antílope. Algumas atividades como caçar e pescar eram, ao mesmo tempo, de lazer e de subsistência. Os caçadores dificilmente encontravam tempo para o lazer, pois a caça era uma atividade que durava o dia todo.

Além disso, os festivais culturais também constituíam atividades de lazer. Esses eventos envolviam a celebração de várias situações, incluindo rituais de nascimento, batismo, casamento e morte. Essas ocasiões eram aprovadas e organizadas pelos chefes do clã e não se restringiam à família. Essas festas continham várias danças realizadas geralmente por mulheres e homens acompanhados por tambores.

Portanto, as atividades dos baganda classificadas como lazer incluíam jogos, esportes, música e artes culturais que eram realizadas principalmente ao ar livre, já que o clima era favorável ao longo de todo o ano, como resumiu um ancião. No que diz respeito à sua função, as atividades de lazer não serviam apenas para fins sociais e diversão, mas também para treinar crianças e jovens. Por exemplo, a luta e a caça tinham por objetivo desenvolver a força muscular, a resistência e a potência. A adivinhação e as histórias eram mecanismos importantes para ensinar crianças e jovens a se adaptarem ao modo de vida socialmente aceitável dos anciãos, o que assegurava a continuidade da tribo por meio da identidade cultural e da aquisição de valores de saúde.

Os anciãos ressaltaram que algumas atividades de lazer, como os jogos coletivos tipo adivinhação e provérbios, eram feitas tanto por homens quanto por mulheres, e de todas as idades. Por outro lado, algumas atividades eram concebidas para gênero e idade específicos. Por exemplo, não se esperava que as mulheres jogassem *omweso*, ou que caçassem, pulassem ou andassem de bicicleta. As mulheres e meninas eram proibidas de andar de bicicleta ou de realizar grandes saltos ou subir em árvores, "pois isso causaria a perda da virgindade para as meninas [...] e faria uma mulher parecer masculina e não adequada para o casamento", como apontou uma anciã. Também era um tabu para uma mulher tocar tambor durante os períodos menstruais, pois pensava-se que isso traria uma maldição. Além disso, esperava-se que as mulheres passassem seu tempo de lazer em casa com os filhos, cuidando deles enquanto se dedicavam à tecelagem ou ao artesanato. Em certa medida, o resultado era que as mulheres não conseguiam ter tempo de lazer. Seus papéis domésticos incluíam cuidar dos filhos e cozinhar, que eram atividades em período integral e que praticamente não deixavam tempo livre.

Os homens eram livres para sair com outros membros da comunidade em atividades como beber cerveja ou outras formas de entretenimento; assistir a lutas ou ouvir músicos cantando e/ou tocando instrumentos como o *entongooli* (um instrumento musical semelhante à lira). O tempo de lazer para as crianças, por outro lado, envolvia brincar com colegas na vizinhança. A brincadeira mais popular para as meninas era pular cordas feitas de fibras de banana, ao passo que os meninos participavam de corridas. Basicamente, as meninas não podiam brincar fora de casa, enquanto os meninos podiam sair para se divertir como, por exemplo, fazer passeios casuais com os amigos.

02   lazer durante o colonialismo

A vinda dos europeus durante o século XIX a convite de Muteesa I, o rei de Buganda, levou à introdução de modelos ocidentais que gradualmente superaram o modo nativo de lazer. As escolas instituídas seguiam o modelo do sistema de escolas públicas britânicas e geralmente recebiam os filhos dos chefes locais e do rei. Nessas escolas as crianças aprendiam música, esportes e jogos ocidentais com o objetivo de substituir as atividades recreativas *inferiores* e *satânicas* do estilo de vida tradicional (Waiswa, Nsibambi, Mukiibi e Soita, 2005). Essa atitude em relação à cultura era adotada pelas crianças das escolas, bem como por seus pais e responsáveis. Isso afetou muitas outras pessoas do povo baganda, pois os chefes e o rei eram exemplos a ser seguidos por eles para definir seu modo de vida.

Além disso, os missionários demonstravam *superioridade cultural*. Wint (2004) relatou que o reverendo Duncan considerava a música e as danças nativas primitivas e fortuitas, não merecendo a atenção dos músicos. Duncan e outros missionários adotaram a música ocidental nas igrejas e nas escolas da Church Mission Society, e desestimulavam os festivais culturais, tambores e o uso de outros instrumentos musicais nativos. A gradual preferência por atividades de lazer ocidentais entre as pessoas instruídas, que mais tarde se tornaram cristãs, afetou continuamente as atividades nativas transmitidas de geração em geração. O tempo de lazer aumentou desde que o domingo passou a ser considerado dia de descanso e as pessoas foram desestimuladas a plantar ou executar trabalho pesado nesse dia para descansar e participar das atividades da igreja.

Além disso, durante o período colonial, as áreas urbanas em Buganda aumentaram à medida que as pessoas começaram a praticar negócios e a desfrutar dos estilos ocidentais de lazer, como dançar ao som da música ocidental e jogar ou assistir a futebol e *netball*. Os habitantes das áreas rurais basicamente preservaram suas atividades de lazer nativas.

03   lazer no período pós-colonial

Do período colonial para o pós-colonial, a cultura baganda foi continuamente afetada principalmente em virtude dos muitos grupos étnicos que migraram para o reino. Kampala, a principal cidade no reino de Buganda e onde o rei residia, passou a ser a capital de Uganda. Durante esse período, o reino foi abolido e Uganda tornou-se uma república em 1966. Além disso, Idi Amin expulsou europeus e indianos de Uganda, e a administração de empresas juntamente com a educação ficaram a cargo dos africanos. O êxodo em massa dos estrangeiros e o declínio no ensino e na prática de esportes e de educação física nas escolas deixaram um vácuo na influência dos modos ocidentais de lazer (Waiswa et al., 2005). Somente o futebol e o *netball* prosperaram, pois tinham se estabelecido havia muito tempo. A falta de manutenção de esportes de qualidade pelo fornecimento de equipamentos, instalações e liderança experiente levou muitas crianças e jovens a saírem da escola com uma exposição muito pequena a jogos e esportes que pudessem praticar durante o tempo de lazer. Mesmo hoje, o envolvimento em esportes durante o lazer muitas vezes se limita mais a assistir do que a praticar, com o futebol sendo o esporte mais popular.

Com poucas instituições de ensino superior para estudar (por exemplo, por um longo período só estava disponível uma Universidade, a Makerere), houve uma crescente concorrência para obter acesso a elas. A forte competição pela admissão e a crença de que o sucesso dependia da qualificação acadêmica levaram os baganda a dar muito destaque ao desempenho escolar e às boas notas. Em muitas escolas do ensino médio, os esportes e a educação física eram considerados uma perda de tempo, os alunos passavam muitas horas em sala de aula e a carga de trabalho acadêmico se estendia ao dever de casa, o que acabava invadindo o tempo de lazer das crianças. No entanto, a ênfase no desempenho levou muitos jovens a concluírem o ensino superior e a não encontrarem emprego remunerado.

Os jovens que obtiveram emprego formal depois da escola, no entanto, adotaram uma jornada de trabalho programada (por exemplo, das 8h às 17h durante cinco dias da semana) e os fins de semana (sábados e domingos) tornaram-se um tempo livre para usar da maneira que quisessem. Durante a semana, depois das 17h, muitos homens desfrutam da companhia de seus pares ou colegas em atividades de lazer, enquanto a maioria das mulheres trabalhadoras normalmente precisa voltar para casa para cuidar dos filhos e fazer as tarefas domésticas. Concluo, portanto, que muitas pessoas na geração atual consideram o lazer como um modelo da era industrial, o que sugere que ele só vem depois da realização do trabalho remunerado. Fins de semana e feriados, porém, têm aumentado o tempo de lazer para a classe trabalhadora, que pode preferir frequentar cinemas para assistir principalmente a filmes ocidentais ou ir a teatros ou casas noturnas locais, como explicou um estudante. Embora existam lugares reservados para entretenimento relacionado a danças e outras atividades culturais tradicionais, tais locais não são tão populares quanto o modo ocidental de lazer, e são caros, pois são frequentados por turistas que têm dinheiro para gastar.

04   a influência da tecnologia no lazer

Além dos fatores sociais e econômicos, a tecnologia também está afetando muito as atividades de lazer, especialmente no que diz respeito aos dispositivos de mídia audiovisual. Os rádios, acessíveis tanto nas áreas rurais quanto nas urbanas, levaram as pessoas a abandonar o entretenimento nativo, como as canções e danças tradicionais, as lutas ou o jogo de *omweso*, para passar a ouvir programas de entrevistas. Em muitas áreas rurais, grupos de pessoas, especialmente homens, reúnem-se para ouvir rádio e conversar enquanto bebem cerveja. A música que ouvem é ocidental ou de outras culturas, como a congolesa. A música local cantada na língua luganda, com instrumentos musicais modernos, também é popular. *Kadongokamu*, uma palavra em luganda que significa literalmente cantar acompanhado de um instrumento musical como um violão, composta por músicos locais, é frequentemente tocada em alto volume em bares de áreas rurais e favelas.

    Contrários a essas atividades, grupos cristãos não frequentam bares, mas vão às igrejas e ouvem uma música diferente durante o seu tempo de lazer. Os cristãos pentecostais, cuja maioria é constituída de jovens, passam seu tempo de lazer na igreja, ouvindo sermões ou cantando. Muitas vezes, especialmente nos finais de semana e feriados, eles fazem orações durante a noite toda. Para eles, a participação em festivais (por exemplo, celebrações culturais fúnebres e de nascimento) e o uso de instrumentos musicais tradicionais, incluindo os tambores, são satânicos e por isso preferem usar instrumentos ocidentais como teclados e guitarras, apontaram os estudantes.

    Além do rádio e dos instrumentos musicais ocidentais, a TV é uma fonte comum de entretenimento durante o tempo de lazer. Muitos homens, incluindo os de áreas rurais, que não têm acesso à eletricidade para poder ver TV em casa, frequentam bares ou outros centros de lazer e pagam para assistir a esportes como os jogos de futebol do campeonato inglês, comédias e filmes indianos ou ingleses dublados na língua luganda. Nas áreas urbanas, muitos homens preferem assistir a programas de TV ou filmes na companhia de amigos, embora possam ter aparelhos de televisão em casa.

    Outras tecnologias, incluindo dispositivos com telas, como computadores e telefones celulares, tornaram-se atividades populares de lazer realizadas em casa. Muitos jovens seguem as últimas tendências e gostam de ouvir música em seus celulares, jogar *videogames* ou se comunicar com os amigos por meio de computadores ou telefones usando o WhatsApp e o Facebook. Essas atividades de lazer passivas internas promovem o individualismo e privam os jovens da oportunidade de socializarem diretamente com os outros, o que pode levar a um comportamento fora dos padrões aceitos. Esse comportamento é contrário às atividades nativas, que promovem encontros sociais.

A tecnologia levou ainda à substituição de recreações nativas, como a pesca e a corrida de barcos, por formas ocidentais de entretenimento. Praias formadas ao longo das margens do lago Vitória são lugares que as pessoas frequentam durante os finais de semana ou feriados para beber cerveja, comer peixe e dançar. Em tais lugares, o entretenimento é proporcionado principalmente por músicos locais, e as crianças dispõem de instalações mecanizadas para brincar.

Embora alguns estejam empregados no setor formal da economia, a maioria das pessoas em Buganda é autônoma. Num país onde o custo de vida é alto e o governo mal atende às necessidades de serviços sociais do povo, como educação e assistência médica, muitas pessoas montam empresas privadas, de pequeno porte, que funcionam até tarde da noite. Depois das 17h, quando os trabalhadores saem dos escritórios, os indivíduos que trabalham por conta própria esperam que os clientes venham comprar suas mercadorias ou serviços. Assim, muitos lojistas, cabeleireiros, vendedores e taxistas trabalham até tarde da noite, o que raramente permite qualquer tempo de lazer.

Infelizmente, as guerrilhas de 1980 e 1986 em Buganda levaram à destruição de aldeias, e muitas pessoas migraram para áreas urbanas. Depois da guerra, as pessoas optaram por não voltar para as áreas rurais. Muitas crianças que perderam seus pais não concluíram a educação formal que permitiria um futuro emprego. Consequentemente, uma geração de pessoas ficou desempregada e com muito tempo não utilizado adequadamente. Esses indivíduos, juntamente com os desempregados recém-formados e os que abandonaram a escola, resultaram num grupo de jovens ociosos. Muitos desses jovens não conheceram atividades recreativas adequadas durante a infância. Além disso, por causa da falta de espaço comunitário para proporcionar atividades de lazer proveitosas, muitos jovens se envolveram com álcool e drogas, o que aumentou o risco de violência e crime.

Buganda é a região mais urbanizada do país e a urbanização também tem afetado o lazer de várias maneiras. Em primeiro lugar, o espaço limitado para atividades ao ar livre resultou na participação principalmente em lugares fechados. Em segundo lugar, a urbanização aumentou o risco de crime. Em terceiro lugar, os pais tendem a não querer que seus filhos se sujem, o que impede a socialização das crianças com a vizinhança. Assim, prefere-se que crianças e jovens se dediquem a atividades internas, como jogos de tabuleiro ou computadores, que sejam seguras e limpas (Natukunda, 2007).

O custo e a acessibilidade dos transportes têm permitido que muitas pessoas viajem para lugares distantes de casa durante o tempo livre, em busca de entretenimento. As atividades de lazer modernas incorporaram o turismo. Lugares como o Jardim Zoológico de Entebbe e áreas culturais como o Santuário de Namugongo e os Túmulos Reais de Kasubi são pontos turísticos comuns.

05   lazer hoje

Em 1993, a república de Uganda restabeleceu o anteriormente abolido reino de Buganda, sob o 36° rei, Kabaka Ronald Mutebi II. Desde então, o reino tem lutado para restaurar atividades culturais por meio da organização de vários eventos. Por exemplo, são realizados campeonatos anuais como de futebol e *netball*, nos quais competem os 52 clãs e/ou os 18 condados (*masaza*) do reino. Também se realiza uma semana anual de turismo em que atividades culturais são organizadas para as pessoas se divertirem e aprenderem sobre sua cultura e meio ambiente. Outro evento é o *Enkuuka*, celebrado todo final de ano no palácio do rei, em que o Kabaka conduz os súditos que vivem no reino para o Ano Novo.

Todos esses eventos e celebrações incluem atividades culturais e ocidentais, como danças tradicionais e corridas motorizadas, respectivamente. A comemoração do aniversário do Kabaka, realizada em abril de cada ano, inclui a maratona do Kabaka, que atrai milhares de participantes e é considerada uma das mais famosas maratonas de arrecadação de fundos na região da África Oriental. Esse evento destina-se a obter recursos para melhorar a vida das pessoas. Outras atividades também são realizadas para marcar o aniversário do Kabaka, como corridas motorizadas, natação, canoagem e luta livre, que incluem competições entre os 52 clãs.

Para promover o lazer, o reino tem o Ministério de Esportes e Recreação (*Emizzanyo N'Okwewumuza*). Segundo o primeiro-ministro (*Katikiro*), esse ministério incentiva as pessoas a usufruir o tempo de lazer, mas não deve ocorrer à custa do trabalho árduo (Uganda Breweries, 2016).

Deve-se observar que o reino de Buganda está politicamente submetido ao governo central de Uganda. Embora o reino tenha um papel cultural na organização do lazer para seu povo, também é responsabilidade do governo proporcionar tais serviços para os habitantes do reino e do restante do país. Opobo (2016) relatou que Uganda é membro da Organização Pan-Africana e assinou leis e políticas relativas à provisão de lazer para as crianças. Um decreto é a Rede Africana para a Proteção e Prevenção do Abuso Infantil (ANPPCAN) de Uganda que detalha leis relacionadas com os direitos das crianças a lazer, estímulos, relaxamento e brincar. Além disso, a Carta Africana dos Direitos e Bem-Estar da Criança (1999) obriga o país a tomar as providências necessárias para adotar medidas legislativas e outras que assegurem os direitos básicos das crianças ao lazer, à recreação e às atividades culturais. Deve-se ainda acrescentar que Uganda é um dos 153 países signatários da Convenção das Nações Unidas sobre os Direitos da Criança (1989), que também inclui o direito ao lazer, descanso e brincar. A Lei das Crianças de 2003 também fornece uma estrutura legal e institucional para o cuidado infantil e reafirma os direitos das crianças ao lazer e à participação em esportes, bem como em atividades culturais e artísticas positivas.

O Ministério de Gênero, Trabalho e Desenvolvimento Social produziu uma Política Nacional para a Juventude, identificando desafios pela falta de instalações recreativas e de lazer e pela falta de recursos adequados para a promoção de esportes para todos. Os desafios resultam em negar oportunidades para a maioria dos jovens ugandenses executarem atividades físicas planejadas e programadas. A Política destaca áreas prioritárias, incluindo a promoção de atividades esportivas, recreativas e de lazer, e o desenvolvimento de modelos que atraiam os jovens (Política Nacional para a Juventude, 2001, 2016). Infelizmente, esses planos estratégicos não foram postos em prática, e alguns lugares em Kampala que estavam reservados para a construção de parques infantis foram transformados em locais comerciais. Por exemplo, no Parque Infantil Wandegeya foram construídos prédios comerciais e as visitas ao Parque Centenário são pagas. Além disso, parte das terras do campo de golfe foi utilizada para construir galerias de lojas. Vários espaços que eram *playgrounds* para comunidades e escolas foram utilizados para a construção de *shopping centers* ou concessionárias de automóveis. Outras instalações de lazer, como salas de cinemas, teatros e hotéis, têm sido priorizadas.

No entanto, o governo tem contribuído em certa medida para o desenvolvimento do lazer por meio de investimento em recursos humanos. Assim, tem patrocinado cursos de graduação em estudos de lazer, hotelaria, música e artes cênicas, bem como estudos de turismo em várias universidades públicas.

06 resumo

Em conclusão, na cultura baganda eram comuns atividades de lazer definidas como esportes, artes culturais e festivais. Antes da vinda dos europeus, essas atividades de lazer serviam para propósitos sociais, que incluíam ajudar as pessoas a relaxar após o trabalho, além de também ajudar as crianças a crescerem fortes, saudáveis e a adquirirem comportamentos socialmente aceitáveis. Essas atividades eram ensinadas pelos anciãos e garantiam a continuidade de sua valiosa cultura pré-colonial. No entanto, a vinda dos europeus e a abolição do reino, em grande medida, afetaram negativamente as atividades de lazer tradicionais, levando a uma preferência pelas atividades de lazer ocidentais.

Embora o reino tenha sido restaurado e esteja promovendo o envolvimento em atividades de lazer organizadas entre clãs e condados, tais atividades não são exclusivamente tradicionais. Elas incluem principalmente atividades ocidentais de lazer, como futebol, corridas motorizadas e maratonas.

Assim, embora o reino desempenhe um papel fundamental ao proporcionar oportunidades de lazer, o governo central tem a responsabilidade de investir mais para a estruturação dessa indústria no reino e no país em geral.

07 referências

Kasozi, A. B. K. (2004). "The Relevance of the Buganda Monarchy in Republican Uganda". *The Uganda Journal*, 50, 10-17.

Mukasa, E. S. (2016). "Buganda Culture: Introduction". Retirado de: <www.buganda.com/bugintro.htm>.

Natukunda, W. (2007). "Exercise Boosts Brain Records Improve". *The New Vision*. Retirado de: <http://www.newvision.co.ug>.

Opobo, P. (2016). "Legal Framework of Children Protection. ANPPCAN-Uganda. Background Information". Retirado de: <www.anppcanug.org/wp-content/uploads/press_kits_/ legal_Frawrk_of_child_proection.pdf>.

Política Nacional para a Juventude, 2001 (2016). "A Vision for Youth in the 21st Century". Ministério de Gênero, Trabalho e Desenvolvimento Social. Retirado de: <www.youthpolicy.org/ national/Uganda_2001_National_Youth_Policy.pdf>.

Uganda Breweries (2016). Retirado de: <https://ugandabreweries.com/uganda-breweries- and-buganda-partner-to-bottle-new-beer>.

Waiswa, A. *et al*. (2005). *Theory and Foundations of Physical Education and Sports*. Materiais de estudo de formação de professores para o programa Diploma in Education Primary External (DEPE). Physical Education Module, Diploma Physical Education Primary (DPEP) 1. Kampala, Uganda: Intersoft Business Services.

Wint, S. E. (2004). "Voices of the Past: The Pre-Independence Contributions on Music in the Uganda Journal of 1934:6". *The Uganda Journal*, 50, 30-33.

lazer, perspectivas internacionais: um epílogo

atara sivan
universidade batista de hong kong
karla a. henderson
universidade do estado da carolina do norte

Dizem que o mundo é pequeno, e parece estar ficando ainda menor. A conectividade e a globalização fazem com que pessoas de diferentes origens e contextos socioculturais compartilhem uma grande quantidade de ideias. Ouvem-se vozes distintas, apresentam-se opiniões e há conversas sobre uma série de tópicos. Este livro reuniu as vozes de vários acadêmicos selecionados dedicados ao estudo e à prática do lazer em todo o mundo. Destacamos 33 autores de 22 países/regiões espalhados por seis continentes. Embora alguns desses autores falem idiomas distintos e vivam em diferentes sociedades, eles trazem a mensagem de que o lazer é uma área importante na vida e que é preciso fazer mais para garantir o direito ao lazer para todas as pessoas do mundo.

Roberts (2010) levantou a questão de saber se o lazer é etnocêntrico. Ele concluiu que, de fato, era etnocêntrico, mas que pesquisadores e educadores em todo o mundo estavam dispostos a receber a contribuição de outras vozes diferentes. Sivan (2010), em resposta, sugeriu que se ouvissem e integrassem harmoniosamente as vozes dos que não fazem parte dos países anglófonos centrais dos estudos de lazer. Tentamos elaborar este livro com a intenção de permitir que vozes novas e as já conhecidas oferecessem perspectivas mais amplas sobre o lazer do ponto de vista dos indivíduos que vivem em contextos culturais distintos.

Pedimos aos autores dos capítulos que apresentassem suas perspectivas sobre o lazer e seus significados. Também lhes pedimos que expusessem suas reflexões pessoais, bem como o trabalho acadêmico que lhes permitiu pensar cuidadosa e criteriosamente sobre suas culturas. Pessoas distintas no mesmo país podem ter abordagens diferentes ao pensar sobre significado do lazer.

Nenhum dos autores aqui incluídos afirma ter uma resposta definitiva, mas conta uma história sobre as questões e os desafios importantes com base em seus pontos de vista. Eles retrataram suas experiências em seus contextos e a maioria dos capítulos sugere que existe grande diversidade no interior dos países/das regiões. No entanto, alguns padrões perpassam todos os capítulos.

As vozes neste livro contam como o lazer evoluiu e como é percebido, praticado e facilitado atualmente. Elas também compartilham suas aspirações a respeito do futuro do lazer e sugerem maneiras de desenvolvê-lo melhor em seus países/suas regiões. Em locais com uma longa história, como o México e a Austrália, atividades agradáveis que envolvem brincadeiras e recreação eram consideradas lazer nos tempos antigos. Em outros lugares, como Uganda e Quênia, o lazer era funcional e manifestava-se por meio de atividades, cerimônias e eventos ao ar livre. Embora os tempos pré-coloniais tivessem padrões de lazer nativos, as práticas foram influenciadas pela cultura ocidental. No entanto, as atividades de lazer originais ainda ocorrem de uma forma ou de outra como parte da cultura local e, em alguns casos, para exibir seu patrimônio histórico para fins de turismo. Por exemplo, em lugares como Turquia, Israel, Hungria e Serra Leoa, o lazer é fortemente associado aos feriados e às tradições culturais.

A cultura desempenha um papel importante na forma assumida pelo lazer. No entanto, o lazer vem sendo reformulado em função da globalização, imigração, tecnologia e internacionalização. Essas tendências trouxeram consigo o multiculturalismo, que enriquece uma variedade de práticas de lazer em lugares como Canadá, Israel, Austrália e Holanda. A globalização também ameaça a identidade cultural, o que pode causar choques, como se observa na Coreia do Sul. O lazer é um meio de mostrar a cultura e de preservá-la, não apenas para a população local, mas também como uma forma de compartilhar com comunidades nacionais e internacionais mais amplas. Ao mesmo tempo, há o desafio de desenvolver a cultura do lazer num lugar com uma longa história cultural como a China.

O lazer é compreendido de várias maneiras. Em alguns lugares, *lazer* é uma palavra multifacetada, com conotações que vão desde significados positivos relacionados com a educação e o desenvolvimento humano até associações negativas com o desperdício de tempo e o hedonismo. O valor funcional do lazer e o prazer intrínseco a ele são compatíveis e discutidos de maneiras de certa forma semelhantes. Por exemplo, no México, as pessoas envolvem-se em atividades recreativas para melhorar seu desempenho, pela coesão da família e por diversão. Os habitantes da Malásia usam o ar livre para diversão e assimilação, enquanto os da Hungria e de Hong Kong preferem passar o tempo com suas famílias em ambientes fechados para o chá da tarde ou ao ar livre na natureza.

Às vezes o lazer refere-se a atividades específicas relacionadas com turismo, esportes ou atividade física. Em outros casos, recreação e lazer estão intimamente ligados. A palavra lazer, porém, é frequentemente utilizada como nome genérico para muitas atividades e negócios de esporte, turismo e recreação. Por exemplo, o lazer varia de atividade física na Nova Zelândia, brincadeiras e recreação no México, consumo nos Estados Unidos, "algo supérfluo antes de outras necessidades" no Brasil, e livre expressão do indivíduo em Israel. Apesar de fazer parte da vida das pessoas, o lazer nem sempre é chamado por esse nome (Hong Kong) nem é designado com uma palavra específica na língua falada no país (Serra Leoa). Embora o esporte e o turismo possam ser prioritários em muitos países, o lazer em si não parece ter o mesmo reconhecimento e/ou apoio que o turismo ou a atividade física/esportes.

No entanto, independentemente da maneira como é concebido, o lazer costuma ser confrontado com o trabalho, seja como antítese ou como o tempo que resta para o descanso e a recuperação após a labuta. Ao mesmo tempo, a noção de "trabalhar muito e divertir-se muito" prevalece nos lugares em que as atividades de lazer se relacionam com a carreira, como na Suíça.

Várias ideias pareciam permear uma série de capítulos, em áreas relacionadas com equidade, tecnologia, geografia e clima, educação para o lazer e estudos e pesquisas de lazer.

Questões de equidade e de quem tem lazer, ou de quem tem oportunidades de qualidade para o lazer, são onipresentes em muitos capítulos. Valores culturais e contextos socioculturais estão ligados a diferenças de gênero nos comportamentos e nas percepções em locais como Holanda, Turquia e Taiwan. Juntamente com as vozes da desigualdade de gênero, também ouvimos vozes de empoderamento, como as das mulheres, em Israel, e o modo como elas têm constituído suas próprias oportunidades de lazer, na Turquia.

A tecnologia e a internet formam uma parte significativa do lazer em todos os países/regiões à medida que avança o século XXI. No entanto, alguns países, como Suíça, Espanha e Estados Unidos, expressaram preocupações no sentido de que, embora a tecnologia permita a conectividade entre as pessoas, ela também pode levar a um comportamento de lazer passivo.

Além disso, os autores falam da forte relação entre os comportamentos de lazer em seus países/suas regiões com a geografia e o clima. As paisagens e os recursos naturais fornecem opções para viagens e turismo, que são reconhecidas como parte significativa do lazer em lugares como Hungria, Suíça e Canadá. O clima também interfere no que as pessoas fazem com o seu lazer, uma vez que as estações chuvosas ou o frio e o calor extremos influenciam o modo como ele é vivenciado. O clima tropical e as paisagens atraentes, por exemplo, favorecem as atividades de recreação ao ar livre na Malásia. Há também diferenças entre os padrões de lazer urbano e rural:

menos recursos e instalações são destinados a este último, como vimos nas vozes de Gana, Quênia e África do Sul.

Educação para o lazer e estudos do lazer não existem em todos os lugares. Os programas de preparação profissional relacionados com o lazer são oferecidos principalmente no ensino superior e destinam-se especificamente à formação de profissionais para as indústrias de esportes, recreação e turismo. Alusões à educação indireta para o lazer no ensino médio existem principalmente na forma de educação física, música e arte. Em todos os países/regiões, e especialmente nos países africanos e sul-americanos, encontramos alusões à necessidade de desenvolver a educação para o lazer e de obter mais recursos e instalações governamentais para que as pessoas possam exercer o direito ao lazer, bem como evitar seu uso indevido.

Muitos dos autores, como em Taiwan e no Brasil, expressaram um desejo por mais pesquisas sobre lazer, especialmente realizadas com base em perspectivas culturais distintas. Os autores da Austrália e da África do Sul, por exemplo, pediram estudos sobre como os tipos de lazer podem melhorar o bem-estar das pessoas e ser usados como um meio para lidar com os desafios sociais em termos de prevenção do crime e promoção da saúde.

Henderson (2010) apresentou reflexões sobre como os países ocidentais, em particular, podem abordar o valor do lazer no futuro. Algumas dessas ideias referem-se a abraçar a mudança, celebrar as contribuições de estudos de lazer e identificar colaboradores. Sivan (2010) também discutiu países não ocidentais, sugerindo que as pessoas deveriam ser capazes de dizer o que significa o lazer em seus próprios contextos e culturas. Esse autor observou que é necessário aproximar-se de outros países para aprender e compreender os fenômenos do lazer como eles são, e não apenas como são percebidos pelos ocidentais. Essas visões complementares estão contempladas neste livro.

Ao examinar o lazer do século XXI em comparação com o século anterior, quase todos os autores observaram a rapidez da mudança nessa área. Eles analisaram o significado do lazer em seu próprio meio e partindo de suas próprias perspectivas. No entanto, todos constataram o valor do lazer e seus vários aspectos como esportes, atividade física e uso da mídia. Além disso, as implicações da análise do lazer parecem apontar para a necessidade de desenvolver estruturas de colaboração no âmbito de países/regiões, bem como entre as geografias.

Reconhecemos que este livro tem limitações. As vozes incluídas são as das pessoas que convidamos. Pedimos ainda a contribuição de alguns estudiosos de outros países/regiões, mas por um motivo ou outro eles não puderam participar. Claramente, os autores aqui destacados foram em sua maioria positivos em relação ao lazer e veem o seu potencial de desenvolvimento. Admitimos que outras pessoas talvez não tivessem demonstrado o mesmo entusiasmo que alguns dos autores deste livro. Também reconhecemos que pedimos às pessoas que escrevessem em inglês e para muitas delas este não é o seu primeiro idioma. No entanto, esta coleção de capítulos foi uma forma de abranger os matizes da conceituação de lazer de diferentes indivíduos. Com esses *insights* adicionais e apesar das limitações, acreditamos que o livro oferece uma visão contemporânea do lazer partindo das perspectivas pessoais de novos estudiosos ativos em todo o mundo.

Em suma, este livro tratou das bases intelectuais e culturais do lazer como fenômeno social entendido tanto de formas comparáveis quanto distintas. Como observamos no prólogo, algumas instituições têm se preocupado com o estudo do lazer nos países ocidentais, ao mesmo tempo que o campo adquire impulso em lugares como África do Sul e China. Autores da maioria dos países/regiões sugeriram que a educação para o lazer, os currículos de formação profissional e a pesquisa são importantes para defender o potencial pessoal e social que o lazer oferece para o desenvolvimento humano, bem como suas implicações para a melhoria do ambiente e o crescimento econômico.

As vozes sobre o lazer incluem igualmente as aspirações das pessoas por mais lazer e mais atenção dada ao seu valor. Além do apoio e fornecimento de instalações de lazer por parte do governo, a maioria dos autores deseja que o lazer passe a ser um conceito importante em si mesmo, valorizado não apenas pelos indivíduos, mas responsável também pelas mudanças sociais e pela coesão social que pode proporcionar.

01 referências

Henderson, K. A. (2010). "The Future of Leisure Studies: The Sky Is Falling?". *Leisure Sciences*, 32(4), 391-400.
Roberts, K. (2010). "Is Leisure Studies 'Ethnocentric'? If So, Does This Matter?". *World Leisure Journal*, 52(3), 164-176.
Sivan, A. (2010). "Is Leisure Studies 'Ethnocentric'? Integrating Leisure Studies Worldwide: A View from Hong Kong". *World Leisure Journal*, 52(3), 177-180.

sobre os autores

Miklos Banhidi (Hungria) trabalha atualmente na Universidade de Szechenyi como professor e chefe do programa de Gestão de Recreação e Promoção da Saúde. Ele leciona gestão de recreação e turismo esportivo e de saúde. Seu principal interesse de pesquisa é a geografia do lazer, esporte e turismo e ele tem publicado artigos sobre esses temas em âmbito nacional e internacional. Atuou como vice-presidente da United Games International Organization, como membro do conselho da Associação Húngara de Ciências do Desporto e participa do conselho de administração da Organização Mundial de Lazer (WLO).

Ana Viñals Blanco (Espanha) é formada em publicidade e relações públicas pela Universidade do País Basco. Recentemente doutorou-se em lazer e desenvolvimento humano pela Universidade de Deusto graças a uma bolsa de estudos do Governo Basco para a Formação de Pessoal de Pesquisa (FPI). Profissionalmente tem trabalhado no campo da comunicação, produção de eventos e gestão educacional. Sua área de interesse está no lazer digital e na educação para o lazer, nos jovens, em tecnologias digitais e sociais, na cultura digital e na esfera educacional.

Neil Carr (Nova Zelândia) é professor e chefe do Departamento de Turismo da Universidade de Otago, bem como editor do *Annals of Leisure Research*. Sua pesquisa está voltada para a compreensão do comportamento em experiências de turismo e lazer, com especial ênfase em animais, crianças e famílias, e sexo. Dentre as publicações recentes do professor Carr estão *Dogs in the Leisure Experience* (2014) e a edição de um livro intitulado *Domestic Animals and Leisure* (2015).

Sokho Choe (Coreia do Sul) é diretor do Centro de Pesquisa de Gestão de Lazer e professor do Departamento de Gestão de Turismo da Universidade Teológica de Seul. Tem publicado artigos e livros sobre globalização do lazer e processo civilizador da cultura. Música popular coreana, turismo patrimonial e indústria do lazer são temas de sua preocupação empírica. Atua na WLO como membro do Conselho Consultivo Internacional do *World Leisure Journal*, e como vice-presidente da World Hotel Association e da Sociedade de Ciências do Turismo da Coreia. Organizou o 11º Congresso Mundial de Lazer em Chuncheon em 2010.

Elie Cohen-Gewerc (Israel) é professor e pesquisador sênior da Faculdade Beit Berl (Israel). A liberdade e o desafio humano de ser livre são seu principal objeto de investigação. Foi diretor do conselho de administração da Israel Broadcasting Authority e contribuiu para ampliar a participação das artes. Seu interesse foi intensificado graças à estreita colaboração com o professor Hillel Ruskin visando melhorar a educação para o lazer em geral e a formação de professores em campo. Juntamente com outros pesquisadores, coordena um fórum nacional destinado a promover pesquisa e discussões sobre lazer e suas diversas conexões com a vida.

Adriana E. Estrada-González (México) é professora de lazer e turismo na Faculdade de Estudos de Negócio na Universidade de Monterrey. Seus interesses de pesquisa estão no campo do lazer, da educação para o lazer, da formação em entretenimento e de gestão e marketing do turismo, com foco no turismo social. A Dra. Estrada-González atua como membro do conselho de administração da WLO. Foi palestrante no Hillel Ruskin Memorial Scholar Lecture na WLO em 2014 e concentrou-se na relevância de um programa de pré-aposentadoria em um ambiente universitário.

Yasmin Goodwin (Quênia) tem doutorado em ciência do movimento humano pela North-West University em Potchefstroom, África do Sul. É presidente do Departamento de Educação Física e Saúde da Universidade Kenyatta. Ministra o curso de Princípios de Treinamento e Condicionamento, Prevenção e Gestão de Lesões Esportivas, Natação, Aeróbica e Dança. Lecionou por mais de trinta anos na Universidade Kenyatta e, consequentemente, orientou todos os alunos nos Departamentos de Educação Física, Gestão da Recreação e Ciências do Exercício.

Bülent Gürbüz (Turquia) fez doutorado em recreação pela Universidade de Gazi, em Ancara. Estudou como bolsista visitante no Departamento de Gestão de Parques, Recreação e Turismo da Universidade da Carolina do Norte. O professor Gürbüz trabalha atualmente na Universidade de Kirikkale, onde atua como chefe do Departamento de Recreação e vice-reitor da Faculdade de Ciências do Esporte. Foi coautor de dois livros, intitulados *Urbanization and Recreation* (2006) e *Total Quality Management in Sport Services* (2006). É membro fundador e atual presidente da multidisciplinar Associação de Estudos e Pesquisa da Recreação.

Mark E. Havitz (Canadá) é professor do Departamento de Estudos de Recreação e Lazer da Universidade de Waterloo. Sua pesquisa tem como foco o marketing do lazer público e sem fins lucrativos e a compreensão dos envolvimentos de ego, compromissos e lealdades no esporte, turismo, recreação e contextos familiares. É membro da Academia de Ciências do Lazer e da Academia Mundial de Lazer. Seus interesses em lazer incluem corrida, voluntariado na Habitat for Humanity e pesquisa histórica. O Canadá é seu lar de adoção. Ele e sua esposa, Sue, desfrutam de sua casa de campo em Southampton e passeiam com seus cachorros pelos bairros e parques de Kitchener.

Karla A. Henderson (co-organizadora, Estados Unidos) é atualmente professora emérita no Departamento de Gestão de Parques, Recreação e Turismo da Universidade Estadual da Carolina do Norte. Karla ministrou inúmeras palestras em todo o mundo e publica regularmente em uma variedade de revistas da área, além de ser autora, coautora ou coeditora de dezoito livros. Ela é membro da Academia de Ciências do Lazer, Academia Americana de Admistradores de Parques e de Recreação e da Academia Mundial de Lazer. Em 2011, a Dra. Henderson recebeu o título de *doutor honoris causa* em Ciências pela Universidade de Waterloo em Ontário, Canadá.

Abubakarr Jalloh (Serra Leoa) é um representante/recrutador regional do Departamento de Educação de Iowa. Também atua como representante da WLO nas Nações Unidas e participa do conselho de administração da WLO. Anteriormente trabalhou no Instituto para Jovens Líderes da Universidade do Norte de Iowa como pesquisador associado e no Gabinete do Estado de Direito e das Instituições de Segurança para a ONU. Artigos relevantes de Abubakarr Jalloh foram publicados em *World Leisure Journal*, *Hong Kong Recreation Review*, *African Journal of Physical, Health Education, Recreation and Dance* e *International Leisure Review*.

Jane Wanjiku Kamau (Quênia) é professora sênior do Departamento de Gestão de Recreação e Ciências do Exercício da Universidade Kenyatta, no Quênia. É ex-presidente do departamento e atualmente tem o cargo de diretora do Kenyatta University Community Outreach and Extension Programmes. Também ministra palestras no Departamento de Gestão da Recreação e Ciências do Exercício, especializadas em fisiologia humana, fisiologia do exercício e biomecânica esportiva. A Dra. Kamau é membro do *Kenyatta University Ethical Review Board* e do conselho de bem-estar da Universidade Kenyatta.

Selina Khoo (Malásia) é professora associada do Centro de Esportes da Universidade da Malásia em Kuala Lumpur. Seus interesses de pesquisa estão relacionados com a participação nos esportes e a atividade física em várias populações. Atua em comitês nacionais e internacionais, incluindo a Sociedade Asiática de Educação Física Adaptada e o Commonwealth Advisory Body on Sport. Selina foi recentemente indicada para ser o contato da Malásia no Observatório Global de Atividade Física. Seus projetos atuais de pesquisa estão relacionados com a participação em atividade física, financiados por bolsas de Pesquisa de Alto Impacto da Universidade da Malásia e do Ministério da Educação.

Aurelia Kogler-Bahl (Suíça) é fundadora e CEO da MONTCON Tourismus, uma empresa de consultoria especializada no apoio estratégico de *resorts* de esqui, hotéis de luxo e destinos alpinos na Áustria e na Suíça (www.montcom.at). Além disso, é professora de Gestão de Turismo e Lazer na Universidade de Ciências Aplicadas em Chur (HTW Chur) na Suíça. Seus principais interesses em pesquisa acadêmica e profissional são tópicos de marketing e gestão estratégica relacionados com o turismo de saúde, turismo de luxo, turismo de montanha e gestão do lazer. Publicou artigos de pesquisa em revistas científicas e populares e é convidada como palestrante em eventos acadêmicos e profissionais em todo o mundo.

Janet McKeown (Canadá) é professora assistente (nomeação por tempo limitado) no Departamento de Estudos de Recreação e Lazer da Universidade Brock. Viajou para cinco das dez províncias do Canadá, mas para nenhum dos territórios (claramente ainda tem de fazer algumas viagens). Seus interesses de pesquisa são amplos, porém mais recentemente incluíram o lazer das mulheres, relacionamentos íntimos e pessoais, cultura pop, tecnologias digitais e metodologias qualitativas. Suas principais atividades de lazer incluem comer, beber vinho, cantar karaokê (não bem), aconchegar-se e flutuar sem preocupações nas ondas do lago Huron.

Kwan Meng Lee (Malásia) é membro do Instituto de Pesquisa da Juventude do Ministério da Juventude e Esportes da Malásia, além de consultor independente. Seus interesses acadêmicos estão em lazer e recreação, recreação ao ar livre, esporte para todos, desenvolvimento da juventude, profissionalização do trabalho com jovens, orientação dos jovens, empreendedorismo social de jovens e gestão de ONGs. É membro da WLO, da International Society for Eastern Sports and Physical Education e da World Recreation Education Association. Também está envolvido com o Commonwealth Youth Programme como consultor de projetos para jovens.

Nkatha Muthomi (Quênia) é professora no Departamento de Gestão de Recreação e Ciências do Exercício da Universidade Kenyatta, no Quênia. Seus interesses de pesquisa incluem esportes e atividades aquáticas, aconselhamento de lazer e gerenciamento de mudanças, fidelidade ao exercício, esportes e moda, formação de equipes e gestão de conflitos, e atividades de aventura ao ar livre e liderança. Coordena o programa Graceful Transition to Adulthood, que utiliza a aventura ao ar livre como meio alternativo de ritos de passagem para meninos e meninas no Quênia.

Subaluxmi Naidoo (África do Sul) é pesquisadora honorária da Universidade de KwaZulu-Natal, *campus* de Westville, Durban. É apaixonada pelo desenvolvimento da comunidade e grande parte de seu esforço tem sido direcionada para o desenvolvimento curricular para enfrentar a escassez de competências no campo da recreação e do lazer. Como membro-fundador e chefe da Associação de Lazer e Recreação da África do Sul, está envolvida na realização de conferências para conectar acadêmicos e ampliar redes para colaborações em pesquisas. Seus principais interesses de pesquisa são inclusão, desenvolvimento de políticas e planejamento estratégico.

Daniel Gaita Njenga (Quênia) é atualmente candidato a doutorado e assistente de ensino na Universidade Kenyatta, no Departamento de Gestão da Recreação e Ciências do Exercício. Tem interesse na pesquisa em atividades esportivas e recreativas para pessoas com deficiência. Também tem se especializado em recreação e educação ao ar livre. Antes de sua atual nomeação chefiou diversos departamentos de esportes e recreação em várias instituições.

Constance A. N. Nsibambi (Uganda) é professora sênior e chefe do Departamento de Ciência Desportiva na Universidade Kyambogo, em Uganda. Tem doutorado em ciência do exercício, com especialização em saúde e *fitness*. É autora e coautora de artigos sobre saúde e atividade física. Suas áreas de ensino incluem fisiologia do exercício, bem como lesões esportivas e reabilitação. Também possui experiência em ensino e supervisão de pesquisas na área de gestão esportiva e de lazer. Atualmente é tesoureira da Associação Africana de Gestão do Esporte.

Cristina Ortega Nuere (Espanha) é diretora acadêmica e de operações da WLO desde janeiro de 2016. Acumula sua principal atividade profissional com o ensino em nível de mestrado na Universidade Aberta da Catalunha e como professora convidada em diversas universidades como a Universidade de Nova York, nos Estados Unidos, e a Universidade de Zhejiang, na China. Cristina tem doutorado em lazer e desenvolvimento humano, mestrado em gestão do lazer, especialização em gestão cultural e graduação na Faculdade de Artes e Filosofia da Universidade de Deusto, na Espanha, e completou seus estudos em Londres, Middlesex e na Universidade de Westminster. Antes de seu trabalho atual, atuou por mais de duas décadas na Universidade de Deusto como professora e pesquisadora, sendo que nos últimos cinco anos dirigiu o Instituto de Estudos do Lazer e foi a principal pesquisadora do grupo de pesquisa sobre lazer e desenvolvimento humano.

Zara E. Rafferty (Canadá) é professora do Departamento de Estudos de Recreação e Lazer da Universidade de Waterloo. Seus interesses pedagógicos incluem desenvolvimento infantil e juvenil, educação experiencial, inclusão e equidade, e jogos infantis. O interesse de Zara pela alfabetização precoce e pelo impacto potencial das experiências de leitura de lazer levou-a a desenvolver um programa na Universidade de Waterloo chamado "Reading with the Warriors" ("Leitura com os Guerreiros", em tradução livre), que traz atletas estudantes para salas de aula do ensino fundamental para contar histórias. Em seu tempo de lazer gosta de ler, comer (mas não cozinhar), viajar e jogar vôlei.

Jonathan Kimtai Rotich (Quênia) é técnico de atividades ao ar livre no Departamento de Gestão de Recreação e Ciências do Exercício da Universidade Kenyatta. É consultor entusiasta em programas ao ar livre e facilitador em tempo parcial em atividades ao ar livre na Kenya School of Adventure and Leadership. Tem interesse em teoria e prática do lazer, recreação e esportes, aventura e treinamento ao ar livre, bem como em lazer e meio ambiente. É patrono do Evergreen Movement da Universidade Kenyatta, que visa orientar os jovens para a conservação ambiental por meio de atividades de lazer como plataforma para a defesa do meio ambiente.

David Scott (Estados Unidos) é professor do Departamento de Ciências da Recreação, Parques e Turismo na Universidade Texas A&M. Pesquisa a especialização na recreação, o lazer sério e as restrições ao lazer e tem publicado em inúmeras revistas acadêmicas. David trabalhou como editor do *Journal of Leisure Research* de 2002 a 2007. Foi eleito membro da Academy of Leisure Sciences em 2007, e agraciado com o prêmio Theodore and Franklin Roosevelt for Excellence in Recreation and Park Research oferecido anualmente pela National Recreation and Park Association.

Gertrude Po-Kwan Siu (Hong Kong) é enfermeira educadora envolvida em vários programas de enfermagem em saúde mental em Hong Kong, incluindo programas oficiais, hospitalares e universitários. Doutorou-se em educação na área de lazer sério de adolescentes. É membro ativo da WLO – Seção Hong Kong e tem trabalhado em um projeto de pesquisa sobre a exploração do lazer pelos próprios adolescentes de Hong Kong. É professora na Universidade Aberta de Hong Kong.

Atara Sivan (co-organizadora, Hong Kong) é professora e chefe do Departamento de Estudos de Educação na Universidade Batista de Hong Kong. Nos últimos seis anos foi diretora adjunta de aprendizagem e ensino da Faculdade de Ciências Sociais. Sua pesquisa concentra-se na educação para o lazer e ela tem contribuído para a construção do conhecimento por meio de inúmeros artigos de revistas, livros e palestras em conferências internacionais em todo o mundo. Atara trabalhou como consultora científica para o desenvolvimento do primeiro currículo abrangente para escolas em Israel. É a chefe de redação do *World Leisure Journal*, presidente e membro da Academia Mundial de Lazer e fundadora e presidente da WLO – Seção Hong Kong.

Edmur Antonio Stoppa (Brasil) tem doutorado em educação física pela Universidade de Campinas (Unicamp) na área dos estudos do lazer. Atualmente é professor assistente do Programa de Pós-Graduação em Turismo e do Programa de Pós-Graduação em Ciências da Atividade Física da Universidade de São Paulo (USP). É um dos líderes do Grupo Interdisciplinar em Estudos do Lazer da USP e membro do Laboratório de Pesquisa sobre a Formação e Atuação Profissional em Lazer (Oricolé/UFMG).

Jan W. Te Kloeze (Holanda) foi professor de Sociologia da Recreação e Turismo na Wageningen Universidade e Centro de Pesquisa, na Holanda. Foi também diretor do mestrado no WL-WUR, Wageningen International Centre of Excellence Programme em "Lazer, Turismo e Meio Ambiente" nessa mesma universidade. É presidente da Fundação WICE-DSL (Wageningen International Centre of Excellence for the Development of Sustainable Leisure) e também tesoureiro do RCSO, o Comitê de Pesquisa em Turismo Internacional da ISA (International Sociological Association). Publicou livros e artigos sobre família e lazer, religião e lazer, acampamento em barracas ou *trailers*, recreação em parques nacionais, turismo cultural e turismo rural e ecoturismo.

John R. Tower (Austrália) trabalha no setor de lazer, recreação e esporte há mais de quarenta anos, com especial interesse na recreação comunitária e na participação desportiva, bem como na prestação de serviços recreativos e esportivos para a comunidade. John é pesquisador honorário do Institute of Sport, Exercise and Active Living (Iseal) da Universidade de Victoria. O Dr. Tower é o atual presidente da Associação de Estudos do Lazer da Austrália e Nova Zelândia e é também membro do comitê executivo no conselho da WLO.

Chiung-Tzu Lucetta Tsai (Taiwan) é professora de gestão de lazer e esporte na Escola de Negócios da Universidade Nacional de Taipei em Taiwan. A Dra. Tsai também é presidente da Federação de Esqui Aquático e de *Wakeboard* do Taipei Chinês e da Associação de Lazer de Taiwan. Atualmente participa do conselho administrativo da WLO. Foi delegada no Comitê de Igualdade de Gênero no Ministério em Taiwan de 2014 a 2016. A Dra. Tsai tem escrito intensamente sobre o tema das mulheres em lazer e esportes. Ela é chefe de redação da *International Leisure Review* e editora adjunta da *Leisure Sciences*.

Ricardo Ricci Uvinha (Brasil) é professor do Programa de Pós-Graduação em Turismo e do Programa de Pós-Graduação em Ciências da Atividade Física da USP. Tem doutorado em turismo e lazer pela USP e pós-doutorado em estudos de lazer pela Universidade Griffith, da Austrália. O Dr. Uvinha é autor de artigos e livros sobre lazer, educação física e turismo, e foi agraciado com o Prêmio de Excelência em Docência da Universidade de São Paulo. Ex-presidente da Associação Brasileira de Pesquisa e Pós-graduação em Estudos do Lazer (Anpel), atuou no conselho de administração da WLO por dez anos. Atualmente é um dos líderes do Grupo Interdisciplinar em Estudos do Lazer da USP, é membro fundador da Academia Mundial de Lazer e é presidente do comitê científico do 15º Congresso Mundial de Lazer em São Paulo, Brasil.

Aaron Yankholmes (Gana) é professor assistente visitante no Instituto de Estudos de Turismo (Macau). Seus interesses de pesquisa abrangem uma gama de tópicos em gestão de lazer e turismo. Atualmente segue duas linhas principais de pesquisa, tratando de inter-relações entre pessoas, lugares e espaços. Está interessado no impacto do apego ao lugar e no desenvolvimento de múltiplos apegos ao lugar sobre os padrões e hábitos de viagem de turismo dos expatriados. Outra linha de pesquisa explora a dialética entre memória e nostalgia em contextos de lazer e turismo. Aaron é membro ativo da WLO.

Lijun (Jane) Zhou (China) é atualmente professora na Universidade de Zhejiang. Tem atuado como membro do conselho de administração da WLO desde 2011. É professora emérita visitante na Universidade do Norte de Iowa e professora convidada na University College em Dublin, Irlanda. Pesquisa o comportamento e a programação multicultural de lazer. Publicou mais de trinta artigos em revistas, nacional e internacionalmente, e recebeu subsídios para o estudo do lazer no valor de RMB 1.800.000[1].

---

[1] Equivalentes a aproximadamente um milhão de reais pela cotação do câmbio de 11 jun. 2018. [N.E.]

Fontes	Neue Haas Grotesk e Neue Swift
Papel	Alta Alvura 75 g/m²
Impressão	Eskenazi Indústria Gráfica
Data	agosto 2018